高中英语教学理论研究与实践探索

带领学生走上英语学习逆袭之路

龚明⊙著

江西人民出版社
Jiangxi People's Publishing House
全国百佳出版社

图书在版编目（CIP）数据

高中英语教学理论研究与实践探索：带领学生走上英语学习逆袭之路/龚明著．--南昌：江西人民出版社，2024.2
 ISBN 978-7-210-15346-7

Ⅰ．①高… Ⅱ．①龚… Ⅲ．①英语课—教学研究—高中 Ⅳ．① G633.412

中国国家版本馆 CIP 数据核字（2024）第 030719 号

高中英语教学理论研究与实践探索：带领学生走上英语学习逆袭之路
GAOZHONG YINGYU JIAOXUE LILUN YANJIU YU SHIJIAN TANSUO：DAILING XUESHENG ZOUSHANG YINGYU XUEXI NIXI ZHI LU

龚明 著

责 任 编 辑：郭　锐
书 籍 设 计：同异文化传媒

 出版发行

| 地　　　　址：江西省南昌市三经路 47 号附 1 号（330006）
| 网　　　　址：www.jxpph.com
| 电 子 信 箱：jxpph@tom.com
| 编辑部电话：0791-86893801
| 发行部电话：0791-86898815
| 承　印　厂：江西千叶彩印有限公司
| 经　　　销：各地新华书店

开　　本：720 毫米 ×1000 毫米　1/16
印　　张：16.75
字　　数：266 千字
版　　次：2024 年 2 月第 1 版
印　　次：2024 年 2 月第 1 次印刷
书　　号：ISBN 978-7-210-15346-7
定　　价：52.00 元
赣版权登字 -01-2024-89

版权所有　侵权必究
赣人版图书凡属印刷、装订错误，请随时与江西人民出版社联系调换。
服务电话：0791-86898820

序

欣闻龚明老师的专著《高中英语教学理论研究与实践探索：带领学生走上英语学习逆袭之路》即将付梓，可喜可贺！本书是龚明老师多年高中英语教学工作路上的"奋斗之迹"和"思考之作"，从高中英语教学中的听、说、读、写、词汇、语法等维度，全景式呈现了她多年来积累的高中英语教学实践经验和方法以及基于此形成的教学理念，同时也充分展示了她对高中英语教学事业的热爱与执着。作为龚明大学同窗好友，我对她的笃志勤耕、学优才赡颇为熟悉，不仅对她在教书育人的道路上的努力耕耘和辛苦付出感到钦佩，还为她所取得的骄人成绩感到欣慰。尤其是通读本书书稿后，对她这些年的教书育人思想和从教心路有了更深入的了解，让我油然生出一种对中学英语教育工作者的崇高敬意。

龚明大学毕业后多年躬耕于中学英语教育一线，在教学和科研各方面均取得了显著的成绩。回顾大学生活，往事如昨，历历在目。感念那些美好、懵懂、纯粹的小时光，让我们在毕业多年后，内心深处还一直保持着对母校"学高为师,身正为范"校训的敬畏和热忱;让我们怀揣着人民教师的园丁情结与育人关怀积极投身教育事业。在大学期间,聪慧、善良、热情的龚明是咱们所有同学中的佼佼者。大学毕业后,由于天各一方,我们没有再见面,但会通过其他方式保持联系。令我骄傲的是,龚明的为学为人、做事处事,遵循"志于道,据于德,依于仁,游于艺"的原则。她工作有道,无论在哪个岗位,都能创造性开展工作,在坚持中积蓄力量,在挑战中追求卓越。

龚明老师也是一位兼具情怀的好老师,她克服重重困难,响应祖国号召,主动请缨支援新疆的教育事业,把自己多年来潜心积淀的先进教学理念和方法带到教育相对落后的新疆边远地区,助力新疆阿克陶县教育事业的发展,成为一朵绽放在帕米尔高原的"红杜鹃",为江西省教育援疆事业作出了积极贡献。

从龚明老师的身上,可以看到一位优秀的高中教师应该是"人师"与"经师"的良好结合,这不仅在于她学识渊博、教艺精湛、业绩超群,更在于她是师德的表率、育人的模范和有大爱有情怀的无私奉献者。她对英语教育事业的执着追求,对教学方法的积极探索,对教育耕耘的辛勤付出,值得每一位同行学习。我们必须认识到,真正的教学名师并不是评选出来的,而是结合理论与实践研修,在不断进行教学实践、应用研究的基础上,提升其理论素养与实践能力达成的。他们对所教学科的课程标准和教材体系有更加精准的把握,对教学的本质有更加深入的理解,在面对学生的千差万别时多了一份基于了解的自信,能够在课堂教学中善引趣导,和学生一起直抵教学的本源。正如著名教育家玛格丽特·杜拉斯所说:"教育如沐春风一样,暖暖的,它是墨水,是笔头的东西,它和生活中的其他东西不一样,仅此而已。"杜拉斯把自己的教育事业区别于日常生活中具体的事务,将其看作生活本身。我十分赞同这样的说法,从许多优秀教师的成长经历来看,好的教育必须要回归教育本身。当我们学会了把教育工作中的各种场景纳入自己的视野,融入自己的思考，通过文字记录下来，我们就找到了一条属于自己的专业发展之路。

本书字里行间闪现着龚明老师干一行爱一行、专一行精一行的职业精神。作为读者的我，读完此书能充分感受到她是如何用自己的实际行动和一腔热血执着地表达着对职业和岁月的敬意。我相信，这本好书定会让广大中学英语教学同行受益无穷。

特别感谢龚明老师邀请我为她的首部学术专著作序！期待她在未来教育之路上讲述更多更好的教育故事，同时也祝愿她谱写出更丰富更精彩的人生华章！

是为序。

邱昌情

对外经济贸易大学国际关系学院教授、博士生导师

2024年1月28日于惠园

自序

不知不觉，走上工作岗位已有 17 个春秋。刚入职时，雄心勃勃，立志培养一批又一批学生考上"985""211"，借此满足自己未曾实现的名校梦想。可现实不及预期，我所教学生中考上名校的寥若晨星。不禁自问，我们的付出和努力并不少，为何结果总是达不到预期？这引发了我的深思。

无论是家长还是教师，首先要明白一点，无论做什么事情、干哪个行业，处于金字塔顶端的人总是少数，学生学习也是一样。我援疆支教前任教于江西省重点中学——新余市渝水第一中学，学校 2023 年高考二本上线率为 58.5%，其中大多数考生是文化水平中等的孩子。放眼全国亦如此，我国每年大约有 1000 万高考考生，但是不到 100 万考生能考上名校，大多数学生被普通高校录取。

市面上与高中英语教学相关的书籍形形色色，大部分为大学教师所著，理论性强，但缺乏高中英语教学实践经验，不够接地气，且主要针对英语基础好、语言能力强的生源教学，难以真实客观地站在我们这群教师的角度讲述如何利用切实可行的方式来教授普通学生学好英语，参考价值有限。基于这点考虑，我决心把自己教学实践中长期积累的方法和经验写下来，为有类似困惑的教师提供教学新思路。

叶圣陶先生曾说："教学有法，教无定法，贵在得法。"万物皆有理，教学要符合基本的教育规律和学科规律，比如根据学生的认知水平和心理特点开展教学、英语教育应该从多听多读开始等，但是教学方式、内容、目标则需要根据不同的学生和环境而变化，不存在"放之四海而皆准"的固定法则，因此，选择适合的方法显得尤为重要。如果教师不顾实际情况生搬硬套地去追捧一些所谓的"高效课堂"，那么最终学生可能会沦为教学实验的牺牲品。

本书从一名普通高中英语教师的视角，深度剖析了高中英语课堂教学中的听、说、读、写、词汇、语法这六个维度，以及它们在英语学习中的重要性，并结合学生的学习状况，从理论和实践两个角度详细阐释了教师如何开展教学来提高学生的英语各方面能力。此外，本书从认知层面与观念探讨入手，以语言学、教育学、心理学等多学科视角探讨英语教育教学等问题。书中不乏有据可考的实验数据、中外语言学家的著名论断、切实可行的外语教学理论以及常见的外语学习误区等，可以为高中英语教学提供方向性的引导。

不是所有老师都能培养出"清北"学生，大多数老师普通又平凡，却依然默默坚守自己的岗位，竭尽全力为国家培养不同人才，正如罗曼·罗兰在《名人传》中所写："最重要的是成为伟大，而不是显得伟大。"在平凡中寻找不平凡，去做对且值得的事情，哪怕没有那么耀眼，这既是一种人生态度，也是本人著此书的目的。如有读者在阅读本书后能在英语教学上获得一点灵感或是进而尝试新的授课方式，本人将倍感荣幸。

龚明

2023 年 11 月 11 日于阿克陶

目 录
CONTENTS

第一章 论听说

听而不闻 原因几何 ·· 002
  1. 发音不准 ··· 002
  2. 单词和词块积累不足 ··· 003
  3. 未形成快速条件反射的英语思维 ···························· 003
  4. 义教阶段的英语教育不够重视学生听力能力的培养 ······ 003

提高听力非一日之功 ·· 004
  1. 逐渐建立英语思维 ··· 004
  2. 进行大量泛听 ··· 008
  3. 一遍又一遍地精听 ··· 009
  4. 量体裁衣，自拟听力练习 ······································ 012

为何学成了"哑巴英语" ··· 018
  1. 听不懂所以开不了口 ··· 019
  2. 过早开口 ··· 019
  3. 不当的教学方式 ·· 020
  4. 教师自身能力有限 ··· 023

按部就班提高口语 ··· 025
  1. 认读音标 ··· 025
  2. 熟练音标拼读 ··· 027
  3. 听录音跟读句子 ·· 029
  4. 掌握基本的自然拼读规律 ······································ 030
  5. 大量背诵 ··· 030

6. 输出训练不可少 ·· 031

听说课不容小觑·· 038

对外教的错误认知·· 043

第二章　讲阅读

阅读能力不足的原因·· 047
  1. 词汇广度不够 ·· 047
  2. 词汇深度不够 ·· 048
  3. 不熟悉句法结构 ·· 048
  4. 相关文化背景知识有待丰富 ······························ 049
  5. 缺乏有效的阅读策略 ·· 049
  6. 心理因素的影响 ·· 052

提高阅读能力的有效途径·· 053
  1. 扩大词汇广度 ·· 053
  2. 加深词汇深度 ·· 055
  3. 掌握基础语法知识 ··· 057
  4. 知己还要知彼 ·· 059
  5. 用对策略则事半功倍 ·· 064

第三章　词汇教学方法多

高中英语词汇教学中存在的问题··································· 089
  1. 对语音教学不以为意 ·· 089
  2. 教学方式单一 ·· 090
  3. 对词汇的讲解过于深入 ···································· 090
  4. 忽视词汇在语境中的理解和运用 ······················· 090
  5. 没有利用科学的记忆规律 ································· 091

词汇学习的内容与标准··· 091

基于学科核心素养的词汇教学······································ 092
  1. 重视语音知识 ·· 092
  2. 单词拼写并不难 ·· 092
  3. 最全面的词义记忆教学 ···································· 093
  4. 词的派生 ·· 126

5. 词块 ……………………………………………… 133

6. 单词检测 ………………………………………… 149

第四章　谈语法

外国人学习语法吗 ………………………………………… 157
学习语法的理由 …………………………………………… 158
语法学习何时起 …………………………………………… 159
语法教学内容 ……………………………………………… 160

1. 英语的五大类句型 ……………………………… 161
2. 认识基本词类 …………………………………… 163
3. 动词的时态、语态 ……………………………… 170
4. 并列句 …………………………………………… 174
5. 主从复合句 ……………………………………… 174
6. 非谓语动词 ……………………………………… 178
7. 虚拟语气 ………………………………………… 180
8. 特殊句式 ………………………………………… 183

以主题意义为依托的语法教学理论简介 ………………… 186
以主题意义为依托的语法教学实践例析 ………………… 186

1. 教学内容和教学思路 …………………………… 186
2. 教学目标 ………………………………………… 187
3. 教学过程 ………………………………………… 187

第五章　读写结合的写作课

学生写作能力情况分析 …………………………………… 195
学生写作能力滞后的深度剖析 …………………………… 196
开展读写结合写作课的原因 ……………………………… 197
读写结合教学需要注意的几个问题 ……………………… 199
读写结合的教学案例 ……………………………………… 200

1. 写前——研读文本 ……………………………… 201
2. 写中——习作撰写 ……………………………… 204
3. 写后——评价、修改与巩固 …………………… 208

单元话题写作任务的设计 ………………………………………… 211

第六章　克州江西实验中学高中英语教学现状及教学建议

克州江西实验中学高中生的外语学习现状…………………………… 216
导致学生英语基础薄弱的相关因素…………………………………… 217
  1. 社会环境 ……………………………………………………… 217
  2. 家庭环境 ……………………………………………………… 217
  3. 学校管理 ……………………………………………………… 217
  4. 教师教学 ……………………………………………………… 219
  5. 学生自己 ……………………………………………………… 221
解决存在问题的对策…………………………………………………… 222
  1. 学校加强对英语教学的统筹安排 …………………………… 222
  2. 教师高效地开展教学 ………………………………………… 223
  3. 提高教师自身素养 …………………………………………… 229
  4. 多层面激励鼓舞学生 ………………………………………… 231

附录Ⅰ　必修第一册 Unit 3 Sports and Fitness Reading and Thinking
   教学设计……………………………………………………… 232
附录Ⅱ　Tower Bridge ………………………………………………… 243
参考文献………………………………………………………………… 245

 第一章

论听说

根据美国教授保罗·兰金（Paul Rankin）统计，在人们的日常交流中，"听"占比45%，"说"占比30%，"读"占比16%，"写"占比9%（王斌华，2003）。可见，"听"与"说"在语言交流中的重要性。"听"是语言输入的根本，也是语言输出的基础。"说"的重要性不言而喻，如果学一门外语连基本的交流都无法做到，那还能说自己学过外语吗？但是，长期以来，"听说"在英语教学中没有引起足够重视，实际教学占比相对较少，导致很多中国学生的英语听说能力一直欠缺。

《教与学语言的艺术》（*The Art of Teaching and Studying Language*）一书的作者弗朗索瓦·古恩（Francois Gouin，1892）在100多年前就提出了颠覆当时传统的"语法—翻译法"的英语学习方法"序列法"（Series Method），他的方法尤其对初学外语的人非常有效，到现在还没有哪种教学方法在学习效果上可以与之比肩。他说："语言学习使用的主要器官应是'耳朵'，而学校都在使用'眼睛'，你们都搞错了！我祈祷你们勇敢地放弃阅读，发挥你们耳朵的能力吧！"可见听力在学习一门外语当中所起的重要作用。

如今，随着新课程改革，更加注重英语的实用性，越来越多的地区在中考和高考英语考试中不仅加入了口语测试，听力测试也比以前的难度大

了很多。比如，在设题方式上，以前，考生在听力试题中只要能捕捉到录音的碎片信息就能选对答案。现在，A、B、C 三个选项会同时出现听力材料中直接听到的信息，导致学生左右摇摆不知道如何选择，或片面信息呈现在错误选项中，误导考生把错误选项当成正确答案；在话题内容上，选材越来越广泛，甚至涉及文学、艺术方面的专业词汇，且人名、地名真实复杂，贴近实际生活；在语速方面，2023 年高考听力的整体语速为 138w/m，超过 2022 年，尤其是前五题，语速为 141—163w/m，比 2022 年的 101—138w/m 要快很多。这无疑对考生的听力能力有了更高的要求。

"听"与"说"既相互独立，又息息相关、互相影响。在二语习得的过程中，"听"是"说"的前提，"听"是输入，"说"是输出，只有大量的输入才会有输出，它们二者有本质区别，为了体现其各自特点，接下来将分开论述。

听而不闻　原因几何

高考中，听力部分的分值为 30 分，占英语总分值的 1/5，就笔者在江西任教的学校来看，听力的失分率一直很高，尤其是基础薄弱的学生更明显，笔者认为主要有以下几个原因：

1. 发音不准

如果学生自己的发音与录音里播放的语音差距大，那么自认为听到的信息则与实际信息不符，结果导致理解偏差或者完全听不懂。学生发音不准的原因主要来自两方面：（1）教师教错。有些义务教育阶段的老师自己发音不准，因为他们以前读书的时候没有条件学，所以现在无法科学地教授发音，导致他们的学生重蹈覆辙，学生升入高中，大量错误的发音已根深蒂固，很难再改变。（2）学生乱读。有些学生长期学习态度不端正，学习不严谨，上课心不在焉，没有好好学习生词的发音，课后按自己的方式随心所欲地读，结果大量单词读错，比如，把动词的过去式、过去分词读成和原形一样的音等。

从形式上，发音不准主要指的是两方面：（1）错音，主要指的是把单个词读错的现象，比如 one 与 won 读音相同，很多人却把后者读成"旺"。（2）语流音变，由于相邻音节的相互影响而读音发生一定变化的现象，既会发生在单个词中，也会发生在词与词的连接处，如：连读、略读、爆破、滑音等现象。

2. 单词和词块积累不足

对于英语基础好的学生而言，他们平时注重书面用语的积累，却忽略口语表达方面的积累，所以在听力理解中，有的句子，即使每个词都能听得很清楚，却无法理解整体意思，这类学生应多积累口语中的词块、惯用表达等。

对于基础薄弱的学生而言，由于词汇量匮乏，给他们直接看听力材料，也可能理解不了，声音输入变得无效，听英语犹如听天书，就算听得再多也没有用，不会因为听得多就自然懂了。这就好比让我们和一群只说西班牙语的人在一个办公室办公，不会因为天天听西班牙语，就会慢慢懂这门语言。这类学生即使多听也无用且浪费时间，他们亟待解决的问题是扩大词汇量。

3. 未形成快速条件反射的英语思维

播放听力时，所有内容转瞬即逝，不如阅读时的思考时间长，如果学生对单词、词块、句子的反应时间过长，则往往还没来得及听懂这句话，下一句已接踵而至，对音频的理解就无法与音频播放速率保持步调一致，从而不能准确地理解对话或者文章。

4. 义教阶段的英语教育不够重视学生听力能力的培养

笔者所在的学校位于江西省最小地级市，大部分孩子在学校开设英语课之前还没有学过英语，可是从三年级有英语课开始，就同步有背单词、背句子等作业。朋友女儿刚上三年级时，第三次英语课的课后作业是"用英文介绍自己"，我当时听到后猜想，老师是不是写错字了，是用中文介绍吧，要么是老师想摸摸孩子们的底，探探虚实，看看有没有学过英语的学生。像类似这样弃本逐末不尊重二语习得发展规律的事还有很多，老师、家长恨不得娃娃们一学就会，早日练就流利的口语，看懂大段的文字。

大多数英语教师在教学的时候都忽略了"语言沉默期"（The silent period），它由美国著名的应用语言学家克拉申（Krashen，1983）提出，指的是语言习得者还没有足够的能力讲话的那段时期，这段时期短到几小时，长的达几个月甚至一年。沉默期通过"听"给幼儿建立语言能力提供了时间和机会（Krashen，1982）。可以说，只有在"听"得足够量的前提下，孩子才能逐渐学会"说"。在学习英语的时候，大多数中国孩子没有经历过这样的"沉默期"，语言输入有限，等小学毕业到了初中，开始以阅读为中心，"听"的时间变得更少，在这样的情况下，他们的听力怎么会好呢？

提高听力非一日之功

对于高中生而言，提高听力能力是一个漫长的过程，比提高阅读水平需要的时间更长，应按步骤科学地进行。首先，从音标入手，把音标读准，再练习拼读，最后做到一看到音标便能脱口而出准确地发音；然后要大量地听、跟读、模仿句子，特别要注意语流现象并总结发音规律，只有自己的发音准确，才能听得准确；接下来积累、背诵听力高频词汇、词块，现在很多听力书设计得非常科学，分类列出了听力常用词汇，方便学生记忆，除此之外，还应该积累"私人定制的个性化"词汇，做到最大程度地扩大听力词汇量；最后，应该好好磨耳朵。具体如何操作，笔者认为应该从三方面入手。

1. 逐渐建立英语思维

笔者在读高中时，老师教我们写作文的时候要用"英语思维"，可当时我们说英语写英语的时候，所有构思都是先从中文入手再转换成英语，实在不知道如何用英语思考。有的专家说，使用英语的时候，要忘记母语，"用英语思考英语"，美国著名翻译学家尤金·奈达（1957）指出，用外语思维必不可少，即使词汇量有限，尝试用正在学习的语言来表达思想是非常重要的,一个人无法在流利交流的同时还要在大脑中把想法从一种语言翻译成另一种。但也有专家持不同观点,"华人英语教父"赖世雄(2018)认为,母语是我们一辈子都丢不掉的,学英语时要先了解它的中文意思,不能以英语来思考。听完不同专家的建议,我们更困惑了,英语思维到底是应该用还是不应该用呢?

首先,我们来了解一下英语思维的定义:英语的掌握程度无限接近母语水平,可灵活地使用流利的、纯正的英语表达所思所想,形成本能的、条件反射式的思维方式,让语言回归于实际生活应用。从定义可以看出,英语思维是由于英语水平高而自然而然地使用英语来表达的思维习惯,是一种本能反应,如果英语还未达到一定水平,则无法仅凭主观意愿达成。所以,靠中文理解英语是基础,形成英语思维是目标,在建立的过程中,离不开我们母语的帮助以及不断重复的练习。

既然建立外语思维是最终目标,那具体怎么做呢?对于高中生来说,虽然不是处于建立英语思维的最佳年龄,但他们更自律、会思考,只要用对策略,就可以取得一定的效果。

1.1 通过看图识音来学习常用的具体名词、部分动词、小部分形容词

能用图就把意思表达清楚的单词学生大都已经学过,而且不生疏,但只停留在会读、会拼写、知道中文意思的阶段,还不能一看到实物立刻用英语表达。语言学界的学者们普遍认为,英语思维只有声音和图像,没有文字。我们的学生最缺乏的正是声音的输入,要让实物与英语之间建立直接关联,具体方法如下:(1)准备大量的实物照片,背景最好为白色,让图片要展现的内容一目了然;(2)把这些素材以PPT形式呈现,一张照片即一张幻灯片;(3)在PPT中插入相关内容的英文发音,但不要有英文字或者汉字,这样,看图识音的PPT就制作完成。播放的时候,先出现图片再播放对应的声音,还可以先播放声音再出现对应的图片,或者图片和声音一起播放,三种方式交替进行。有的人认为这样的方式非常有利于幼儿英语启蒙,但对高中生来说完全没有挑战,而实际上,只有像apple、table、 bike 等生活中常见的物品在转成图片后学生能一看便迅速反应，很多图片，他们看到时，要么反应慢，要么完全想不起发音，比如 pyramid、remote control、peacock 等。这种教学方式的局限性在于往往难界定图片要表达的重点是什么，我们不妨把单词归类，比如，表示厨房用具的为一组，表示交通工具的为一组，表示情感的为一组，等等。给大家举一些例子：

动物：tiger, giraffe, lion, elephant, camel, chick, hen, rooster, mosquito, seal, shark, shrimp, swallow, lizard, white ant, lamb, goose, zebra, leopard, kitten, rabbit, hare, kangaroo, koala, owl, bee, butterfly, etc.

职业：actress, actor, athlete, lawyer, baker, vet, engineer, farmer, dentist, nurse, musician, scientist, teacher, astronaut, boxer, architect, butcher, carpenter, clerk, clown, computer programmer editor, fisherman , etc.

动词：swim, drop, cut, fall, climb, eat, carry, run, lean, dance, cry, ride, catch, brush, lie, drink, walk, help, swing, kick, fly, beat, throw, sleep, celebrate, dig, write, shout, bounce, dive, crawl, sweep, sew, paint, etc.

反义形容词：tall—short, old—new, beautiful—ugly, hot—cold, thin—fat, warm—cool, full—starving, open—closed, full—empty, light—heavy, clean—dirty, deep—shallow, wide—narrow, big—small, dark—bright, etc.

这种教学方式的优点在于，大多数具体名词的可操作性较强，给学生留下的记忆深刻；弊端是，很多抽象名词、动词、形容词无法仅通过一张图片展示，尤其是高中教材里的词汇，鲜有具象名词，即使有也常是概括性名词，比如 device、appliance、furniture 等，像这类词就很难找到某种合适的物品作为幻灯片素材。

1.2 用全身肢体反应法学习动词

儿童一开始学外语的行为一般是与肢体动作相伴产生，通过游戏和学校活动实现，所以学习外语速度比成人快（Asher, 1969）。全身肢体反应（Total Physical Response），即 T.P.R，是美国心理学教授詹姆斯·阿歇尔（James Asher）在 20 世纪 60 年代提出的一种第二语言教学方法。该方法倡导把语言和行为联系在一起，通过身体动作教授语言，建立语言思维，达到掌握外语的目的，与儿童刚开始习得外语的方法一样。这种教学法也符合联结主义学派的理论，该理论通过脑神经网络系统来分析人类学习。T.P.R教学方法的具体操作如下：当学生听到 wave your hands 就挥挥手，听到 touch your face 就摸摸脸，可以用肢体动作和简单的教具来表达。各种对比实验都表明，这样做的结果是在大脑中建立了某个动作与表示该动作的单词之间的脑神经元联系，以后看到、想到或做这个动作时，便能迅速使用表示该动作的单词。这种教学方式既为学生带来乐趣又很好地培养了英语思维。

很多教师可能认为，如果是简单词汇，不必多此一举，这样的想法是不正确的，因为能看懂这个单词、理解它的意思，只代表它是你记忆中的知识，并不代表你拥有了这样的思维，可以迅速反应。只有当这一单词的语言神经与运动神经连接起来的时候才表明这个单词融入了你的思维。

用全身肢体反应法授课时，教师在课堂上先慢速说指令，学生做动作，再试着慢慢加快指令速度，训练学生的反应速度。形式上可以多样化，比如以小组为单位，看哪个组的组员做得最快最准确。接下来举一些 T.P.R 词汇的例子：

面部表情动作：make a face, bite your lip, frown, pout, cough, glare, beam, wink, yawn, stick out your tongue, etc.

肢体动作：push, pull, turn on, stomp, pick flowers, smell, bend over, jump, shake hands, walk two steps, hop, clap hands, turn around, take off your clothes, nod, point to the floor, scratch your head, crack melon seeds, etc.

一连串的关联动作：I woke up, ate some noodles, rode to school, fell off the bike, classmates passed by and helped me, got to the classroom, swept the floor, felt hot, searched for the remote control, found it, turned on the air conditioner, etc.

这种方式的优点在于，可以听懂很多精细的肢体动作并明白其差异，比如 wink 的意思为"眨眼示意"，blink 的意思是"眨眼睛"，它们都有"眨眼"的含义，但又不同，如果只靠老师讲解来帮助理解和区分，不仅费时费力，而且效果不好。这时候使用 T.P.R 教学，既操作简单又让人印象深刻，尤其对基础薄弱的高中生来说是迎头赶上的好机会，其弊端在于，抽象语言没有办法通过这样的方式表达，有其局限性。但是，抽象是建立在形象的基础上，首先应解决的问题是形象语言与具象思维，之后抽象和概念性的语言才会慢慢变多。

以上介绍的两种方式，第一种以名词为主，第二种以动词为主，形容词两种方式都可以，只要能顺利实现表达，不必拘泥于哪种方式。两者的核心在于让声音与实际生活直接取得联系，从而建立外语思维。

对于不能用这两种方式学习的词或习惯用语要借助母语来理解，比如 boundary、territory、prospect、accurate 等，高中教材里的生字应该多记中文释义。有的教师认为，既然上了高中，教材里的生词也很难通过这样的方式记忆，是不是就不用再按照这两种方式去建立英语思维呢？非也，尽管这两种方式确实在小学、初中阶段更适用，但是，很少有教师坚持这么做，学生对英语的"音"的反应速度未达到高中生应有的水平。所谓"亡羊补牢，未为迟也"。高中生也应该认准目标词汇进行相关练习，只要教师拥有一双善于发现的眼睛，在工作中积累、总结、启发学生练习，学生对单词或词块的反应速度会越来越快。

2. 进行大量泛听

现在英语学习资源丰富，好的听力素材也特别多，教师可以选取学生感兴趣且符合他们听力水平的节目在固定时间播放，每次 5—10 分钟即可，比如 VOA 慢速英语等，另外，有一些很不错的英语听力学习 app，可以根据自身情况选择不同难度进行听力训练。

做听力练习题也是进行泛听的一种方式，大部分学生做题的时候，会有不完全明白的部分，但泛听并不需要达到逐字听懂的程度，只要理解大意即可。有的学生在听英语的时候心猿意马，这样固然起不到作用；有的学生听的时候紧张焦虑，如果一个字或者一句话没听懂，停在那思考，导致完全跟不上之后播放的内容。当听不懂时，应该放弃当下内容，也不去回想，要跟着录音继续听下去。对于关键信息，要以自己特有的方式快速记录下来，最后再根据笔记解题。

不管什么方式，如果每次都能认真倾听，让自己沉浸在英语的环境中，也是在进行大量的语言输入，是对语言输出的铺垫，非常有必要。

3. 一遍又一遍地精听

如果每次只进行泛听，做题只停留于做完再核对答案的阶段，三年下来，学生的听力水平可能无法大幅度提高，所以，除了泛听，还应该精听。精听就是以一句话或者一个意群为单位，在反复播放的过程中剖析语言细节，摸清语言规律，从而实质性地提升语言能力的方法。目前，新教材比旧教材多了"看"的内容，"听"的量也比旧教材大很多，这意味着听力课的比重加大，对比以前，教师现在需要花更多时间放在听力教学上。因此，在课堂上教师就可以通过不同的精听模式进行授课，填补以前几乎不上精听课的空白。

3.1 课内精听

选取课本听力材料的其中一段，一句一句地播放，播完一句请学生马上说出内容。有的句子特别简单，可以连着播放几句再请学生回答，有的句子比较难，难点可能是某个单词或者词块，那么可以在卡住的地方反复听，多遍之后如果实在听不懂，再揭晓答案，然后重复播放这一部分，学生对于不解之处会豁然开朗。仅限于听还不够，听是单向的输入练习，下一步是模仿录音里的发音，忘记自己之前的读法，闭上眼睛完全沉浸其中，不断修正自己的语音语调直到满意。最后，再把难点摘抄下来，早读时对这些难点进行读和背的输出练习，包含听和读的输入输出双向练习会比只听不读的单向练习效果好很多。

3.2 课外精听

所有专项听力用书的后面都附了听力原文，高中生完全可以通过听力书自主精听，按照以下步骤进行（以一个完整的听力模拟试题为例）：听第一遍时，在题号远处写下自己的选择，不要直接在选项上画钩，听完后核对答案。听第二遍时，遮挡第一遍做题时的笔记，在题号近处写下自己的选择，由于前五题的材料只播放一遍，没有时间对照原文做到边听边看，只能利用第五段材料与第六段材料播放之间的间隙，针对两次都做错的题，翻看原文材料，画出没听懂或者理解有偏差的地方；接下来开始播放第六至第十段听力材料，共播放两遍，第一遍时正常作答，第二遍时翻看听力材料，对照听力原稿跟听，听在前，看滞后，把听不懂、看不懂的地方标出。等所有听力结束后，对标出部分的字词进行查阅并写出音标和意思，不理解的句子询问教师后写出翻译，再摘抄这些不懂的地方，目的是方便之后背诵。听第三遍时，选择笔记多的材料反复听和跟读。

高中生在家独自学习的时间不多，课外精听可以利用早读或者晚练时间进行。学生听不懂的本质是对于单词、短语、句型不够熟悉，试想一下，如果听力材料里播放 excuse me 等这一类大家非常熟悉的语块，就算外部环境嘈杂或者播放的语速很快，学生也能听懂。笔者学生每晚固定 6:30—7:00 做听力练习，以下是班级的日常操作：

天数	方法
第一天	听试题一：边听边把选择写在离题号远一些的位置，全部听完之后核对答案
第二天	听试题二：考虑到有的学生可能会记住答案，所以听新的听力材料，方法参照"第一天"
第三天	听试题三：方法参照"第一天"
第四天	听试题一第二遍：用手遮挡之前所写，把选择写在题号旁，听完1—5题后马上翻看听力文稿并标记出之前没听懂的地方；对于6—20题，共播放两遍，听第一遍时认真作答，听第二遍时翻看听力文稿，听在前，看滞后，并标记不懂之处
第五天	不听：对试题一听力材料中标记的地方查写读音和意思，然后把这些字词句等摘抄到笔记本上
第六天	听试题一第三遍：选择试题一中的部分材料反复精听、跟读，并把第五天摘抄的内容进行读与背

续表

天数	方法
第七天	听试题二第二遍：方法参照"第四天"
第八天	不听：方法参照"第五天"
第九天	听试题二第三遍：方法参照"第六天"
第十天	听试题三第二遍：方法参照"第四天"
第十一天	不听：方法参照"第五天"
第十二天	听试题三第三遍：方法参照"第六天"

可以看出，完整听完三个听力试题要花12天时间。按照以前，12天可以做完12份试题，如果所有试题只是泛听，只不过是检测了一下自己的听力水平罢了，不会的还是和以前一样不会，并不能把不会变成会。现在的方式看起来很慢，但只要坚持，效果显著。很多时候人就得有这股傻劲儿，"华人英语教父"赖世雄说"少就是多，慢就是快"，任何本领的进阶，都需要具备钻研和深挖的精神。学生按照这个方法坚持下去，慢慢地，做听力时的困惑会越来越少，能听清听懂的部分会越来越多，实际学到的东西，进步的速度，与以往比较有天壤之别。

但是，有的学生在听做题准确率较高的材料时不认真，以为自己全听懂了，可实际并没有。做题命中率的高低不能完全反映对材料的理解程度，我们的关注应回归到听力材料本身，以听懂或者没听懂的百分比作为对听力材料的掌握情况，而不是以做题情况来判断。题目可以变化，但录音不会，如果真正完全听懂，那么无论出什么样的题目，也不会做错，这正是以不变应万变。

精听的前提是听力材料难度适中，不能太难也不能太易，适用于大部分学生。其弊端是，学生听力水平参差不齐，对于基础比较好的学生，反复听会降低学习效率；听第三遍时只能选择某个部分循环播放，难以满足所有学生个性化教学的需要。

4. 量体裁衣，自拟听力练习

新教材中的听力练习偏难，无法满足所有教师的教学需求，教师可以根据自己学生的实际情况来开展听力教学。

4.1 教师不应拘泥于教材，可自拟一些比教材内容更简单的题目让学生做

以下是笔者根据《普通高中教科书·英语（必修第一册）》（人民教育出版社，2019）（以下简称《英语（必修第一册）》）Unit 4 Natural Disasters 的听说板块设计的听力活动：

Listen to the news reports and choose the correct answers.

（1）How many people were killed in the earthquake?

A. 230.　　　　　　B. 1,500.　　　　　C. Not mentioned.

（2）How many people were killed in the floods?

A. 12,000.　　　　　B. No one.　　　　C. 27.

（3）Who are helping victims in the floods?

A. Rescue workers.　　B. Soldiers.　　C. Rescue workers and soldiers.

（4）When did the tornado happen?

A. On 12 August.　　B. On 20 August.　　C. On 12 October.

（5）What damage did the landslide cause in Seoul?

A. Supermarket and a library were damaged.

B. Seven people were injured.

C. Two buildings and seven cars were injured.

4.2 互联网资源丰富，教师还可以自己在网络上找与本单元话题相关的视频或者音频材料，自拟题目让学生进行听力练习

目前我国中学的大部分教室都配备了一体机，可以直接连网播放各种资源，极易操作，为教师节省了很多下载时间。

笔者在上《英语（必修第二册）》Unit 4 History and Traditions 听说课的时候，利用了 *China Daily* 官网上的视频素材"Festive China: Dragon Boat

Festival(中国日报网,https://www.chinadaily.com.cn/a/202006/25/WS5ef3f711a31083481725543a.html,2023)"给学生上了一节视听课,这是一个介绍端午节的短片,时长4分11秒,不长不短恰到好处,内容丰富,难度适中,以下是针对这个短视频设计的练习题:

Listen and decide whether they are true or false.

Questions	True/False
1. Qu Yuan was a patriotic poet of the State of Qi.	
2. Local people searched for Qu Yuan and finally found his body.	
3. The Dragon Boat Festival became China's first festival to be chosen for the world's intangible cultural heritage.	
4. During the Dragon Boat Festival, Wufangzhai sells more than 400 million pieces.	
5. China's dragon boat racing has developed into a grand sports event.	

Keys:

1. F   2. F   3. T   4. F   5. T

Listen again and answer the questions.

1. When is the Dragon Boat Festival?

2. Why did Qu Yuan throw himself into the river?

3. What did people do to remember this patriotic poet?

4. What is the specific food on the Dragon Boat Festival?

Keys:

1. The Dragon Boat Festival falls on the fifth day of the fifth lunar month.

2. Because he knew he could no longer save his homeland, he felt guilty.

3. People held dragon boat races and threw *jiaoshu* into the river to remember him.

4. *Zongzi* is the specific food on the Dragon Boat Festival.

The transcript:

The Dragon Boat Festival falls on the fifth day of the fifth lunar month.

There are many different legends about the festival, but the most famous one is about Qu Yuan, a patriotic poet of the State of Chu during the Warring States Period (475-221 BCE). Qu Yuan is said to have been loyal and patriotic his whole life. When he realized the decline of Chu was beyond recovery, his remorse knowing he could no longer save it grew stronger and stronger. On the fifth day of the fifth lunar month, he threw himself into the river and died for his beloved homeland. Locals living adjacent to the river rushed into their boats to search for him. They threw *jiaoshu* (rice dumplings) and other food into the river to keep fish and turtles from devouring Qu Yuan's body. Later, to commemorate this patriotic poet, the customs of holding dragon boat races and throwing *jiaoshu* into the river on the fifth day of the fifth lunar month were passed down, giving rise to the name, Dragon Boat Festival.

In September 2009, the Dragon Boat Festival became China's first festival to be selected for the world's intangible cultural heritage. Most Chinese festivals are related to specific foods and the Dragon Boat Festival is no exception. The *zongzi* is an indispensable food for the Dragon Boat Festival. In the past, every family would soak glutinous rice, prepare leaves for wrapping, wrap the rice around sweet fillings such as jujube and bean paste, or savory ones like fresh meat or ham and tie them up into pyramidal shapes. *Zongzi*, which is very popular in China are now mass produced on the production line. Many people choose to buy ready-to-eat products. Wufangzhai, one of China's largest *zongzi* producers ships out more than 3 million pieces a day during the Dragon Boat Festival and their annual production of *zongzi* exceeds 400 million pieces.

In Qu Yuan's hometown, Zigui County of Central China's Hubei Province, a grand dragon boat race is held during the Dragon Boat Festival. This folk activity has been passed down from generation to generation, dating back more than 2,000 years. Today, China's dragon boat racing has developed from a local activity into a grand sports event, and even became an international sporting event. There are more than 85 countries and regions in the world that hold dragon boat races annually. The Boston Dragon Boat Festival has been held for 40 years and the Toronto International Dragon Boat Festival has witnessed more than 30 years or races. China's dragon boats have "rowed" to the world.

After breaking some sweat from a dragon boat race, the next festival calls for romance, the traditional Chinese Valentine's Day, or *Qixi*, let us look forward to the arrival of love.

4.3 设置 Fill in Blanks 的练习给学生做

学生比较喜欢此类题型，因为难度不大，准确率高，容易获得成就感。以下是笔者针对《英语（必修第三册）》Unit 5 The Value of Money 听说板块设计的习题：

Recently, a cleaner by the name of Chen Liya has made the headlines for her ___1___ and honest act. The 45-year-old Chen ___2___ the floor at Taiyuan Railway Station early last Tuesday morning ___3___ she found a small ___4___ near a chair and discovered 100,000 yuan inside. Chen was shocked but she ___5___ return the money to its owner.

When ___6___ by the local paper yesterday, Chen said, "I would have felt bad if I had kept the money. After all, the owner might have ___7___ it badly."

___8___, Chen watched carefully for anyone who might have been the owner. She waited for over two hours, but having no luck, she went to the nearest police station to turn the money in. There, it was finally ___9___ to its owner, Wang Zheng.

Wang thanked Chen repeatedly and ___10___ for the ___11___, even offering her 5,000 yuan as a ___12___. To his surprise, however, Chen refused, believing that it would be wrong to accept money that she had not earned.

But what is even more surprising, perhaps, is that Chen's daughter, 16-year-old Liu Xia is currently seriously ill. Chen ___13___ already ___14___ the last of her savings on the ongoing treatments and has also taken out ___15___.

___16___, Ma Dongbao, who works at the police station, ___17___. Living in the same apartment building as Chen's family, Ma was ___18___ of Chen's difficulties. When Wang was told about Chen's situation, he decided to ___19___ a fundraising website to pay for Liu's hospital bills.

Chen Liya's example shows a different way of thinking about money. Money is important, but to people like Chen, it definitely isn't everything. And that's a great ___20___ to take.

Keys: 1. generous 2. was sweeping 3. when 4. plastic bag
5. was determined to 6. interviewed 7. needed 8. While working
9. returned 10. apologised/apologized 11. inconvenience
12. reward 13. had 14. spent 15. a large loan 16. Fortunately
17. stepped in 18. well aware 19. set up 20. attitude

4.4 提前教授词汇，降低活动难度

教材上的听力素材固然好，但是词汇量大、语速快，对于一部分学生来说，即使把材料当阅读来使用他们也会感到吃力，难以驾驭"听中"的各项活动，而教师直接舍弃这个部分又觉得可惜，那么我们不妨在"听前"多下功夫，把听力材料中学生不熟悉的单词、词块先挑选出来呈现给学生，起到听前预习的作用，这样既降低了听力难度，又提前做了心理建设。以下是笔者教授《普通高中教科书·英语（选择性必修第一册）》（人民教育出版社，2019）（以下简称《英语（选必修第一册）》）Unit 5 Working the land 的 Using language 听力部分 Explore the world hunger problem 时在"听前"阶段给学生展示的词块：

eliminate world hunger　　　　　消除世界饥饿
latest figures　　　　　　　　　 最新的数据
stand at around 11% of ...　　　 达到……大约11%的比例

major factors	主要因素
can't afford to eat well	吃不起好东西
have the right to healthy food	有权力吃上健康食物
reduce climate change	减少气候变化
develop sustainable agriculture	发展可持续农业
make new achievements	取得新成就
has greatly increased rice production	极大地增加了稻米产量
global conflict	全球冲突

由于学生提前熟悉了这些即将出现的词块，在后来进行"听中"的各项活动时会顺畅很多。如果不提前做准备，很多学生听与没听一个样，到最后什么都没听懂，成为一种无效输入，听力训练就变得毫无意义。

4.5 通过各种手段降低问答题的难度

在听力活动中，学生对于"Listen and answer the following questions"这类题目常常望而却步，它需要调动人体的手、眼、耳、脑等器官且必须相互协调、高度配合。这类题难度大的主要原因有以下几点：(1)要精准地在听力素材中找到相应问题的答案，首先要读懂题目并善于抓住关键信息，对审题提出了更高要求；(2)比选择题、填空题等需要获取的信息量更多，且是连贯式、非片段式，对听力能力提出了更高要求；(3)写下的文字多，对写字速度、记忆力、单词拼写能力等提出了更高要求；(4)写下的句子需符合语法规律，对同时运用各项语言技能处理文字的能力提出了更高要求；(5)问题的答案不一定与听力素材中的句子一模一样，需要整合信息才能作答，对加工、处理信息的能力提出了更高要求。总之，这类题考查学生的听力理解、思维能力、信息处理、速记能力、瞬间记忆、拼写能力、语法能力等综合能力，有一方缺失可能会导致作答失败。

一般来说，听力活动中的问答题往往不止一个，大部分学生很难做到全部写完，教师可以根据学生的实际情况来进行调整，比如减少问题数量，具体可以把问题分到各个小组，不同的小组回答不同的问题，教师还可以根据听力素材自拟更简单的问题或者更换让学生更容易理解的提问方式来设问。

例如，《英语（选必修第一册）》Unit 5 Working the land 的 Using language 的听力部分 Explore the world hunger problem 中的第二个活动，课本列出了五个问题：

（1）What is the FAO? What is its mission?

（2）What can seriously affect crop production?

（3）What does the FAO think about nutritious food?

（4）What is the FAO doing to alleviated world hunger?

（5）What does the FAO suggest countries do?

笔者在处理这个活动的时候，首先在教材的基础上把问题做了一些改编，如下：

（1）What does the FAO stand for?

（2）What are the FAO's aims?

（3）What can seriously affect crop production?

（4）What should everyone has to get healthy food?

（5）How does the project called Climate-Smart Agriculture alleviate world hunger?

（6）What do countries need to do about benefiting the whole world?

接着，把学生分为三组，第一组回答问题一、四；第二组回答问题二、五；第三组回答问题三、六。

通过以上两种方式，既减少了问题数量，又降低了问题难度，完成度较好。同时，学生积极参与，听力课堂变得更高效。

为何学成了"哑巴英语"

《普通高中英语课程标准（2017年版2020年修订）》（教育部，2020）（以下简称《课标》）在英语学科核心素养方面对语言能力一级的要求有以下描述：陈述事件，传递信息，表达个人见解和情感。然而，对于这个最低等级的要求，很多学生都难达标。

根据笔者分析，具体原因如下：

1. 听不懂所以开不了口

所谓"十聋九哑"，哑的问题主要来源于聋。有人可能会质疑，很多学生做听力习题可以全对或只错几个，明明是听懂了呀，怎么能说没听懂呢？然而，我们做听力练习与真实对话完全不同，听力练习大部分是选择题且重复听几遍，另外还有很多文字提示可以提前获取信息。牛津大学语言与传播教授 Jean Aitchison（1987）在 *Words in the Minds* 一书中指出，说英语时速度为每秒 6 个音节，也就是说一秒钟说 3 个单词以上。在真实情境中，这些单词不会重复也不能靠视觉方式输入信息，说完一句话只需几秒钟的时间，而且一句连一句，中间不会刻意长时间停顿，如果对单词的理解速度不够快，则没有能力做到及时回应，最终导致无法开口。

2. 过早开口

在谈听力的时候已经提到过"沉默期"，中国的孩子普遍没有经历这个阶段，老师、家长都拼命鼓励孩子们要大胆说，不要怕犯错，只要肯开口就好，于是还没有足够的输入就开始输出，由此产生了大量的自创式的英语，"Long time no see."就是最典型的例子，但像这样"转正"的是极少数。

说英语不可以随心所欲地东拼西凑，一旦形成了习惯，则停滞不前，即使长期处于外语环境中，这是语言学中的"石化现象(fossilization)"，由 Selinker 在 20 世纪 70 年代提出。输入强化理论的提出者 Sharwood Smith（1994）也认为，在外语水平还非常低的情况下随意交流会把自己的语言水平"固化"在一个低层次上，不会再进步，在这种情况下，教学和纠正将不再起作用（Schwartz，1997）。石化又分为两方面，语音的石化与表达方式的石化。笔者对此感触颇深，平常教学中比较注重学生发音，但即使带完完整整的一届，学生还是掌握不了语流现象，错音问题也积重难返。同样的还有口语表达，不少学生说英语的时候按照汉语思维的方式构造句子，结果杂乱无章，不符合英语语言习惯。一次课间我恰好听到了学生的一组对话：

A: Why you not finish homework?

B: I don't carry to school.

这样的句子在学生的口语中、写作中层出不穷，要改变谈何容易。十多年前，笔者教过两年初中，那时候的小学教育已经开设英语课，但学生大多来自师资力量薄弱的乡村，几乎没怎么上过，对英语的了解相当于一张白纸。本以为学生起步晚，会学得吃力，但令人惊喜的是，两年后，他们的英语发音练得非常好，连略音等语流现象也处理得很好。同一位老师教不同学段，初中生为什么学得好？高中生为什么学不会？因为大孩子的语音早已定型"石化"。

据"新浪新闻"报道，英国12岁男孩乔纳森·布莱恩（Jonathan Bryan）从小患有脑瘫，不能说话，四肢活动受限，一直以来都只能坐在轮椅上，与外人交流只能靠面部微笑或眨眼，由于没有学校收他，乔纳森的母亲布莱恩每天都会花几个小时去学校学习，再回来教自己的儿子。通过母亲的努力，使得乔纳森9岁时能用眼睛借助智能工具来表达自己，并在12岁的时候写了一本书。乔纳森说："我虽然身体能做的不多，但不代表我的大脑不活跃，正如母亲所说的那样，我想让世人听到我的声音。"媒体还报道过类似这样的事情，有的人听力健全，可是因为生理或心理的原因没开口说过话，但在身体恢复后便能立即说话。虽然这样的例子有点极端，但充分证明了输入的重要性，能顺利说的前提是多听。

3. 不当的教学方式

我们的学生在小学、初中阶段没大量地听，紧接着上了高中，高中学习压力大，任务重，尽管新教材中有 Listening and Speaking、Listening and Talking 这些板块，但很难真正贯彻落实，常被忽略。学生接触英语的时间仅限于课堂，课堂上虽然有口语练习，但由于班级人多，不能保证每个学生都有机会开口，即使说了可能也只有几句话，一个学期下来，练习说英语的机会几乎为零。再者，练习口语，不代表能没有计划毫无目的地随便说，随便说锻炼了胆量，但对提高口语起不到作用，还会固化错误的表达方式。

那么教师应该怎样上好口语课呢？课堂上，教师首先要确定话题，引导学生想出话题中可能会运用到的词汇、词块、句型等，鼓励学生绘制思维导图，再利用思维导图完成对话。确定了输入内容，控制了输入形式，再加上教师在整个过程中的指导，学生最后顺利地正确输出，不会因为随意、自由发挥而造成不符合英语语言规律的句子出现。

以《英语（选必修第一册）》Unit 1 People of Achievement 的 Using language 中的"听后"环节为例，教材上分两个步骤，首先头脑风暴，想出一些杰出人物并填写在表格中，再小组讨论什么使得他们成功并利用教材中给出的句子框架编成对话。笔者在此基础上做了小小的改动：学生两人为一组，首先想出一些杰出人物并填写在表格中，再确定一个话题人物，并围绕 What makes him/her great 这个话题对人物绘制思维导图，最后根据思维导图以及课本上给出的词块完成对话。

以下是笔者学生的完成情况：

（1）

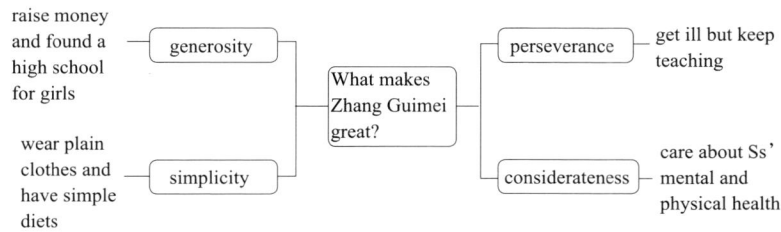

A: What kind of person do you admire?

B: Mm, let me see ... I admire a female. She is Zhang Guimei.

A: All right, tell me something about her. Is she a great woman?

B: Yes, from my perspective, she raised money and founded a high school for girls who have no chance to be educated.

A: Oh, I remember it now. Although she gets kinds of illnesses, she keeps teaching.

B: Her perseverance does make me uplifting. What's more, she cares about students' mental and physical health.

A: Well, she is so considerate.

B: Yes, few teachers care about students as much as she does.

A: Do you know she wears plain clothes and have simple diets every day?

B: How great she is! I have so much respect for her.

新余市渝水第一中学 2021 级 高二（7）班　林雨萱　晏怡萱

（2）

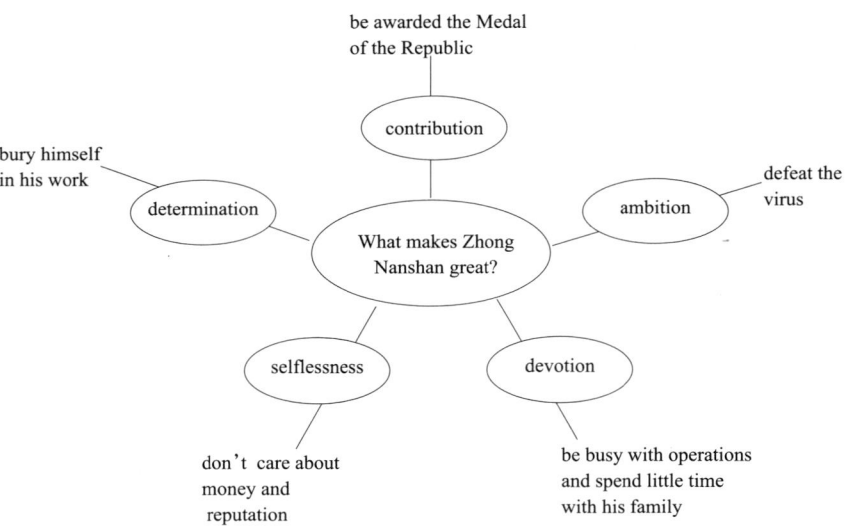

A: Who is the great person in your heart?

B: Hang on a second. It is Zhong Nanshan, an angel in white, who was awarded the Medal of the Republic.

A: What qualities in him appeal to you?

B: Well, I guess it's his devotion and selflessness that appeal to me. You see, he is busy with operations and spend little time with his family.

A: As far as I know, he doesn't care about money or reputation.

B: Actually, his ambition to defeat the virus makes him buried in his work.

A: Wow, he is so determined, and he really sets a good example for us.

B: Of course, his spirit is worthy of learning.

新余市渝水第一中学 2021 级 高二（7）班　廖慧　简佳怡

4. 教师自身能力有限

有些教师的口语能力有限，发音出错、不会连读、略读，也不能顺畅地用英语表达自己的想法和观点，直接用汉语进行教学。如果一个学生从小学到高中都是在这样的环境下上英语课，他的口语能好吗？笔者儿子读三年级上学期的时候，有一天放学回家问："妈妈，是 I have [ən] [i'reizə]，还是 I have [ənə'reizə]？"笔者说："怎么会有这个疑问呢？"他答："我听录音里面是第二种读法，可我们老师教的是第一种。"当时笔者答："这都能被你发现，你听得真仔细！他们都是对的，但是，外国人习惯第二种，把能连的音连一块读，还是根据他们的习惯来读吧。"很多英语教师说英语的方式是一个词一个词地说，没有连贯性。造成这样的原因与我们的母语有关，我们的汉语是单音节词，词与词之间很少会连读，比如"西安"，我们不会读成"仙"，只是现在不规范的网络语言会故意也把一些汉字连读，比如"这样子"说成"酱紫"，"不知道"说成"不造"等；而英文的词只有小部分词是单音节，比如 dog、put、sit，大部分是双音节或者多音节，词与词之间经常需要连读，明白这个道理则不难掌握连读规律。笔者教过的大多数学生都有一个共同的特点，看见 there's、they're、I've、I'll 等缩写统统视而不见它们的形式，非要硬生生分开来读，而外国人呢，怎么简短怎么方便怎么说，比如 you are，英音读成 [jɔː]，美音读成 [jɔːr]，这种现象称为"缩约"，即两个音缩成一个音或两个词缩成一个词的现象，不仅如此，在真实情境中因为这类词所占的意义不大，经常会说得很快来提高交流的速度，英音会弱读成 [jə]，美音会弱读成 [jər]，教材录音中就能找到很多这样的例子。

除了语流现象，很多教师在语音准确度方面也存在不少问题，以下是笔者整理的一些错误频率较高的发音：

单词/字母	错误读音	正确读音	读错之处
g	[dʒü]"桔"	[dʒɪ]类似"吉"	[ɪ]读成了拼音里的ü
n	[ən]	[en]	[e]读成了[ə]
v	[weɪ]	[viː]	[v]读成了[w]，[iː]读成了[eɪ]
culture	[ˈkʌtʃər]	[ˈkʌltʃər]	[ʌ]应发类似[aʊ]的音
adjective	[əˈdʒɪktɪv]	[ˈædʒɪktɪv]	重音的位置、字母a的发音
down	[dʌn]	[daʊn]	[aʊ]音开口不够，没发到位，变成了[ʌ]
fill	[fil]	[fɪl]	[ɪ]读成了[i]，[ɪ]发声靠后，[i]发声靠前
interesting	[ɪnˈtrɪstɪŋ]	[ˈɪntrəstɪŋ]	重音的位置，[trə]读成了[tri]

江西省教研室高中英语教研员来新余上新教材培训课的时候分享过这样一件事。一次，他当高中英语教师资格考试的面试考官，有位考生是来自英语培训机构的"一对一"辅导教师，这位考生当时抽到的题目是比较简单的词汇教学，即围绕题中的数个单词举例造句，目的是教会学生使用这些词，该考生抽到的一个词为fantastic，他随即在黑板上写下了这些句子："This clothes is fantastic. I love this clothes. Because this clothes is my mother give me present."很明显错误百出，没一句话正确，结果可想而知，他面试没通过。事后，教研员语重心长地告诉他："你要再认真学习一段时间，学好了，考试通过了，再去当老师。"英语教师，尤其是义务教育阶段的英语教师对学生影响巨大，如果教师自身水平不高，难以给学生打好坚实基础，甚至会阻碍学生的长远发展。

教师的职责是传道授业解惑，所谓"活到老，学到老"，教师应该不断学习，提高自身素养来适应时代发展，只有把自己的口语练好，学生才可能练好口语。

按部就班提高口语

口语表达涉及到良好的听力技巧和有效的表达，它的提高不是一件轻而易举的事情，需要我们用科学的方式练习和改进。

1. 认读音标

"听""说"之间关系紧密，上面已经提到练好听力从学习音标开始，口语也一样。学好音标指的是达到标准发音90%的程度即可，不是说一定要学得很深、达到精通的境界，比如准确找到[ʊ]与[uː]的发音部位并能区分，或者把[ʒ]读得毫无偏差，等等。在英语发音方面，中国人确实存在不少明显的问题，比如把[v]读成[w]等。我们之所以存在这么多发音问题，是因为每个人在学一门外语的时候，会不自觉地用母语中的相近音去替代外语中新接触到的音，而事实上，它们可能完全不一致，根本无法替代。比如，日本人不能分辨"L"与"R"的发音，因为在日语中没有这两个音，只有一个既像"Ra"又像"La"的音。国内某知名视频网站上有一个叫"提问日本"的博主，有一期节目叫《日本人不能分辨"L"跟"R"？去东京进行街头实验！》，根据采访发现日本人听这两个音基本靠猜，听不出区别。那么是不是去了国外在纯英语环境下就能自然而然地学会这两个音了呢？回答是否定的。有一篇关于大脑与外语学习方面研究的报道于1999年4月刊登在《纽约时报》上，文中写道："听到外语中不熟悉的发音，反而会强化自己的母语发音系统。当日本人刚到美国时，每次他们听到英语中的'L'或'R'发音时，他们日语中那个听起来既像'Ra'又像'La'的音被激活。他们在这个环境里待的时间越长，越会使他们区别'L'和'R'发音的听音能力减弱。"（Sandra Blakeslee，1999）这种当听到外语发音，大脑在母语中寻找类似发音的现象被称为"感知磁石效应"（Kuhl，1991）。

记得读初一的时候，老师教我们音标，为了让我们记得牢，就在音标的旁边标上中文，比如：[aː]标注成"啊"，[tr]标注成"缺"，相信现在还有很多老师在用这样的方式教学生。事实上，DJ 音标中，只有个别音与我们汉语某些音的发音方式与部位一模一样，如果每个音标都用中文标注的话，一开始就是错的，之后再把音标拼一起读单词，会感觉不在说英文，还是在说中文。学音标笔者推荐国内某知名视频网站的博主"英语兔"的一期讲解音标的课程《全网最适合中国人的免费音标课》，里面详细介绍了各种音标体系的读音，有国际音标、DJ 音标、KK 音标以及美音与英音的不同发音方式等。该课程生动有趣且知识全面，你对音标产生的所有可能的困惑和误解都可以在其中找到答案，比如我们通常说的"国际音标"其实是"DJ 音标"等。

音标种类如此之多，到底该学习哪种呢？现在学生普遍学习的音标叫 DJ 音标，属于英式音标，它有个缺陷，在标注美音的时候无法全部标注出来，因为有的美音在英音中不存在。KK 音标是专门用来标注美音的音标，那么如果想学美音，是否一定要学 KK 音标呢？回答是否定的。学音标是为了查各类参考书或者词典时，只需用眼"看"便快速掌握生词的发音，现在所有的权威词典以及我们的教科书都采用的是 DJ 音标来标注单词发音，KK 音标属于小众音标，没有权威词典使用它来标注。因此，如果学美音，通过 DJ 音标也一样可以，只是需要知道由于 DJ 音标无法把全部美音标准确，使得各大词典出现对于少数美音发音标注不统一的现象，比如 daughter 这个词的美式发音与英式发音明显不同，DJ 音标中没有音标可以体现"augh"的发音，KK 音标把这个音标注为 [ɔ]，以下是各大词典的标注情况：

	朗文词典	[ɒː]
daughter 中 "augh" 的美音音标	剑桥词典	[ɔː]
	牛津词典	[ɑː]
	欧陆词典	[ɔ]

虽然各大词典标注不同，但它的实际发音只有一个，只要掌握了美音发音规律，就不会再对这个音有疑惑，其他同样发这个音的词也一样，比

如 watch、water、long、dog 等。

2. 熟练音标拼读

循序渐进地开展音标学习，需要大量的听、跟读、拼读练习，可分三个步骤进行。第一步，拿出已经学过的教材，借助学过的单词来帮助记忆、拼读，读时看着音标，通过熟知的词汇摸清音标拼一起时的规律。第二步，预习没学过的单元词汇，自己进行练习拼读，不确定发音的地方做标记。第三步，跟着刚刚预习过的词汇录音练习拼读，进一步攻克难关，并反复操练第二步中感到疑惑和不确定的单词发音，直至熟练掌握。

学习音标时，还会碰到各种小难点，比如 [e] 与 [ə]、[dʒ] 与 [ʒ]、[tʃ] 与 [ʃ] 等一些学生容易混淆的发音。教师要带着学生多进行比较，列出带有这些发音的典型例子，让学生自己发现它们在字形和读音上的不同，总结出自然拼读的规律，强化区分。这不是一个速成的过程，要想熟练掌握，就要不断练习，不断复现，直到一看到任何音标都能脱口而出才算真正掌握了它们。笔者读初一的时候就已经可以做到一听到发音便能立刻写下音标，因为当时老师要求听写时一定要标注音标，为英语口语表达打下了牢固基础。直到现在，笔者碰见生字时还是会习惯性地写上音标，但不用把音标写全，可以简单标记，哪里不会标哪里，有的单词标上重音符号即可。

有部分单词的真实发音听起来与音标标注之间存在差异，比如 [s] 后面的清辅音要读成"不送气"，比如：discuss 中的 [k] 读成类似 [g]、student 中的 [t] 读成类似 [d]、spread 中的 [p] 读成类似 [b]。请注意，很多老师都把这种现象称为"浊化"，但实际上这样的说法是错误的，因为不送气的清辅音 [p] 与浊辅音 [b] 的发音不同，[b] 在发声前声带就已经在震动，所以外国人说"bye"与我们说汉语"拜"听起来不一样，其原因就在于他们发"bye"之前声带就已经开始震动，而我们说"拜"的时候并没有。接下来再简单介绍一些常见的语流音变现象：

美音中有一些单词的 [t] 会有"闪音"或者"拍音"的现象，如

writer，听起来与 rider 的发音几乎没有区别。类似的例子还有：

单词	音标	实际读音
waiter	[ˈweɪtər]	[ˈweɪdər]
later	[ˈleɪtər]	[ˈleɪdər]
elevator	[ˈelɪveɪtər]	[ˈelɪveɪdər]
water	[ˈwɔːtər]	[ˈwɑːdər]

带有"t"、"d"的单词后接鼻音时，不读出[t]、[d]，直接鼻腔爆破或者鼻音，比如：

单词	音标	真实发音	读法解释
fountain	[ˈfaʊntn]	[ˈfaʊ,n]	末尾[n]的发音方法为舌尖向上，放在上颚的位置，发出鼻音
straighten	[ˈstreɪtn]	[ˈstreɪ,n]	
didn't	[ˈdɪdnt]	[ˈdɪ,n]	
couldn't	[ˈkʊdnt]	[ˈkʊ,n]	

"滑音"现象，比如：

单词	音标	实际读音
evaluate	[ɪˈvæljueɪt]	[ɪˈvæljuweɪt]
do it	[duː] [ɪt]	[ˈduːwɪt]
anxiety	[æŋˈzaɪəti]	[æŋˈzaɪjəti]
experience	[ɪkˈspɪəriəns]	[ɪkˈspɪərijəns]
busiest	[ˈbɪziəst]	[ˈbɪzijəst]
keep an eye out	[aɪ] [aʊt]	[ˈaɪjaʊt]

"失去爆破"和"不完全爆破"。为了发音顺畅，6个爆破音在特定的情况下，发音器官只作出闭合的动作而不爆破出声音和不完全爆破出声音的现象。失去爆破出现在爆破音相连的情况下，不完全爆破是指爆破音遇见摩擦音、破擦音等情况。

"失去爆破"：

单词	音标	实际读音
bedtime	['bedtaɪm]	['be(d)taɪm]
black car	[blæk kɑːr]	[blæ(k) kɑːr]
red picture	[red 'pɪktʃər]	[re(d) 'pɪktʃər]

"不完全爆破"：

单词	音标	实际读音
obvious	['ɑːbviəs]	['ɑː(b)viəs]
development	[dɪ'veləpmənt]	[dɪ'velə(p)mənt]
outside	['aʊtsaɪd]	['aʊ(t)saɪd]

"央化"现象：央化是弱化的一种，是语流中如 at、of 和 that 等不重要功能单词的元音向 [ə] 靠拢的现象，大多数时候直接读成 [ə]。[ə] 是人类发出的最舒服的音，因此它又被称为"懒人音"。如：

For thin, you can describe somebody slim.
　　　　　　　[kən]

I did it in the name of my country.
　　　　　　　　　　[əv]

Others insist that more bus routes should be opened up.
　　　　　　[ðət]

I have decided that I want to adopt this baby.
　　　　　　　[ðə'daɪ] 这里不仅要"央化"，还有"闪音"现象

3. 听录音跟读句子

读英语时，有时候把单个词的音读准，但未必能读准句子，不能单纯地认为只要把每个词读准再拼一起就可以。句子是多个单词的组合，当多个单词组合之后，有的地方需要重读，有的地方需要弱读，有的地方需要连读，有的地方需要略读。如：

It is the time that you've devoted to her that makes your rose so important.

实际读成：

It is the time that you've devoted to her that makes your rose so important.
[tiz]   [meɪksʃjər]

说出的每个句子都需要这样处理，只有跟着录音多读多练，才能做到即使看到陌生的句子也可以不假思索地按正确的方式读出。

4. 掌握基本的自然拼读规律

自然拼读（Phonics）是以英语为母语国家的儿童从学英语开始便普遍使用的一种方法，它通过让孩子辨识字母及字母组合的发音规律，在字母与发音之间建立直接联系，做到见词能读、听音能写。对于我们以英语为第二语言的英语学习者来说，学习自然拼读是掌握发音规则与拼读技巧的好方法。虽然不是所有单词都完全符合规律，但适用面积很广，掌握规律后可以少走弯路，事半功倍。比如：

qu	[kw]	quick, queen, quarrel, request, square, question, quake
ai	[ei]	brain, available, obtain, aim, daily, attain, wait, gain, pain, fail, sustainable
tion	[ʃn]	population, imagination, calculation, exploration, invention, attention
tious/cious	[ʃəs]	ambitious, cautious, infectious, precious, delicious, suspicious, conscious
ture	[tʃə]	creature, adventure, future, nature, culture, future, nature, picture
ow	[aʊ]	down, how, now, power, crowd, shower, flower, town, brown, tower
	[əʊ]	show, blow, flow, know, fellow, know, arrow, eyebrow, arrow, grow
ir	[ɜː]	bird, birth, shirt, dirt, stir, fir, first, girl, chirp, firm, circle, skirt, thirsty

其中，学生最难掌握 ai [ei] 的读音，因为它与汉语拼音 ai 的写法一模一样，但发音不同，学生往往习惯读成汉语中"爱"，比如看见 brain 第一反应是念成 [brain]。教师可以把带有字母 ai 且发 [ei] 读音的单词集中让学生读，不断练习后便能掌握其规律。

5. 大量背诵

语言专家研究发现，儿童学说话的时候，大人为了使他们听懂，用了大量句法简单易于理解的表达方式，比如，幼儿看见一棵树，大人会说，"一棵树，好高啊！"而不会说"这真是一棵枝繁叶茂的参天大树。"对于高中生而言，无法拥有这样的语言环境，要想从简单到复杂，并且有大量"听"的输入几乎不可能，教师可以引导学生先从背诵一些简单的日常对话入手，在大脑中储备高频句子，那么在使用的时候就不会因为要临时构造句子而变得结巴或词穷，为正常沟通打下基础。赖世雄说："重复，重复，再重复。学英语就是一个重复的过程，也就是我一再强调的 overlearning 的态度学习。"（2018）德国哲学家约瑟夫·狄慈根（Joseph Dietgen）也曾说过"重复是学习之母"。所以，背诵的时候，我们不能满足于当下背出来，出现频率高的好句式需要不断复现，最后才能变成长期记忆。可是我们背了这么多年，怎么还不能流利地说英语呢？因为仅背诵还不够，这是为之后的训练打下基础。

6. 输出训练不可少

通过背诵，学生已储备各种各样的句子，这不等于能灵活运用。法国人文主义思想家蒙田说："背得烂熟不等于掌握知识。"意思是背熟了还不行，要会懂得运用才算掌握。输入是输出的基础，如果要顺利地输出还要经过专门练习。我们身边没有外国人，朋友也不愿意和我们一起练口语，那我们要怎样来练口语呢？

6.1 自己与自己练习对话

前苏联心理学家维果斯基（Lev Vygotsky）认为儿童通过自己与自己说话转成不发声的"内语"从而帮助语言内化。还有很多语言学家表示，在学习外语时，跟自己说话非常重要，甚至比与他人交流更重要。具体可以通过以下方式练习。

比如你背了一组这样的对话：

A: Hey, Beckey, what's your favorite city?
　　你好，贝基。你最喜欢哪个城市？

B: Los Angeles! I like there best. What about you?

洛杉矶！我最喜欢那儿。你呢？

A: My favorite city is Guangzhou.

我最喜欢的城市是广州。

这一整天，只要空闲的时候，都重复这组对话。对于教师来说，可以是上下班的路上，可以是备课放松的间隙；对于学生来说，可以是课间五分钟，可以是排队打饭的等候期。这样，等到了晚上，这则对话已经练得非常熟练了，我们可以在此基础上，结合已有的知识，练习自己与自己对话。如：

A: Hey, Beckey, what's your favorite city?

你好，贝基。你最喜欢哪个城市？

B: Los Angeles! I love going to the local cafes and seeing famous people. What about you?

洛杉矶，我喜欢去那儿的咖啡馆，喜欢看到名人。你呢？

A: Cool. My favorite city is Guangzhou.

好酷啊，我最喜欢的城市是广州。

B: I've never been there before. What's it like?

我从没去过那儿，那里怎么样啊？

A: The museums are great. The bars and restaurants are awesome. And the people there are friendly.

博物馆特别棒，酒吧、餐馆也很不错，那儿的人很友好。

B: What's the weather like?

天气怎么样啊？

A: The weather is amazing in the fall! But it's too hot in the summer.

秋天天气很好，但是夏天太热了。

就像这样一直延伸拓展，可以从一组对话变出各式各样的对话。不知不觉中，又把之前背诵的内容巩固了一遍，真正意义上把知识内化了再输出，运用自如。这就好像有的人喜欢下棋，可是又找不到对弈之人，只好左右手互搏，慢慢地，棋艺也得到了提高。

6.2 对阅读文章进行口头复述

不管对于英语口语还是英语阅读和写作，retelling 都是提高这些技能的一种有效方式。复述不是逐字逐句地死记硬背，是把输入的信息经过大脑重组后再输出，使输入输出形成良性循环。在阅读后进行口头复述时，看过的语块会出现在脑海中，随即脱口而出，但也会经常卡壳，这时候可以回看文章后再继续，一遍之后再反复，直到可以流利地表达为止。

新教材里面有很多好的素材可以帮助我们训练口语表达，尤其是讲述人物的记叙文，比如：《英语（必修第一册）》第三单元讲述郎平和乔丹的 Living Legends，《英语（必修第三册）》第二单元讲述林巧稚的 Mother of Ten Thousand Babies，《英语（选必修第一册）》第一单元讲述屠呦呦的 Tu Youyou Awarded Nobel Prize，等等。这些文章，经过了编者们精挑细选，句式简洁却内涵丰富，经过口头复述的长期练习，有助于学生在潜移默化中形成英语思维，口语表达能力将大幅提升。这个方法不管是对学生还是对教师，都同样适用。

6.3 随时随地说英语

学生口语的提高离不开老师的帮助，因此，教师自身的口语水平显得格外重要，但就目前来说，部分英语教师在提高口语表达能力方面还有很长的路要走。

相信大多数英语教师都听到过这样的话："你们英语老师的小孩以后不用花钱出去学英语，在家里天天对着孩子说就行，可以省下一大笔钱。"没有孩子的时候，我也曾这么想。但有了孩子之后，发现事与愿违，我们之间并不能用英语流畅地沟通，尽管孩子经常听我说英语，也阅读过不少英语绘本。那么问题出在哪？孩子的问题就是家长的问题，我首先在自己身上找原因。观察后发现，一天之中，我们用英语交流的次数极有限，我并不能做到自由地用英语输出。在意识到这一点之后，为了提高自身水平，在与儿子交流时，会有意识地用英语表达，虽然他不能全部用英语回应，但基本能听懂，如果有的句子或词语不知该怎么用英语说，我会记在笔记本上，然后查出相应的英文表达，闲暇时再翻看笔记加深印象。

作为英语老师，更好提高我们口语的地方是课堂。作为高中老师，英语课堂应是全英文授课，但现实却很难做到。比如我所在的学校生源从全市范围来看属于中等梯队，用全英语上完一整节课几乎不可能，久而久之，参加工作的时间越久，口语退化越严重。人都有惰性，如果平时用不上，自然不会想着如何变得更好。2012年，我很荣幸代表新余市参加"江西省英语教师口语大赛"，因为深知自己能力的不足，赛前我背了很多文章来"临时抱佛脚"。比赛时，临时抽签定组别和即兴演讲的题目，三人为一组，相同题目进行比赛。当时紧张到大脑一片空白，是参加比赛最紧张的一次，因为不确定因素多，害怕万一抽中陌生的主题，一个字都说不出口，忐忑的心情直到比赛结束才平复。幸运的是，我当时演讲的话题是与比较熟悉的"环境"有关，虽然没有表现得特别出彩，但好在中间没有卡壳并顺利完成了任务，最终获得省二等奖的成绩。

这次比赛让我看到了与优秀同行之间的差距，回去后我便思考接下来该如何提高自己的口语。课堂是教师的主阵地，因此英语教师应在课堂上多用英语表达。可是每当我这么做的时候，学生都一脸迷惘，他们根本不懂我在说什么。但完全用中文教英文显然不科学，于是我整理了一些平时上课的习惯用语给学生看并要求多读，后来，随着学生对课堂语言熟悉度以及自身词汇量的增加，他们便慢慢能接受英语课堂以说英语为主。教师备课时也要充分考虑口语表达这一项，什么地方用英文说，什么地方用中文解释等等。由于课堂的灵活性，有的情景如果当时不知道如何使用英语表达，可以课后查阅资料并积累起来，慢慢地，积少成多，教师的口语会越来越棒。

老师学习口语的方式潜移默化影响着学生，学生会更乐意使用英语去表达自己，学生与教师之间良性互动，共同解锁更多的英语表达，句子内涵越来越深、句式越来越丰富、信息量越来越大，共同提升了教师和学生的口语能力，这也是教学相长的真实写照。

以下是笔者整理的英语教师经常能用到的课堂用语。

1. OK, so shall we just go, just dive right in?

    让我们现在开始，全身心投入好吗？

2. Before we dive in, I just want to remind you to pay attention to this word, because in this word, there is one letter that we don't pronounce.

    在详解之前，我想提醒你们注意一下这个词，因为在这个词里，有一个字母不发音。

3. If no one has anything else to add, let's wrap up the lesson.

    如果没有人要补充的话，这节课就上到这里。

4. Let's go ahead and listen to the entire dialogue.

    让我们继续，听整段对话。

5. So why don't we go ahead and listen to that one more time?

    为什么我们不再听一遍呢？

6. Okay, we'll take a listen and see what these two people are talking about.

    那么，我们听录音，弄清楚这两人在说些什么。

7. Check out this video to find out answers.

    看一看视频再找出答案。

8. Aren't you always either missing a letter or adding an extra one by mistake when you tried to spell certain words？

    当拼写某些单词的时候，你们是不是总是要么漏写一个字母，要么多写一个字母？

9. Should you wish to know more about that grammar point, then go ahead and check that out.

    如果你们想要对那个语法点更深入地了解，那么我们继续，并弄明白。

10. I have some more example sentences there for you.

我为你们准备了更多例句。

11. And when you get these things done, you can check them off.

    当你完成了这些事情时,你可以把它们勾除。

12. If you have completed something, please put a little check mark beside it.

    如果你完成了某件事,请在旁边打勾。

13. You can cross them out with a line.

    你可以用一根线把它们画掉。

14. So today's lesson kicks off with an introduction of a famous scientist.

    今天的课从介绍一位著名的科学家开始。

15. So, that is an expansion word we're learning today guys.

    同学们,这是我们今天要学的一个拓展词。

16. You may hesitate and not answer straight away.

    你们可能会犹豫,可能无法马上回答。

17. It's a compound word, yes, blueprint. It's from two words, blue and print.

    "blueprint"是一个合成词,它来自于两个词,blue 和 print。

18. Annie, where do you stand on this?

    安妮,你对此有什么看法?

19. What's your take on this, Keith?

    你对此有什么看法,基思?

20. Yeah, I totally agree.

    是的,我完全同意。

21. She supports this a hundred percent.

    她百分之百支持。

22. The opposite of engaging is boring.

    "engaging"的反义词是"boring"。

23. Engaging is more interesting than just interesting, and it's also a little bit

more formal.

"engaging"比"interesting"有趣的程度更深，也更正式。

24. Ease always has that meaning of kind of like reducing or lessening pain.

"ease"的意思有点像"reducing"或"lessening pain"。

25. I can see where you're coming from but I don't agree.

我明白你的观点，但是我不同意。

26. I have marked your exam papers.

我改完了你们的试卷。

27. I didn't know much about tornadoes prior to this lesson.

在这节课前我对龙卷风真的不太了解。

28. It's a four-course meal: soup, appetizer, entree and dessert.

这餐饭有四道菜：汤、开胃菜、主菜和甜品。

29. Thickly-sliced is a compound word, using an adverb, then a hyphen, then a past participle.

"thickly-sliced（厚切的）"是一个合成词，由一个副词、一个连字符和一个过去分词构成。

30. Before we get into the lesson, let's first talk about this word committed.

在进入课程之前，我们首先来说说"committed"这个词。

31. The emphasis is on the end of the word.

这个词的重音在词尾。

32. If you need a word that means more than just beautiful, you can use gorgeous. We can use this to talk about bags, people, dresses, shoes, accessories, smile, of course.

如果你需要一个词来描述比美丽更美，你可以用gorgeous（迷人的，华丽的）这个词。当然，我们还可以使用这个词来谈论包、人、裙子、鞋子、饰品、笑容。

33. Bare, b-a-r-e, sounds the same as b-e-a-r, bear.

"bare"的发音与"bear"一样。

34. I guess the first thing that comes to my mind is her determination.

    我认为我首先想到的就是她的决心。

35. Paranoid just means that you're kind of excessively worried.

    "paranoid"的意思是你有点过度担心。

36. So, let's have another listen.

    那么，让我们再听一遍。

37. Please make comments of your own.

    请发表自己的评论。

38. Snow rhymes with blow.

    "snow"与"blow"押韵。

39. Please underline the words or sentences that make you confused.

    请在不懂的单词或者句子上画下划线。

40. Did I make myself clear enough?

    我都说明白了吗？

41. You look a little confused. Does that make sense to you?

    你们看起来有点困惑，理解了吗？

42. So if you're still confused about it, please tell me.

    如果你们仍然困惑，请告诉我。

听说课不容小觑

新教材必修中每个单元都有 Listening and Speaking 和 Listening and Talking 两个板块，学生最喜欢与之相关的活动，他们可以在课堂上讨论、交流、互动，在活跃、放松的氛围中相互协作完成练习。

从理论上来说，第二语言习得理论认为语言习得过程是输入和输出的双向过程，把两者相结合才能提高二语习得效率。美国语言学家克拉申（Krashen, 1985）在20世纪80年代提出"输入假设"（Input Hypothesis），该理论阐明，可理解的语言输入（comprehensible input）是语言习得的必要条件和关键。他用"i+1"公式表述了这一重要观点，其中"i"表示语言学习者目前的水平，"1"表示略高于语言学习者现有水平的语言知识，"i+1"表示略高于原来的语言能力。加拿大语言学家斯温（Swain，1985）则提出了可理解性输出假设（Comprehensible Output Hypothesis），该理论表明，除了必要的可理解性输入外，学习者要有机会使用所学的语言，也就是可理解性输出，才有可能更准确、更连贯地输出目标语，才有利于语言的习得。

基于以上理论，既有输入又有输出的听说课显得格外重要。以下是笔者根据学生特点设计的一节听说课，内容来自《英语（必修第一册）》Unit 2 Travelling Around 的 Listening and Speaking，共分为 pre-listening、while-listening、post-listening、assessment 四个部分。

Pre-listening

Step I Brainstorm

Q1: If you have the chance to travel anywhere in the world, where will you go?

Then, teacher shows several pictures about world-famous scenic spots and asks students where they are.

Step II Discuss the questions with deskmates.

Q2: What do you need to do to prepare for the trip?

Ask students to choose one picture as a travel destination to discuss in groups. Teacher encourages students to think of different chunks as many as possible to describe the preparation.

While-listening

Step I Go through the questions and options of activity 2, and predict the content.

Step II Listen to the first part of the conversation and choose the correct answers.

Tell students to focus on key words, not try to catch every word in a conversation.

Step III Listen to the second part of the conversation and answer the questions.

Q1: Where is Paul's family going over the holiday?

Q2: Why are they going there?

Although some students know the answer, they have no idea how to make sentences correctly. Teacher should encourage students to speak it out and help revise their sentences.

Step IV Listen to the whole conversation again and fill in the table in activity 4.

Teacher is supposed to remind students to pay attention to the verb form, and then check answers.

Post-listening

Step I Think and discuss

Choose a travel destination and think about what you would do to prepare to travel there. Then share your travel plans with a partner.

Teacher can show other pictures as below to enable students to have more places to choose from.

Where: Montreal, Canada
Why famous: the most romantic city in Canada
Best time to visit: June/July/August
Places worth visiting: Montreal Botanical Garden, various museums, many churches

Where: Dali, Yunnan Province
Why famous: fascinating scenery, climate that feels like it is always spring, the March Fair
Best time to visit: March/April/May
Places worth visiting: Erhai Lake, Cang Mountain, Chongsheng Temple

Step II Make a conversation

Students make a conversation with their partners then several couples are asked to show themselves. They can make up the dialogue based on the example of the textbook.

Here are two sample conversations.

(1)

A: Hi, Maddy!

B: Hi, Bieber!

A: Do you have any plan for the approaching summer holiday?

B: Yes, I'm going to travel to Canada. Actually, I've just finished the travel arrangements.

A: Oh, really? It is a unique and fascinating country. I've been there before.

B: Yeah! I'm looking forward to seeing Montreal's Botanical Garden, various museums and churches.

A: How are you getting ready for your trip?

B: I've applied for my passport and visa. Once I get them, I'll book air tickets online. According to the travel tips, I'm preparing some necessities for the trip, such as thin clothes, a guidebook and some snacks.

A: That sounds great! Montreal is famous in the world and it must be a brilliant destination.

B: Come on, I want to know more.

A: Well, it's one of the most romantic cities in Canada.

B: Wow! I must have a different and unforgettable travelling experience! Hope the day can come soon.

新余市渝水第一中学2021级　高二（6）班　刘懿，黄超

（2）

A: Hi, Yupin. Long time no see.

B: Hello, Jiaying!

A: Do you have any plans for the coming holiday?

B: Oh yeah, I'm planning to travel to Dali, Yunnan with my parents and I've just finished the travel arrangements.

A: Good idea. Actually, I went there last year.

B: That's great! We are planning to go to Erhai Lake, Cang Mountain, and Chongsheng Temple.

A: By the way, when do you set out?

B: In April, I heard that Dali has a climate that feels like it is always spring, and April is the best time to visit because the March Fair is held in April.

A: What is the March Fair?

B: It's an annual fair of the Bai nationality held at the foot of Cang Mountain which lasts from the 15th to the 20th of the third month by the lunar calendar. Besides the exchange of goods, other activities like horse-racing, archery contests, and performances of music and dance are also included.

A: Wow, sounds interesting! You're well prepared. Please tell me how you are getting ready for your trip.

B: I've searched much information online. We're booking train tickets and renting a car now and plan to drive around.

A: You can both enjoy the beautiful scenery and take part in the activities.

B: Yes, of course. That'll be so much fun.

新余市渝水第一中学 2021 级 高二（6）班　蒋玉萍，钟嘉莹

Assessment

Other students watch and evaluate the performance. Here is a table which may help you.

Aspect	Score
Content	
Fluency	
Pronunciation	

对外教的错误认知

打开电脑，搜索"出国后才知道的十大秘密"，有人总结出的第一条就是"不是身处英语环境就能毫不费力学会英语"。关于掌握外语与年龄之间的关系，语言学家做过准确的定量分析，结果表明，12 岁以下的儿童到了国外，哪怕以前是零基础，只需要每天几小时的语言接触，大约一两年时间，外语就能说得非常流利，而且，年龄越小越容易掌握，花费的时间越短。儿童在外语环境下掌握一门外语要比成年人快很多，大概 5 到 10 倍，

成年人欲消除语言障碍谈何容易，许多在国外生活了半辈子的华侨，他们的英语程度还是初级（漏屋，2012）。在国外生活尚且如此，可想而知在有限的时间内与外教交流的效果会怎样。

笔者的外甥小学毕业，想提高英语口语水平，趁暑假有空，他在网上报名参加了"一对一"外教课，一周上三次课。刚开始兴致勃勃，特别兴奋，一开口可以说很久，可后来，他发现说来说去的句子还是停留在打招呼等特别熟悉的话题，当他听不懂的时候，外教会换一个更简单的方式说，可有时候无论外教如何解释他还是听不懂，这时外教会置之不理或干脆换另一个话题。上了一个月的课之后，他问我："老师总说［ˌdræɡ ənˈdrɑːp］，那是什么意思啊？"我答："那是 drag and drop，drag 是拖，drop 是放，外教是指用鼠标点击拖放。"所以，经常听到的表达，并不会因为听得多就自然能懂，不会说的话，也并不能因为是与外教对话，就变得会说，脑子里本来就没有的内容是无法输出的。后来在上了整整两个月的课之后，他说自己的口语并没有实质性的进步，果断退课。外教对于一个 12 岁的孩子在口语上的帮助都微乎其微，更不用说对于 16 岁以上的高中生或是成年人，因此不要迷信外教。

外籍专家普遍认为，中国人学习英语唯有采用真实的语言交际活动才有出路。而我国语言学家研究表明，我们不能全盘否定自己，盲目接受西方流行的理论，应该在认真学习西方外语教学理论与实践的同时，以辩证的思想看待我们的教学，紧密结合中西方外语教学模式，从而提高外语学习方法的有效性（文秋芳，1996）。

有的语言学家说，跟外教用英语交流其实是检验口语水平的好方法，而不是提升口语的好方法。漏屋老师在加拿大纯英文环境下教刚定居在那儿的中国移民英文并不是因为加拿大没有外教课，恰恰相反，加拿大政府给所有新移民准备了 ESL 课程英语培训班，而且是"小班纯外教"，不仅免费，还管饭、报销来回车费。可为什么他们没坚持去学而要跟着中国人学英语呢？因为与纯外教交流不如与懂汉语的英文老师交流方便，有很多不懂的英语，如果用中文解释，他们一下就能明白，效率高，学得快。可见，即便是到了国外，英语还是得靠自己系统地努力学，没有捷径。

我们想掌握并使用某种表达方式，就要多次复现这种表达方式。在外教课上最先学会的是怎么打招呼，如何道歉等经常能用到的日常用语。在真实语言环境下，基于语言的灵活性，绝大多数语句重复概率非常低，语言没有复现，因此也不可能被记住，再加上外教课时间有限，最终想要通过外教课来提高口语水平几乎成为泡影。我们不能因为与外教交流学会了一些基础的表达就认为其他更复杂的语言表达也能学会。

大多数外籍教师上课不会专门为中国学生备课，他们不了解学生的水平，不知道该怎么说能让他们听懂，基本上是在自顾自地说，如果不加控制或不引导学生有目的地输出，就与随意听到的英语录音没什么区别。学生在与外籍教师交流的时候，并不会因为是在与外教对话所以说得更好、更流畅，有的学生反而可能由于太过紧张或兴奋反而说得没平常好。当然，外教课也不是一无是处，对于外语水平比较高的学生来说，不仅可以锻炼听力，而且如果把从外教那听到的新的表达方式写下并刻意重复运用，会有非常大的收获，但符合这两种条件的学生极少。

综上，我们可以找外教交流作为练习口语的辅助手段，而真正提高口语水平还需以适合自己的方式靠坚持不变的恒心与毅力，如曾国藩所言"凡人做一事，便须全副精神注在此一事，首尾不懈，不可见异思迁"。

第二章

讲阅读

阅读是我们吸取知识的主要方式。在全球化的背景下，英语已成为全球使用人数最多的语言。学习并精通英语可以便于我们阅读英文资料，深入理解不同国家的文化，吸纳各种知识。这不仅为我们开启通向世界之门，而且也有助于培养我们的语言技能、思维品质和学习能力等英语核心素养。阅读能激发我们的情感，增强我们的想象力，提高我们的创造力。阅读以独特的方式塑造了我们的秉性和特质，并伴随我们的一生。对于高中生而言，培养良好的英语阅读习惯将有助于他们拓宽视野，用国际视角理解中国，以开拓精神探索世界。

在谈到阅读教学的时候，相信每位英语老师都能滔滔不绝说上很久，我们从小到大各阶段英语老师说得最多的一句话是："得阅读者得天下。"虽然有些绝对，却不无道理。在高中标准化考试中，阅读部分的分值为50分，占卷面1/3分值，完形填空的准确率也与阅读能力息息相关，让学生绞尽脑汁的读后续写，如果阅读能力不强，看不懂给出的文章，续写时则无从下笔。阅读课是高中英语的核心课程，国内的孩子从小就开始锻炼阅读英语语篇的能力，在"听、说、读、看、写"五种技能中，最擅长的是阅读。以笔者在江西任教学校为例，2022年高二上学期开学20天后的周考中，笔者任教两个班级的平均分分别为99.36与88.59，即得分率是66.24%与

59.06%；除七选五外的阅读理解题卷面总分为 37.5，两个班级平均分分别为 28.78 与 26.71，即得分率是 76.75% 与 71.23%，远高于整张卷面的得分率。虽然阅读理解的得分率高于总体得分率，这并不代表学生的阅读能力很强，从失分率看，还有很大的上升空间。

阅读能力不足的原因

多数学生在阅读方面存在的问题是阅读速度慢，看不懂长难句，只有少数学生的阅读能力较强。

回想笔者大学刚毕业参加工作时，第一次上课的情景仍历历在目。我满腔热血地走进教室，与学生问好之后便用英语进行自我介绍，结果学生在下面笑，连连说："听不懂，听不懂。"一开始我还以为学生是在跟我闹着玩，可一节课下来，发现他们确实不懂，连最基本的 Would you please turn to page ... ? 也听不懂，对于教材上的阅读文章，至少一半词不认识。虽然现在的学生总体素质比十几年前的学生好很多，词汇量也大很多，但社会在发展，人在进步，现在的试题难度也在加大，新教材上的文章与老教材比亦如此，比如在《英语（选必修第一册）》词汇表中的 cease、deceased、signpost、reindeer、envision、sorghum、peculiarity 等词不仅在老教材里没有，平常的试题中也很鲜见，属于低频词汇。对于学生来说，他们中的大部分对新教材里的文章一知半解，有的甚至一点都看不懂，因此语篇阅读对他们而言是个极大的挑战。那么，造成学生英语阅读能力不足的原因有哪些呢？

1. 词汇广度不够

学生普遍反映，对比初中英语教材来说，高中英语教材的句子更复杂，课文篇幅更长，词汇量明显加大，难度以及深度突然上升到一个新的台阶，它们之间的跨度比较大。很多学生翻开书，不禁感叹："怎么啥都看不懂？！"的确如此，一篇文章里如果有大量的词不认识，不但影响阅读速度，还影响对语篇理解的程度，不仅不能从阅读中找到乐趣，相反，还会产生对英语的厌恶感。词汇好比是房子的一砖一瓦，缺乏砖瓦，如何建得起房子？

2. 词汇深度不够

Qian（1999）提出，词汇知识应该包括两个方面，即词汇广度（breadth）和词汇深度（depth）。由于应试和升学压力的影响，大部分学生是靠背词汇表中的单词来学习词汇，很多教师也认为，直接记忆就好，而没有引导学生通过例句、语篇等真实语境去体会单词的用法，这样就难以掌握词汇的用法，实现词汇的内化。由于中英文之间语法规则的差异，最终很多人发现即使背出来了中文意思，也无法理解句意。学习词汇时，我们不仅要追求数量，也要兼顾质量。比如2011年高考四川卷完形填空第38题：We are having a wonderful life and Mum（   ）naturally part of it. 选项为A. takes   B. keeps   C. looks   D. feels，当年很多学生选择B，但答案为D。文章主要描述的是作者对已故母亲的思念。大家都知道feel的意思为"感觉"，这时与汉语用法一致，如：I can feel the tension on the playing field. 译为：我能感觉到赛场上紧张的气氛。但feel还有其他的用法，表示"给……感觉"，如：Zoey's mouth felt extremely dry. 译为：佐伊感到口干舌燥。feel还可以表示"摸起来"，如：The horse's skin feels very smooth indeed. 译为：这匹马的皮肤的确摸起来很光滑。在这道题中，feel的用法属于第二种，整句话的意思是"我们感觉妈妈很自然地是我们生活的一部分"，而不是"妈妈感觉到很自然地是我们生活的一部分"。像这样的例子比比皆是，只有重视单词的学习质量，才能提高阅读水平。在中国，英语学习者在词汇学习上往往重视词义的理解和词汇量的扩大，却忽略了语义的实际应用和词汇学习的深度，这种对词汇深度知识的忽视，严重妨碍了学习者提高其语言水平（刘绍龙，2001）。

3. 不熟悉句法结构

不少人认为学英语只要背出单词意思就能理解句子、看懂文章、学好英语，这显然不对。对于阅读能力来说，词汇量固然重要，它是保证阅读水平的必要条件，却不是充分条件，英语能力的其他方面，如英语的句法结构等也同样重要。由于英语与汉语语言规则的差异性，如果不懂英语句法结构，则会导致意思理解偏差甚至完全错误。比如，一次学生做阅读理解，语篇中有这样一句话："Scientists last year discovered that there is liquid water on the Mars, which made a lot of people very excited since finding a world within a star's habitable zone where liquid water can exist would be a great start to finding life."笔者两个班级近100名学生中，只有5人读懂了这句话。实际上，对于这句话的理解来说，单词不是障碍，唯一的生词habitable试卷上有中文翻译。大家看不懂这句话是因为句式复杂，从句多，里面含有一个宾语从句，两个定语从句，以及一个状语从句，如果对句法结构不熟悉，会看得云里雾里，即使放慢速度反复阅读，还是无法理解。

4. 相关文化背景知识有待丰富

背景知识是指学生大脑中与阅读材料内容相关的先有知识。具备相关背景知识的学生在阅读时会感到更轻松，理解也更深刻；反之，则可能认为文章晦涩难懂导致无法理解。语言与文化是相互补充、密切相关的。语言不仅是文化发展的产物，还反映了一个民族的历史、文化、生活方式和思维方式；反过来，文化的传播依赖于语言，而文化的进步又推动语言不断演变和发展。所以，在教授一门语言的时候，应该发挥文化背景的积极作用。然而，很多教师往往忽视了这一点，不注重文化背景知识的渗透，那么学生阅读时，会产生因不了解文化背景所带来的阅读障碍。比如，若不了解"淘金热"的历史背景以及与之相关的词汇，则无法理解以下句子的内在逻辑："This week in our series, Robert Bostic and Leo Scully tell about the gold rush and the important part cowboys played in settling the West."

5. 缺乏有效的阅读策略

阅读策略是读者用来理解各种文本的有意识的、可灵活调整的认知活动计划（竺小恩，2005），它也被视为是读者在阅读过程中监控和调节其认知行为的一种方式（焦名海，1997）。换言之，它是读者为达成阅读目标，使用适宜有效的方法和手段，包括对学习方式的选择，以及决定如何组合和使用它们（周龙兴，1995）。可见，阅读策略涵盖了很多方面，现就学生普遍存在的一些问题来谈一谈。

5.1 课外阅读匮乏

很多学生在整个高中阶段没有一点课外英语读物，如课外书籍、报刊等，三年下来只接触过课本上的文章、试卷中的阅读题，他们认为只要上课刷题就够了，可是课本中的语篇量有限，试卷中的文章是经过改编而来，只靠这两种读物，阅读的题材广度和话题深度都十分欠缺，当碰上稍难一点的文章时，就只能望洋兴叹，束手无策。

课外阅读可以根据自己的兴趣爱好来选择内容，是主动、积极的阅读行为；做试题是学校、教师要求的任务，对大部分学生来说是被动的阅读行为。主动阅读的时候充分调动大脑，学生更愿意去探索、求知、挖掘；被动阅读是完成任务。不仅如此，做这两件事的时候心境也不一样，做题时的心情紧张甚至焦虑；看课外书刊时的心情轻松而愉悦。所以，这两者产生的阅读效果有天壤之别。这和我们学习语文是一个道理，在大语文时代，课外阅读对于学好语文至关重要。书中的世界广阔无限，只有博览群书才能博识，才能学会思考书中人物的言语和行为，进而锻炼思维，激发创造力，在陶冶情操的同时增强语言能力、提高写作水平。

5.2 不良的阅读习惯

有的学生具备一定的词汇量和语法基础，但是阅读速度慢，经常不能在规定的时间内完成阅读练习，这是不良的阅读习惯所导致。不良的阅读习惯主要有：

5.2.1 不分泛读、精读

泛读、精读是阅读中常见的两种方式，比如做试题或浏览新闻时，应采用泛读的方式进行阅读；当遇到特别喜欢的文章或者分析段落、分析长难句时，则需采用精读的方式来阅读。精读的时候，先逐词读一遍，可以声读也可以心读，再把阅读中遇见陌生的单词、不懂的词块、句式挑出来查阅资料直到彻底明白。但是有的学生对于任何材料都在逐字声读或者心读，非常影响阅读速度，笔者的一名学生，每次考完试，试卷上密密麻麻布满横线，常常做不完试卷，没时间写作文，因为只要她在阅读，就是精读，严重影响做题效率。学生应该要知道，不是所有文章都需要精读，有的文章泛读了解大意就可以，这样能在有限的时间内阅读更多语篇。有一次学生问我一句话的意思："Heartbreak, grief and the loss of the idea of complete family left me not coping well."这句话不长，没有复杂的句法结构，也没有生词，之所以理解不了是卡在了 the loss of the idea of complete family 这个词块上，它的结构是"A of B of C"，按常理推断它的意思应是"C 的 B 的 A"，即"完整家庭的想法的失去"，可翻译出来根本行不通，牛头不对马嘴，要正确理解这句话，应译为："心碎、悲伤、失去完整的家庭，这一切让我无法恰当应对。"英语中，尤其是诗歌，有的句子不是通过单纯分析句子结构就能知道句意，还需要大量地阅读，尤其是泛读，这样才能"书读百遍，其义自见"。

针对有些写得特别好文章，比如人教版《英语（必修第二册）》Unit 4 History and Traditions 的读写板块中的文章 Beautiful Ireland and Its Traditions，这篇只有一个自然段的小短文用词丰富、语言优美。阅读的时候，读者仿佛置身其中，亲自来到了爱尔兰，看到了那儿的牛羊在翠绿的山上悠闲地吃草，听到了海鸟的欢叫与海浪的咆哮交织在一起的声音，闻到了山林间花的芬芳，让人产生心旷神怡、流连忘返之感。像这样的文章值得反复细品、吟诵，甚至背诵。如果只是泛读，则体会不了作者用词的精准，感受不到英语语言的艺术，会错过提升语言用词能力的好机会。

5.2.2 过多依赖工具书

由于英语词汇量很大，在英语阅读中，碰见生词是在所难免的事，这与汉语不同，汉语的常用词汇比英语的常用词汇少，一个普通成年人的汉字词汇量不到一万，我们平时读书看报很少有不认识的字，正是由于这个原因，有的学生没有养成猜词义的习惯，一看到生词就急切地想知道意思，于是边看文章边查字典，思路经常被打断，严重影响阅读速度，等查完一个词时，刚刚看过的内容又忘了，不得不回看之前的内容，不知不觉中又养成了"复视"的习惯。复视是指阅读中返回看之前看过的内容,偶尔为之有利于理解,如果过度频繁会因阅读花费时间过长而读了后面忘了前面,影响理解,自然体验不到阅读的乐趣。

5.3 未掌握基本的认知阅读策略

认知阅读策略是阅读策略的一方面,包括预测或推理文章内容、猜测词义、略读、跳读等,这些也是每年高考重点考查的项目。

完形填空考查学生预测、推理文章的能力,其中有很多空,考生在没看选项的时候心里已经有了答案,这样可以节省很多因为推敲选项而花费的做题时间。阅读过程本身是不断印证猜测、修正猜测的过程,如果没有掌握这项技能,则会耗费更多时间,大大降低了阅读速度和解题速度。

对于特殊题材的文章我们可以运用略读、跳读的方法阅读。比如英语试卷 A 篇经常出现海报、广告、旅行手册等应用文,对于这样的文章不需要从头至尾逐词逐句地看,可以先看第一段了解文章话题,然后再浏览小标题,接着立刻做题,解题时直接阅读目标段落找答案,不需要看完整篇文章。这类文章的特点是生词比较多,人名、地名、书名、场馆名、活动名应接不暇,如果不知道用略读、跳读的方式来阅读,会感到因陌生带来心理上的压力而产生厌恶阅读的情绪。

猜测词义几乎是高考的必考题,如果学生平常阅读一遇到生词就查字典,不去深度思考,大胆猜测,害怕出错,久而久之就丧失了这样的能力,不利于阅读能力的提高,在应试中也会很吃亏。

6. 心理因素的影响

在实际教学中,很多教师过分注重考试,而不是以培养学生的英语核心素养为目的来开展教学,结果学生只把英语当作考试科目看待,阅读即做题,目的是考试得高分,以致学生失去对英语阅读的兴趣。英语学科平时的考试内容广泛,很难与上课内容保持一致,短时期内,学生平时的努力无法在考试分数上有所体现,如果连续几次考试没达到预期目标,自信心就会严重受挫。随着深入学习,阅读中的词汇量增大、长难句增多,学生对阅读产生害怕、焦虑、急躁等消极情绪，影响了注意力的集中，导致他们不能平心静气地阅读。当一些基础不太好的学生发现自己的阅读效率和水平远低于其他同学时，最终演变成不想阅读，放弃阅读。

提高阅读能力的有效途径

根据以上分析，笔者在长期一线教学中归纳、整理、总结了一些行之有效的提高学生英语阅读能力的方法。

1. 扩大词汇广度

一提起单词，不管是老师还是学生，大家的感情都很复杂，总的来说，恨更多，爱更少。有的英语老师认为不需要特意背单词，只要多阅读，单词的意思自然能掌握，背单词太枯燥，学生会产生消极情绪，不利于阅读水平的提高；有的老师则认为应该多背单词，只有词汇量提高了才能看懂句子意思、文章意思，进而提高阅读水平，增加自信。

那么，英语到底有多少单词？韦氏字典上45万个，牛津字典上50万个，英国伯明翰大学曾编纂的单词集有2000万个。这就是英语的特点，单词量巨大而且还在不断地增加（漏屋，2012）。对于高中生，到底要掌握多少词汇呢？《普通高中英语课程标准（2017年版2020年修订）》（教育部，2020）把词汇知识内容按要求分为三个层次，基于"选择性必修"的要求为"学习使用1000—1100个左右的新单词和一定数量的短语，累计掌握3000—3200个单词"，大部分学校上完《英语（选必修第四册）》开始进入高三复习阶段，不会继续上选修课程，也就是说，根据《课标》要求，掌握3000—3200个单词就可以。听起来不多，但往往一个单词有几种词性和意思，再加上与之相关的词组、短语以及派生词，这样算下来，词汇量不是几千那么简单，估计要上万。

研究表明，我国大部分英语四级水平的大学生，词汇量为5000左右，他们在阅读英文书时，认识98%的单词，只有2%不认识，听起来生词量所占比例不大，但实际情况是，他们每两句半就会碰到一个生词，进而产生严重的阅读障碍，根本无法看懂一本书。要达到不靠字典把英文原版小说大致读懂，最多只能每10行出一个生词，也就是要求认识99%的单词（漏屋，2012）。对于很多高中生而言，阅读的最大障碍并不是缺乏阅读策略，而是词汇量不足。那么，高中生的词汇量到底要有多少呢？对于一般性的英语文章，我国学者王笃勤（2012）表示，生词超过5%，则会造成理解障碍。Paul Nation（1990）的研究表明，读者需要掌握3000个词族，即认识一般性文章中95%的词汇才能理解一般性文章。同理可得，高中生要看懂试卷上95%以上的词汇才能不靠蒙来完成一套试卷。不管是需要认识95%还是99%，都表明了词汇量在阅读中的重要性。

为了区别词汇知识，语言学家们把在听和阅读时使用到的词汇称为消极词汇或接受性词汇，把说和写时使用到的词汇称为积极词汇或产出性词汇（Nation，2001）。本书中词汇的广度指的是消极词汇的广度。

是不是对于基础好、能力强、词汇量大的学生而言平常就不会遇到生词呢？回答是否定的。就笔者来说，每次阅读、做试卷，都会遇到不熟悉的词，但只有少数，不影响理解。那么对于学生来说，他们的词汇掌握情况如何呢？以一张高二月考试卷中的A、B、C、D四篇阅读理解为例，其总字数为1346，笔者随机抽取了新余市渝水第一中学2021级高二（9）班30名学生的试卷作为样本，并请这30名学生填写了针对四篇文章的生词问卷调查表，以下是学生的阅读得分与生词数量相关性的散点图：

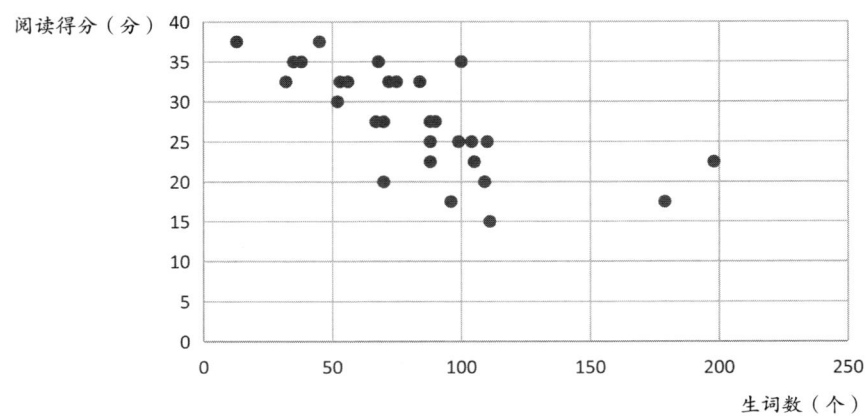

说明：共 15 题，每题 2.5 分，总计 37.5 分；共 30 名学生参与调查。

如果所有学生 15 道题全蒙，那么理论上平均得分为 15×1/4×2.5=9.375 分。

此图表明词汇量越大，阅读能力越强，虽然相关性只能说明相关关系，不能直接解释其因果关系，但也不难推理出词汇量对于阅读能力的提高所起的重要作用。

根据此坐标，对于得分 15 至 25 的学生来说，他们的生词平均数为 113.1 个，生词率为 8.4%，这部分学生对于文章的理解存在偏差，甚至有的完全没看懂文章；对于得分 27.5 至 32.5 的学生来说，他们的生词数平均为 66，生词率为 4.9%，这部分学生的阅读能力处于中等水平，能读懂文章的大体意思，但对一些细节把握不准；对于得分 35 至满分 37.5 的学生来说，他们的生词平均数为 49.8，生词率为 3.7%，这部分学生的阅读能力较强，在短时间内不仅能把握文章的总体意思，对细节的理解也十分精准。

从某种角度来说，词汇广度与阅读能力呈正相关。那么，高中生要储备多少词汇呢？只需要记忆教材上的单词就够了吗？这个问题视不同个体而异，对于中等水平的学生来说，仅靠学习教材上的词汇不足以满足从低年级升入高年级时伴随的逐步递增的考试要求词汇量。所以，在掌握教材上词汇的同时还应该注重课外阅读的单词积累，可以在泛读后挑出其中最感兴趣的一部分用于精读，精读时，查阅不认识或不熟悉的单词及词块，然后摘抄到自己的"生字本"上，再利用碎片时间见缝插针地背诵。课内课外单词互补、不断复现，达到课内与课外相结合，实现拓宽词汇广度，学生词汇量增长速度超过考试难度增速的目标。

2. 加深词汇深度

教师在教英语的过程中，只看学生认识了多少生词是狭隘的，还应该看学生对这些生词的认识有多深。中国的学生虽然词汇量大，但"讲不出、写不好"，也就是说，学生的产出能力低下，这表明学生词汇宽度与深度的发展不平衡（段士平，2007）。那么，如何有效地进行词汇深度教学呢？主要可分为三个步骤（王丽媛，2011）：

第一步，语料输入，也就是教师用一种合理性的方法向学习者展示他们准备好的教学语料。

第二步，规则认知，也就是指导学习者去观察、研究，并找出隐藏在语料中的目标词的语法和搭配规则。

第三步，语言输出，即教师设计形式多样的"词汇深度"产出性练习，旨在帮助学习者强化对目标词语规则的理解。

进行第一步的前提是教师要准备有效语料，"有效语料"是指教师或教材出于满足某一教学目的的需求而提供给学生的一种语言材料，这种材料应该是准确、规范且数量充足，以便学生能够理解目标语言的某种规则（茗菁，金立鑫，2007）。在初始阶段，不应向学生提供未经挑选和整理的自然语料，因为那会让学生难以理解语言规则。一旦学生具备从自然语料中发现语言规则的能力，则可以提供完全的原始语料。

以下是以高中《英语（选必修第一册）》Unit 3 Fascinating Parks 中的"accompany"为例的词汇课堂教学案例。

"accompany"的词汇深度知识课堂教学示例：

accompany

vt. （1）to travel or go somewhere with sb. 陪同；陪伴

（2）to play a musical instrument, especially a piano, while sb else sings or plays the main tune（尤指钢琴）为……伴奏

第一步：向学生提供含 accompany 结构搭配信息的语料，且应准确而规范。

语料 1

He accompanied his wife to the film.

It's not necessary for parents to accompany their children to college.

She accompanied her mother to the hospital to see what was wrong with her eyes.

语料 2

Her mother accompanied her on the piano.

Please accompany the singer on the piano.

Shall we ask her to accompany us on the piano?

第二步：引导学生观察语料并得出 accompany 的语法结构规则，即

Patterns:

accompany sb. to sp.

accompany sb. on the piano

第三步：进行课堂练习以巩固 accompany 的语法结构规则。

Practice (Translation)

汉译英：我不能陪你去书店。

　　　　I can't accompany you to the bookstore.

汉译英：毕业典礼上，我为姐姐钢琴伴奏。

　　　　On the graduation ceremony, I accompanied my sister on the piano.

英译汉：Last night, my friend accompanied me to my home.

　　　　昨晚，我的朋友陪我回家。

英译汉：If she sang, he would accompany her on the piano.

　　　　如果她唱歌，他会为她钢琴伴奏。

本例中，教师先让学生了解 accompany 的词性、词义。接下来向学生呈现语料，学生在认真观察之后，不难总结出 Patterns: accompany sb. to sp. 和 accompany sb. on the piano 这两种结构。最后，学生通过翻译练习，将所学的词汇使用规则马上运用起来。这是一个完整的从输入到内化再到输出的过程，学生在这样的练习中，可以习得很多词汇的具体用法，而不止于知道词汇表面的中文意思。

3. 掌握基础语法知识

有学者认为语法是词法和句法这两种不同又内在相互联系的语言知识领域（Radofrd，1997，转引自蒋波，2015）。也有学者认为语法是包

含音和音形、基本的语义单位、把它们组合而形成新句子的规则这三方面（Fromkin，1988，转引自蒋波，2015）。《牛津高阶英汉双解词典（第9版）》把语法定义为"the rules in a language for changing the form of words and joining them into sentences"（语言中变换单词形式的规则以及把单词组合成句子的规则）。总之，语法是对一种语言普遍规律的总结。英语的语法与汉语语法有许多相似之处，这是语言的特点，比如这句话：我喜欢可爱的小狗。英语译为：I love cute puppies. 这两个句式中，不仅句子成分一致，同样包含了主语、谓语、宾语、定语，而且语序也具有高度一致性。但是，英语和汉语的语法有很多不同之处，比如：明天会下雪，英语译为：It will snow tomorrow. 但很多学生可能会这么说：Tomorrow will snow. 或 It will snow in tomorrow. 这些都不正确，他们之所以这么表达是因为受到了我们母语的影响。在两种语言中，具备高度一致性的句式少，大部分时候是不一致的。英语和汉语在词性、句子成分、时态、思维方式、标点符号等方面都有很多不同之处。学生如果不学习语法，遇上长难句的时候，会陷入读很久也读不懂的窘境，学习语法则是为了多快好省地建立语感，是高效提高阅读能力的捷径。

国内外许多学者已经证明了语法在二语或外语阅读中的重要性，Brown（1994）指出，语法是语言的主要组成部分，没有它，语言就无法表达和理解。

文本理解的关键之一是能够将句子拆分为正确的语法结构。Alderson（2000）声称，深厚的语法知识对读者的阅读理解具有极大的影响，语法对于掌握一门语言至关重要。表达句子含义是从浅层结构进一步深入到深层结构，而构建深层含义的桥梁则是语法工具，如果无法正确理解句子的语法结构，就很难正确理解话语的含义（陈运香，1998）。以上语言学家的论述都表明语法能力是影响阅读的重要因素之一，英语语法知识与阅读能力息息相关。对于学生来说，掌握一定的语法知识可以促进阅读顺利进行，提高阅读的速度和效率。因此，在平时学习的过程中，应及时梳理学过的语法知识，做相关练习巩固这些知识，阅读时总结不理解的长难句并进行结构分析，以语法知识带动阅读能力的提高，并在大量阅读的过程中，促进语法知识的掌握。

4. 知己还要知彼

国内外学者对文化背景知识对如何影响阅读这一问题做过相关研究。美国语言学家 Jhonson（1982）称阅读理解为 building bridges between the new and the know，指出阅读理解是一种主动使用已知信息的交际过程，并不是单纯被动地接受外部信息，并着重强调读者 prior knowledge 的重要性。Goodman（1973）指出，民族文化和社会习俗的教学是外语学习的重要部分，这些知识的教学并不会与教学目标无关。国内也不乏与之相关的研究。陈申（1999）认为文化背景知识的学习会对阅读产生积极的影响，并能有效提高学生英语阅读的综合理解能力。庄智象（1988）提出，语言教师的首要任务是教授语言，因此他们应该把与语言相关的文化内容作为必不可少的一部分融入语言学习过程中。基于图式理论（schema theory）的阅读模式——近年对阅读教学实践影响极大的一种阅读模式，尤其强调读者的文化背景知识在阅读过程中的积极作用。

中学阶段没有学校专门开设介绍英语国家文化背景知识的课程，教师可以根据教材，或者平时阅读中碰到的话题，采用多种教学手段，使学生了解英语国家的文化，如节日、风俗、礼仪、饮食、服饰等。

4.1 教师讲授

在介绍文化背景知识的时候，讲授法直接且通俗易懂，充分发挥了教师的主导作用，不会占用太多课堂时间，往往放在 Lead-in 或者 Warming-up 环节就可以，不仅可以使学生获得教材以外的知识，还能激发他们的学习兴趣，丰富他们的精神生活，大幅度提高课堂效率。例如，《英语（必修第二册）》Unit 5 Music 听说板块中有 classical music、hip-hop music、country music 等不同音乐种类的词汇，这时候教师可以顺势介绍一些美国其他的音乐类型，如蓝调、爵士、摇滚等，还可以重点介绍某些音乐的起源或者著名音乐家等。比如蓝调，英文名为 Blues，它的诞生要追溯到 19 世纪 60

年代，当时很多黑人从非洲被贩卖到美洲，没有人身自由，天天干活，日子过得很苦，于是他们借用音乐来抒发心中的苦闷。这种音乐充满着忧伤，而蓝色在英语中也代表忧郁，因此这种音乐被叫作 Blues。Blues 在后期又发展出了更多的音乐风格，它对爵士乐、摇滚乐、乡村乐都有很大贡献。学生在知道了这些之后，不仅增加了对这种音乐形式的认知，还从侧面了解了美国历史，更重要的是，下次再看到 Blues 这个词的时候，大脑中很多与 Blues 相关的单词被激活，为建立外语思维打下基础。

4.2 充分利用计算机网络

随着计算机网络技术的飞速发展，我们的生活、学习、办公都离不开它，它无处不在，并已在教育教学中得到广泛运用，为学生自主学习提供了良好的环境和条件，使自主学习模式进入了快车道，学生能随时随地通过网络获取他们想要的任何信息。基于此，学生可以方便又快捷地了解英美等国家文化背景知识。比如，在上完《英语（必修第三册）》Unit 1 Festivals and Celebration 读思课时，教师可以布置小组合作模式下的自主学习任务，让学生以小组为单位，组内分配好任务并各自上网搜索美国、中国主要节日的相关信息，找到它们的相似与不同之处，最后再罗列总结，看是否确实如教材上的这句话所述，"And if you study festivals carefully, you may be surprised to find that different cultures actually have a lot in common after all."以下是笔者学生整理的中美两国的节日对比情况：

美国节日	时间	由来	意义	庆祝方式
圣诞节 Christmas Day	12月25日	源自古罗马人迎接新年的农神节	·纪念耶稣降生 ·象征温暖和长寿的火和灯光	·装饰圣诞树 ·享用圣诞大餐 ·开圣诞派对 ·互赠礼物
情人节 Valentine's Day	2月14日	纪念瓦伦丁为正义纯洁的爱而牺牲	男女青年表达爱慕之意	·吃大餐 ·送礼物 ·旅游 ·开舞会

续表

美国节日	时间	由来	意义	庆祝方式
愚人节 April Fool's Day	4月1日	法国推行新历法，遭一些保守派反对，保守派依旧在4月1日举行新年活动，被其他人赠送假礼物，后传到英国，再到美国	互相捉弄、开玩笑达到快乐的目的	• 开玩笑 • 组织家庭聚会 • 办鱼宴
阵亡将士纪念日 Memorial Day	5月的最后一个星期一	纪念南北战争亡灵	• 纪念在国家冲突中牺牲的美国人 • 祭奠逝去的亲人	• 拜访墓园，献花 • 教堂祷告 • 举行军乐表演
万圣节 Halloween	10月31日晚至11月1日	古西欧人德鲁伊特人的新年	• 赞美秋天 • 祭祀亡魂 • 祈福平安	• 孩子们提着南瓜灯，穿着各式各样仿妖魔鬼怪的服饰挨家挨户敲门索取糖果 • "咬苹果"游戏 • 人鬼嘉年华
感恩节 Thanks giving Day	11月的第四个星期四	为了感谢印第安人帮美国渡过难关而举行的庆祝活动	• 感谢一年来的风调雨顺使庄稼丰收 • 学会感恩、珍惜	• 家庭团聚或外出旅行 • 享受火鸡大餐 • 观看美式足球（橄榄球） • "黑五"大采购

中国节日	时间	由来	意义	庆祝方式
春节	农历正月初一	上古时期祭祀	一年的开始	• 贴春联 • 放鞭炮 • 吃年夜饭 • 扫尘 • 拜年 • 吃饺子
清明节	4月4日至4月6日	古时候的祖先信仰与春祭礼俗	• 缅怀祖先、先烈 • 追思过世的亲人 • 弘扬孝道亲情 • 唤醒家族共同记忆	• 扫墓祭祖 • 踏青 • 插柳、植树 • 吃青团

续表

中国节日	时间	由来	意义	庆祝方式
端午节	农历五月初五	·纪念屈原 ·天象崇拜，由祭龙演变而来	·祈福平安 ·崇敬自然	·挂艾草 ·赛龙舟 ·点雄黄酒 ·吃粽子
中秋节	农历八月十五	·古代祭月演变而来 ·由嫦娥奔月故事演变而来 ·祭祀土地神演变而来	·家人团圆，阖家欢乐 ·秋收的喜悦	·赏月 ·饮桂花酒 ·赏花灯 ·吃月饼
七夕节	农历七月初七	·由星宿崇拜演化而来 ·赋予"牛郎织女"的传说	歌颂了忠贞不渝的爱情观，体现了人们对理想爱情的向往追求	·乞巧活动 ·折桃枝 ·祈求婚姻 ·情侣约会、互赠礼物
重阳节	农历九月初九	源于上古时期，天象崇拜	·提醒人们爱老敬老 ·爱别等，孝别迟	·插茱萸 ·登高 ·饮菊花酒 ·送长辈礼物

中美节日	相似点	不同点
春节、圣诞节	·一年中最盛大的节日 ·迎新年 ·家庭聚餐	·时间 ·起源 ·含义 ·活动习俗
清明节、阵亡烈士纪念日	·纪念先烈、亲人 ·扫墓、献花	·时间 ·起源 ·含义 ·纪念方式
七夕节、情人节	·情侣约会 ·互赠礼物	·时间 ·起源 ·含义 ·表达方式

新余市渝水第一中学 2021 级高二（7）班　习可馨　何向桐

学生在自主查阅文化背景知识的时候，他们是主动的、积极的、有创造性的，真正做到了以学习者为中心。学生主动掌握整个学习过程，体验独立获取知识的喜悦，对不同国家的文化背景知识留下深刻印象，达到了优化教学效果的目的。

4.3 向学生推荐相关专题阅读材料

鲁迅先生曾说："读书必须如同蜜蜂采蜜一样，采过许多花，这样才能酿出香甜的蜜来，倘若叮在一处，所得的就非常有限、枯燥。"是啊，除了教材之外，还有大量的阅读材料可以帮助我们了解相关知识，多角度呈现英语国家的历史、地理、经济、文化。比如，《英语（必修第二册）》Unit 4 History and Traditions 读思板块的阅读文章 What's in a Name? 简单介绍了英国的历史、英国的组成部分以及它名字的来历等，教师在上这一课的时候，可以提供其他介绍英国的阅读材料让学生更深入地了解英国，如，《普通高中教科书·英语（必修第五册）》（人民教育出版社，2007）Unit 2 中的文章 The United Kingdom 和这本书 Workbook—Unit 2 中的文章 A Particular British Celebration 等，这些都是很好的素材。对于英语基础特别好又对这方面感兴趣的学生，可以阅读由华东师范大学出版社出版的《英语国家概况》（张富生，2012），不仅能丰富背景知识，还能在阅读的过程中潜移默化地提升阅读水平。

4.4 播放短视频

在教育信息化环境下，有很多种方式可以辅助教学，英语教师可以播放短视频，使原本对课程内容不感兴趣的学生产生对课堂的兴趣，积极参与到各种活动中来。随便搜索一下，网上有大量关于介绍英语国家文化的视频，但质量参差不齐。为确保视频信息的准确性，教师应该提前精心筛选，笔者推荐关注某知名视频网站博主"同学们好我就是王老师"，里面的内容可以作为上课的素材。原因有几点：首先，所有视频是中文录制，学生可以轻松驾驭，他们对于英语文化方面的知识相对比较陌生，如果全英语，不仅没有起到收获知识的作用，反而会让他们看不懂而感到更加困惑；

其次，视频信息比较严谨，有两期视频是关于质疑某权威出版社的《英语国家概况》中的一些细节问题，经本人翻阅，确实发现书中有欠妥之处，由此足见王老师丰富的知识储备和严谨的治学态度；再次，视频数量不多，但面面俱到，主要介绍了美国、英国、加拿大、爱尔兰等几个国家的社会、文化、历史、教育等方面的知识，其中，在"美国社会文化——英语国家概况/英语国家社会与文化"这个视频中特别提到了婴儿潮世代（Baby Boomer）、X/Y/Z 世代（Generation Xers、Generation Ys、Gerneration Zers）。值得注意的是，Baby Boomer、Generation Xers、Generation Ys 这几个词在 2021 年全国高考乙卷阅读理解 B 篇中出现过，如果提前看到这个视频，对这几个词有所了解，做阅读的时候会更顺畅。

4.5 开展主题演讲、英语诗歌朗诵比赛、英语歌曲演唱、英语话剧表演等活动

学生很喜欢丰富多彩的活动，大部分学生会积极参与。开展与英语文化有关的主题演讲，可以增加学生对英语文化知识的了解，提高英语表达能力；举办英语诗歌朗诵比赛，让学生充分感受英语语言的魅力；鼓励学生演唱英文歌曲，在优美的旋律中点燃学生学习英语的兴趣；编排经典的话剧表演，在角色塑造和情节设置中体会英语文学中人物的内心情感。在准备这些活动的过程中，学生结合已学的知识和经验寻找相关资料，成为学习的主体。在活动开展中，他们身心放松，没有了焦虑情绪，增强了自信，对教学起到很好的辅助作用。

语言与文化相互促进，相互渗透，了解英美等国家文化背景知识不仅能帮助学生更好地阅读，还能使他们关注中外文化差异，发展跨文化交流能力，树立人类命运共同体意识和跨文化意识，为传播中华文化打下基础。

5. 用对策略则事半功倍

关于语言学习策略的分类有很多种，被中国教师广泛使用的是 O'Malley 和 Chamot 的分类方式，即元认知策略、认知策略、社会情感策略（O'Malley & Chamot，1990）。借鉴 O'Malley 和 Chamot 对语言学习策

略的分类方式，我国学者王笃勤将阅读策略分为认知策略和元认知策略。元认知阅读策略是指计划自己的阅读、监控自己的阅读、评价自己的阅读、阅读资源利用、先行组织者以及阅读策略的选择；认知阅读策略是指完成具体阅读任务中使用的方式方法，如预测或推理文章内容、猜测词义、略读、跳读等（王笃勤，2012）。根据以上理论，结合工作实际，笔者具体谈一谈认知阅读策略。

新教材根据不同的语篇内容和特征，设计了灵活多样的阅读任务来帮助学生掌握不同的阅读技能。

5.1 培养学生快速浏览理解篇章大意的技能（skimming）

skimming 的意思是"浏览、略读"，目的是找出文章大意。新教材也体现出对学生 skimming 技能的培养，《英语（必修第一册）》Unit 1 Teenage Life 读思板块中阅读文章 The Freshman Challenge 的读后活动之一为"快速阅读并找到每一段的段落大意（Read the text quickly to find the main idea of each paragraph）"，这是专门针对 skimming 所设计，不仅有明确的任务，还列出提示告诉学生该如何进行略读：You can find main ideas by first taking a quick look at the title, pictures(s), key words and phrases, and topic sentences.

在这项活动进行之前，教师应该引导学生阅读教材上对 skimming 的说明，并告知学生："略读是一项基础的阅读技能，尤其是在总结段落大意时，一般来说，主旨句会出现在段首或者段尾，根据英语的习惯，段首会多一些。找到中心句后，剩下的文字快速浏览一下即可，可以节约很多阅读时间，高效地完成任务。"学生在看完文字、听完教师的解释之后，对 skimming 便有了一定的理解，当他们带着这样的理解按要求去阅读文章并写完段落大意的时候，则完成了一次略读训练。

只靠教材上的阅读，还远远不够，教师可以充分利用课外资源让学生训练这种阅读方式，不必做专题练习，平常做的试卷就是很好的素材。考查 skimming 能力相关的题目有概括段落大意、总结语篇中心思想、给语篇拟标题等，这些也是高考考查的重点，下面来看一下近几年高考全国乙卷对这项技能的考查情况：

	题号	设问	考查项目
2021 全国乙卷	阅读理解 B 篇第 24 题	What does paragraph 2 mainly tell us about mobile phones?	概括段落大意
	阅读理解 C 篇第 31 题	Which of the following can be the best title for the text?	拟标题
2022 全国乙卷	阅读理解 B 篇第 25 题	What can we learn about the girls from paragraph 3?	概括段落大意
	阅读理解 C 篇第 31 题	Which is the most suitable title for the text?	拟标题
2023 全国乙卷	阅读理解 D 篇第 32 题	What is the first paragraph mainly about?	概括段落大意

5.2 培养学生扫读获取篇章具体信息的技能（scanning）

scanning 的意思是"查读"，又称"寻读"，目的是内化语篇某些特定细节，有针对性地找到问题的答案，为阅读层次从字面阅读（read the lines）上升到推理阅读（read between the lines）奠定基础。新教材中也体现了对学生 scanning 技能的培养，以《英语（必修第二册）》Unit 5 Music—Reading and Thinking 中的阅读文章 The Virtual Choir 为例，其中的一个读后活动专门针对查读设计，有明确的任务，还告诉了学生通过查读可获取日期、数字或名字等信息类型，让学生懂得该如何锻炼这项阅读技能：Scan a text to find important information such as dates, numbers, and names.

在进行查读前，教师引导学生阅读教材上有关 scanning 的说明，并介绍："scanning 是一项基础的阅读技能，是带着问题去浏览，可以结合文章整体脉络，缩小范围，再扫描词的模样，而不是词的意思，一行或者多行从左到右扫读，这样可以提高 scanning 的精确度和准确度，在找到所需信息的位置后再仔细阅读里面的内容。"学生在看完文字、听完教师的解读之后，对 scanning 便有了一定的理解，当他们再按要求去阅读 The Virtual Choir 并且把对应的信息填完时，则完成了一次查读训练。

教师要充分利用课外资源让学生体会查读，进行查读训练。高考中，有很多题目都考查了这项阅读技能，比如 A 篇阅读，往往根据题目就可以在文章中直接定位对应段落，答案便藏在其中；还有一些题，需要综合运用 scanning 和其他阅读技能，一般先进行查读，再在此基础上推理判断，下面看一下近几年高考全国乙卷关于 scanning 的考查情况：

	题号	设问	考查项目
2021 全国乙卷	阅读理解 A 篇第 21 题	How many people could the Circus Maximus hold?	人数
	阅读理解 A 篇第 22 题	Of the following stadiums, which is the oldest?	比较
	阅读理解 B 篇第 26 题	What can we say about Baby Boomers?	先查读再推理
2022 全国乙卷	阅读理解 A 篇第 21 题	What is the right time for attending Raeburn's English Contemporaries?	时间
	阅读理解 A 篇第 22 题	How much would a couple with two children under 12 pay for admission?	价格
	阅读理解 A 篇第 23 题	How can full-time students get group discounts?	先查读再推理
2023 全国乙卷	阅读理解 A 篇第 21 题	What did Jacqueline and James have in common?	找共同之处
	阅读理解 A 篇第 23 题	Who was the first African American with a medical degree?	先查读再推理
2023 全国乙卷	阅读理解 C 篇第 30 题	Which is the percentage of the people using more diverse ingredients now?	百分比

5.3 培养学生猜测词义能力

《课标》在语言技能内容要求中写到"根据定义线索理解概念性词汇或术语"，也就是说，要根据被猜词的解释或补充说明句或定义句等来对单词进行猜测，这是高中生应具备的语言技能。英语的词汇量特别大，在阅读中不碰见生词几乎不可能，当我们遇到生词的时候，如果装作没看见刻意跳过，则可能影响对句子乃至段落的理解，进而影响对语篇的理解，使阅读的效果和准确性大打折扣，还会给学生带来一定的心理负担，影响学习热情。如果缺乏针对性锻炼，有些很容易猜测出词义的单词学生也常常畏缩不前，尤其是一词多义的现象。比如，有一次学生碰到这样一句话，"David came across as a friendly man, often smiling and making gestures as he gave his account."在他们的印象中，come across 的意思是"遇见；被理解"，于是认为这句话的意思是："大卫遇见了一个友善的人，在说话时经常微笑，还有动作示意。"而整个语篇并没有出现这句话所描述的"一个友善的人"，显然逻辑有问题，根本原因是学生对 come across as 的理解有误。在这句话中，这个短语的意思为"（某人）似乎具有某种品质/给人以……印象"，因此，这句话描述的不是别人，而是大卫自己，其准确意思是：大卫给人的印象十分友好，他说话时常带有一些手势且面带微笑。由此可见，学生对单词的记忆是机械的，他们在阅读时习惯生硬地套上自己知道的意思而忽视了合理性猜测在语篇阅读中的重要性，造成理解不准确，无形中给语篇增加了难度，影响阅读效率，可见猜测词义的能力在阅读中的重要性，下面看一下近几年高考全国乙卷对这项技能的考查情况：

	题号	设问方式	考查项目
2021 全国乙卷	阅读理解 B 篇第 25 题	What does the underlined word "concede" in paragraph 3 mean?	猜测 concede 的词义
2022 全国乙卷	阅读理解 C 篇第 29 题	What does "maintenance" underlined in paragraph 3 refer to?	猜测 maintenance 的词义
2023 全国乙卷	阅读理解 D 篇第 34 题	What does the underlined word "conversation" in paragraph 3 refer to?	猜测 conversation 的内涵

教师应该如何培养学生猜测词义的能力，提高学生做这道题的准确率呢？下面介绍几种常用的方法。

5.3.1 构词法

英语构词法的主要形式有合成法、转化法、派生法、截短法等。（1）以合成法形成的词汇叫合成词（compound word），是指由两个或者两个以上的英语单词组成的词，如 highway、sunrise、outbreak、income、daydreaming 等；（2）转化法指的是一个单词由一种词性用作另一种或几种词性而词形不变的方法，如：He will make efforts to better his living conditions.（形容词转化为动词）It's hard for Elizabeth to tell the difference between right and wrong.（形容词转化为名词）；（3）派生法是指在词根前面加前缀或者后面加后缀，从而构成一个与原词意思相近或者相反的词，如：inter(前缀)+nation(词根)+al(后缀)=international，dis(前缀)+appear(词根)+ance(后缀)=disappearance；（4）截短法是指截取原词一部分而词义、词性不变的方法，也叫缩略法，如：refrigerator-fridge、laboratory-lab、influenza-flu 等。

2020 年高考 I 卷中猜测词义的试题可以运用构词法来推理，原文如下：

According to a recent study in the Journal of Consumer Research, both the size and consumption habits of our eating companions can influence our food intake. And contrary to existing research that says you should avoid eating with heavier people who order large portions(份), it's the beanpoles with big appetites you really need to avoid.

What does the underlined word "beanpoles" in paragraph 1 refer to?

A. Big eaters.　　　　　B. Overweight persons.
C. Picky eaters.　　　　D. Tall thin persons.

解析：通过观察我们可以看出，beanpoles 是 beanpole 的复数形式，它的单数是由 bean 与 pole 组成一个合成词，bean 的意思是"豆；豆荚"，pole 的意思是"柱子；杆子"，根据生活常识可以推测出这个词的意思是豆藤用来攀爬的插在地里的长棍，题目中四个选项的意思分别为：大胃王、超重的人、挑食的人、高高瘦瘦的人，与 beanpole 气质相符的表达只有 tall thin persons，再加上对这段文字的理解，尤其是从 contrary to 可以看出，句子后半部分表达的意思应该与前半部分正相反，因而应该选与 heavier person 相反意思的词，故这道题选择 D。

5.3.2 解释法

被猜词的前后通常会出现与该词意思基本相同，起到解释说明作用的句子，常带有以下标志词：or、that is to say、similarly、in other words 等，但大多数时候没有这些词，需要自己判断哪些是解释部分。如 2022 年高考全国乙卷，原文如下：

That includes huge savings in maintenance costs and better protection of railway personnel safety. It is calculated that European railways alone spend approximately 20 billion euros a year on maintenance, including sending maintenance staff, often at night, to inspect and repair the rail infrastructure. That can be dangerous work that could be avoided with drones assisting the crews' efforts.

What does "maintenance" underlined in paragraph 3 refer to?

A. Personnel safety.　　　　　B. Assistance from drones.
C. Inspection and repair.　　　D. Construction of infrastructure.

解析：这一段落中出现了三次 maintenance，第二次出现的时候，后面紧跟着 maintenance 所涵盖的内容 "sending maintenance staff, often at night, to inspect and repair the rail infrastructure"，所以 "inspect and repair ..." 是 maintenance 的具体内容，因此我们可知，本道题的答案为 C。

5.3.3 利用上下文

利用所猜测单词或词块与上下文的逻辑关系，结合语境，推测意思。学生可以通过一些表明逻辑关系的词来猜测，例如：并列关系，这时被考查部分的所在句常有 and、but、"either ... or ..."、"both ... and ..." 等并列连词；因果关系，这时句中常出现 so、because、therefore、as a result、due to 等表原因或结果的词；转折关系，这时句中常出现 however、but、yet、nevertheless、while、whereas 等连词。

但目前高考整体出题模式以培养学生的综合语言素质能力为目标，即 "要学懂英语、学会英语"，而不是单纯 "会考英语"，通过这些明显带有逻辑关系的词来猜测词义的题已经越来越少见,《英语(必修第一册)》(人民教育出版社,2019)Unit 4 Natural Disasters 的 Reading and Thinking 板块中也写明可以通过语境来理解生词(Use context to understand new words):"当你看见一个生词的时候,不要停下来去字典上查意思,因为如果你继续阅读的话,上下文语境很可能会帮助你了解词的意思。"学生通过理解被猜词所在句子,再结合这句话的上下文,可以准确、快速地猜出词义,做对题目。请看近几年运用语境来猜测词义的高考试题。

2021 年全国高考乙卷:

Still, 55 percent of Australians have a landline phone(座机)at home and only just over a quarter (29%) rely only on their smartphones according to a survey(调查). Of those Australians who still have a landline, a third concede that it's not really necessary and they're keeping it as a security blanket–19 percent say they never use it while a further 13 percent keep it in case of emergencies. I think my home falls into that category.

What does the underlined word "concede" in paragraph 3 mean?

A. Admit.   B. Argue.   C. Remember.   D. Remark.

解析:这段话可以译为"根据调查,仍有 55% 的澳大利亚人家里有座机,只有超过 29% 的人仅使用手机。在那些仍然拥有固定电话的澳大利亚人中,三分之一的人 concede 固定电话不是真正必须的,他们将其作为一种安全保障——19% 的人说他们从未使用过固定电话,还有 13% 的人保留固定电话以防紧急情况。我认为我们家属于那一类。"从这段话表达的意思可知,许多人认为固定电话并不是必须拥有的,有些人保留固定电话只是为了防止紧急情况,所以三分之一的人承认了固定电话的非必要性。从这四个选项来看,它们分别表达的意思是:承认、争辩、记得、评论,B、C 两个选项明显不符合逻辑,只能从 A、D 两个选项中选一个,"承认"更符合句意,故选择 A 项。

2022 年全国高考甲卷：

Ever since her childhood, Ginni, now 71, has had a deep love for travel. Throughout her career（职业）as a professional dancer, she toured in the UK, but always longed to explore further. When she retired from dancing and her sons eventually flew the nest, she decided it was time to take the plunge.

After taking a degree at Chichester University in Related Arts, Ginni began to travel the world ...

Which of the following best explains "take the plunge" underlined in paragraph 2?

A. Try challenging things.　　B. Take a degree.

C. Bring back lost memories.　　D. Stick to a promise.

解析：这段话可以译为"现 71 岁的金尼从小就对旅行有着深深的热爱，在她的职业舞蹈演员生涯中，她曾在英国巡演，但一直渴望进一步探索。当她不再跳舞，她的儿子们搬出家最终独立生活的时候，她决定是时候 take the plunge。"从这里我们已经可以推断出金尼是一位热爱大自然、喜欢探索的人。take the plunge 应该与上文中提到的 explore further 意思相近，又由下一段中"在获得学位之后，她便开始环游世界"可以确定以上推论。最后再看四个选项，意思分别为：尝试有挑战性的事情、获得学位、找回失去的记忆、遵守诺言，其中，只有"尝试有挑战性的事情"这个意思符合语境，故答案为 A。

5.4 培养学生预测篇章内容的能力

《课标》在学习策略内容要求中写到"根据篇章标题、图片、图表和关键词等信息，预测和理解篇章的主要内容"，需要特别注意的是，在语言技能方面，新课标比旧课标增加了"看"的技能，因为"理解多模态语篇除了需要使用传统的文本阅读技能之外，还需要观察图表中的信息、理解符号和动画的意义。"可见，高中生应该具备根据多模态信息来预测篇章内容的能力。美国心理语言学家 Frank Smith（1994）表示，预测是事先排除不可能的选项，是理解的基础（转引自王来喜，2011）。具体来说，我们在阅读文章的时候，会事先提出疑问，做出预判，而随着阅读的进行，会不断地证实或否定之前的预判，最终理解文章的内容。我国认知心理学家潘菽（1983）认为，阅读是对文字信息进行认知构建的心理语言过程，它采用预测、选择、验证一系列认知策略对所接收的信息进行提炼和整合。通过对上下文和背景经验的预测并忽略对句法成分的识别，从而使用最少量的文字信息来获得最多的理解，进一步提升了阅读速度（转引自王来喜，2011）。

积极地阅读不是被动地接受信息，而是充满想象的，我们眼睛所看到的东西需花时间在大脑中做出反应，如果事先进行了预测，则反应会加快，从而识读的速度也会加快。所以，预测是理解的前提，帮助加快阅读速度，提高阅读能力。

新教材非常重视预测策略的应用，每个单元首页（Opening Page）都由标题、一幅主题图、一句引言、单元学习目标组成。学生通过观看标题、读引言、观察图片可以对本单元内容进行想象和预测，从而激活学生的图式，激发学习动机，使学生对即将要学的单元产生兴趣，提高学习效率。此外，Reading and Thinking 部分也有很多有关于预测的活动，这些都启发笔者运用预测进行教学。以下是《英语（必修）》中有"预测"活动的语篇：

	语篇	活动内容
必修一	Unit 3 Living Legends	Look at the titles and pictures below. What do you think the text is about?
	Unit 4 Natural Disasters	Look at the title and photo below and guess what the text is about. Then read and check if you are right.
	Unit 5 The Chinese Writing System: Connecting the Past and the Present	Look at the titles and pictures below. Predict what the text will be.

续表

	语篇	活动内容
必修二	Unit 1 From Problems to Solutions	Read the title and look at the photos. What do you think the text is about?
	Unit 2 A Day in the Clouds	Look at the pictures below. What do you think the text is about?
	Unit 3 Stronger Together: How We Have Been Changed by the Internet	What do you think the text will say?
必修三	Unit 4 Space: the Final Frontier	What do you think are the main reasons for space exploration?

"预测"不仅有助于锻炼学生的思维，而且能帮助降低语篇的理解难度，减轻学生的心理压力，使学生体验阅读的乐趣。笔者执教的一堂选自《英语（必修第一册）》第四单元的阅读课"The Night the Earth Didn't Sleep"，多次运用了预测策略，具体如下。

5.4.1 文章导入部分的预测

"The Night the Earth Didn't Sleep"属于纪实性报告文学，教师的预测素材包括标题和两张照片，一张为六个人在废墟上齐心协力搬东西的黑白图片，另一张为一座美丽城市鸟瞰图的彩色图片。教师引导学生进行由易到难的预测，首先以黑白图片为起点，提出第一个预测问题 Prediction 1: What happened there? 学生根据上节课 Opening Page 以及 Listening and Speaking 的内容很容易答出："An earthquake hit the place." 接着教师提出第二个预测问题 Prediction 2: What were they doing? 这里答案比较丰富，有的回答："They were removing big rocks to rescue survivors." 有的说："They were building new houses on ruins." 学生的积极性很高。接下来教师引导学生读标题，利用标题提出第三个预测问题 Prediction 3: Where did the earthquake take place？有的学生说："In Wenchuan." 有的学生回答："In Tangshan." 还有的学生回答："In Japan." 为了检验他们的预测是否正确，教师让学生阅读第一段并总结段落大意。

三次预测使学生循序渐进得出了事情发生的时间、地点、内容等信息，激活了学生关于唐山大地震的背景知识，使新授课的内容不再陌生，也为接下来的预测内容做了铺垫。

5.4.2 对最后一段的预测

笔者没有按照文章顺序来引导学生，而是直接要学生看另一张彩色图片并预测最后一段的内容，因为页面下方的两张图片为一张黑白一张彩色，一张代表过去，一张代表现在，两张图片形成鲜明对比，很容易想到最后一段的内容，而且在确定了文章一前一后的具体内容后，对于预测中间部分会简单得多。

Prediction 4: What will be talked about in the last paragraph? 学生的预测结果非常一致，只是表达方式上略微不同。Answer 1: The appearance of Tangshan now. Answer 2: Tangshan is a beautiful city now. Answer 3: People of Tangshan are living a good life. 实际上，最后一段的 main idea 为 "The revival of the city"，学生推测得很准确。

5.4.3 对第二、三、四段的预测

在阅读完第一段和最后一段之后，继而提出第五个预测问题 Prediction 5: What will be written in paragraph 2 to paragraph 4? In other words, if you were the author, what would you write? 该预测有关构建语篇结构，可以先引导学生独立思考，再在小组内交流讨论，最后得出可以连接上下文的较为合理的预测，学生主要有以下几种构思：

	Para. 2	Para. 3	Para. 4
Answer 1	Descriptions of the earthquake.		How to rescue people in ruins.
Answer 2	Describe what happened in the earthquake.	Some people survived in the disaster.	People from all sides came to offer help.
Answer 3	Scenes in the earthquake.	Scenes after the earthquake.	Help and support from all walks of life.

续表

	Para. 2	Para. 3	Para. 4
Keys	The happening of the big earthquake.	The immediate effects of the earthquake.	The rescue work.

在阅读这三段之后，学生发现他们的构思与原文结构大同小异，有的小组答案几乎一模一样。事实上，只要符合逻辑，即使构思与原文不一致也完全没关系，重点在于思考的过程，这是一种思维上的"体操"，有助于提升学生的思维品质。反过来，思维品质的提升增加了学生的学习效率，有利于学生英语语言能力的提高。

5.5 培养学生语篇推理能力

推理（inference）加工在阅读过程中是必不可少的，因为文本不能完全具体地阐明作者想表达的所有含义（Chikalanga 1992，转引自范琳、王震，2017），它是"理解过程的核心"（Schank 1976，转引自范琳、王震，2017）。推理加工被认为是阅读理解的关键认知加工过程，在理解文本的各个层面时都会出现，产出诸如预期推理、因果推理、主题推理、连接推理等各种推理（范琳、王霞，2017）。高考中经常出现推理题，它考查学生如何调动自己的背景知识，利用阅读技能对语篇进行解读，进而完成逻辑推理、做出正确选择的能力。

那么，考试中常见的推断题大概有哪几种？不同类型的推理题有什么特点？如何正确解题？下面笔者逐一阐述。

5.5.1 概括总结

这类题主要考查学生对语篇的概括能力，主要针对文章标题、文章内容、段落大意、写作目的等设题。此类题的答题技巧包括：（1）找文章的中心句，该句最常出现在第一段，或者与第一段有转折关系的第二段，偶尔出现在最后一段；（2）找中心词，该词在全文中反复出现，文章是围绕它而写，那么文章标题或者文章主旨也应该有这个词；（3）分析推理，当以上两种方法都不适用时，应该分析文章框架，根据语篇内容深度理解，最后总结出要表达的涵义或者写作目的。根据目前出题的趋势，一般很难直接找到中心句或中心词，多数情况是通过第三种方法来解题。

真题再现（2021 年全国高考乙卷阅读理解 B 篇）：

These days you'd be hard pressed to find anyone in Australia over the age of 15 who doesn't own a mobile phone. In fact plenty of younger kids have one in their pocket. Practically everyone can make and receive calls anywhere anytime.

24. What does paragraph 2 mainly tell us about mobile phones?

A. Their target users.　　　　　B. Their wide popularity.

C. Their major functions.　　　D. Their complex design.

解析：此题属于段落主旨题，根据句意可知，在澳大利亚，15 岁以上的人几乎人手一部手机，无论何时无论何地都可以接打电话，所以该段说的是手机的广泛应用。故正确答案是 B 选项。

5.5.2 推断作者态度、观点或他人态度、观点

这类题主要考查学生理解作者或他人观点、态度的能力，一般针对中心思想或一些理解难度较大的句子或语义强烈对比的句子来设问。解答作者态度题的技巧包括：（1）抓住中心思想，往往中心思想与作者的态度密切相关；（2）抓住隐含作者态度、观点的句子，此类句子常常写得比较含蓄，学生需要细细品味；（3）辨别体裁，说明文中作者的态度、观点通常比较中立，而议论文、记叙文中作者的态度、观点体现在字里行间，需要仔细甄别，找到与此相关的词或句；（4）区分作者观点和自己观点，阅读的时候，每个人或多或少都会产生自己的想法，做题的时候切勿主观臆断，应客观地到文中寻找蛛丝马迹，做出正确判断。对于推断他人态度的题目来说，可以通过跳读（skipping）和查读（scanning）的阅读方法，直接找到他（她）说的话，仔细阅读之后便可做出选择。

真题再现（2022 年全国高考甲卷阅读理解 D 篇）：

Everywhere in Sydney these days, change and progress are the watchwords（口号）, and traditions are increasingly rare. Shirley Fitzgerald, the city's official historian, told me that in its rush to modernity in the 1970s, Sydney swept aside much of its past, including many of its finest buildings. "Sydney is confused about itself." she said. "We can't seem to make up our minds whether we want a modern city or a traditional one. It's a conflict that we aren't getting any better at resolving(解决)."

34. What does Shirley Fitzgerald think of Sydney?

A. It is losing its traditions.　　B. It should speed up its progress.

C. It should expand its population.　　D. It is becoming more international.

解析：此题属于观点态度题，做题的时候可以直接跳到 Shirley Fitzgerald 出现的段落，然后找到他说的话："在20世纪70年代奔向现代化的过程中，悉尼把很多它的过去都抛在了一边，包括许多精美别致的建筑。"由此可推，雪利·菲茨杰拉德认为悉尼匆忙奔向现代化，正在失去它的传统。故正确答案是 A 选项。

5.5.3 推断隐含意义题

这类题主要考查学生引申、把握言外之意的能力。设问一般针对逻辑性强的句子或语段，尤其是暗含转折对比、因果关系、比喻类比等类型的句子或语段；亦或是使用了反问、虚拟的句子或语段（肖湘武，2009）。解答此类题的主要技巧是准确理解文中的已知部分，再根据上下文和背景知识推出未知部分，容易误导学生的干扰项是：(1) 语篇中不需要推论而直接知道的信息；(2) 文中无关紧要或片面的结论；(3) 与文章不符完全凭空想象的推论。

真题再现（2022年全国高考乙卷阅读理解 B 篇）：

They moved in with a local family, the Harrisons, and, like them, had little privacy, rare baths, and a blanket of snow on their quilt when they woke up in the morning. Some mornings, Rosamond and Dorothy would arrive at the schoolhouse to find the children weeping from the cold. In spring, the snow was replaced by mud over ice.

25. What can we learn about the girls from paragraph 3?

A. They enjoyed much respect.　　B. They had a room with a bathtub.

C. They lived with the local kids.　　D. They suffered severe hardships.

解析：此题属于隐含意义题，是推断题中出现频率最高的一类题之一，需要从已知信息中推出言外之意的话。本段中说到"和他们一样，几乎没有隐私，很少洗澡，早上醒来时被子上覆盖着一层雪"，以及根据"在春天，雪被泥替代覆盖在冰上"等信息可知，女孩们的生活条件非常艰苦，她们饱受磨难。故正确答案是 D 选项。

5.5.4　推断文章出处、目标读者等

这类题主要考查学生的基本知识储备，属于常识性问题，难度不大，只要能看懂文章内容、辨别文章体裁、看懂题目选项，就不难做出判断。《英语（必修第一册）》（人民教育出版社，2019）Unit 2 Travelling Around 中的 Reading and Thinking 板块有关于辨别文章体裁的活动，并附有能帮助判断的技巧说明："在阅读前，可以快速浏览标题、图片、图表或其他能辨别文章类型的信息。"

真题再现（2021 年全国高考甲卷阅读理解 A 篇）：

Take a view, the Landscape (风景) Photographer of the Year Award, was the idea of Charlie Waite, one of today's most respected landscape photographers. Each year, the high standard of entries has shown that the Awards are the perfect platform to showcase the very best photography of the British landscape. Take a view is a desirable annual competition for photographers from all corners of the UK and beyond.

23. Where can the text be found?

A. In a history book.　　B. In a novel.

C. In an art magazine.　　D. In a biography.

解析：此题是要考生判断文章出处，四个选项分别为：在历史书中、在小说里、在艺术杂志里、在传记中。根据第一段可知 Take a view 是一项针对拍摄英国风景的每年一度的比赛，而文章主要介绍了一个摄影赛事 Take a view，我们知道摄影是一种艺术形式，所以这段文字更可能出现在艺术杂志中，故选 C。

以下是 2021—2023 年高考英语全国卷中推断题的分布情况。

时间	卷区	语篇	体裁	题号	推断类别	设问方式
2021	全国甲卷	A	应用文	23	第四类，判别文章出处	Where can the text be found?
		B	说明文	24	第一类，概括文章内容	Which of the following best describe ...?
				27	第三类，推测隐含意义	What can be inferred about ...?
		C	记叙文	28	第三类，推测隐含意义	What can we learn about the author soon after he ...?
				30	第三类，推测隐含意义	Why did the author like to ...?
				31	第二类，判别作者观点	What message does the author seem to convey ...?
2021	全国甲卷	D	说明文	32	第二类，判别作者态度	What does the author think of ...?
				33	第三类，推测隐含意义	What can we infer about girls ...?
				35	第一类，给文章拟标题	What is the best title for the text?

续表

时间	卷区	语篇	体裁	题号	推断类别	设问方式
2021	全国乙卷	B	说明文	24	第一类，概括段落大意	What does paragraph 2 mainly tell us about ...?
				26	第三类，推测隐含意义	What can we say about ...?
				27	第三类，推测隐含意义	What can be inferred about the ...?
		C	说明文	29	第一类，判别写作目的	Why does the author discuss ... in paragraph 3?
				30	第三类，推测隐含意义	What effect would ... have on viewers?
				31	第一类，给文章拟标题	Which of the following can be the best title ...?
		D	说明文	35	第四类，判别作者身份	What can we infer about ...?
2022	全国甲卷	B	说明文	27	第一类，给文章拟标题	Which can be a suitable title ...?
		C	记叙文	31	第一类，概括文章主旨	What is the text mainly about?
2022	全国甲卷	D	夹叙夹议	32	第一类，概括段落大意	What is the first paragraph mainly about?
				33	第三类，推测隐含意义	What can we learn about ... from ...?
				34	第二类，判别他人态度	What does ... think of ...?
				35	第二类，判别作者观点	Which statement will the author probably agree with?
2022	全国乙卷	B	书评	25	第三类，推测隐含意义	What can we learn about ... from ...?
				27	第四类，判别文章体裁	What is the text?
		C	说明文	31	第一类，给文章拟标题	Which is the most suitable title ...?
		D	说明文	35	第三类，推测隐含意义	What can be inferred about ...?

续表

时间	卷区	语篇	体裁	题号	推断类别	设问方式
2023	全国甲卷	B	记叙文	26	第一类，概括文章内容	How did ... avoid losing the deposit?
				27	第一类，概括文章内容	What trend ... does the research show?
		C	说明文	29	第三类，判定写作目的	Why does the author list ...?
				31	第二类，判定作者观点	What does the author think of ...?
		D	说明文	35	第三类，推测隐含意义	What can be inferred from ...?
2023	全国乙卷	B	记叙文	25	第一类，概括文章内容	What is the key to ...?
				26	第三类，推测隐含意义	What can we infer from ...?
				27	第二类，判定作者观点	How does the author find ...?
		C	说明文	29	第一类，概括文章内容	Which best describes ...?
				31	第一类，推测文章内容	What might the author continue talking about?
		D	议论文	32	第一类，概括段落大意	What is the first paragraph mainly about?
				33	第三类，判定写作目的	What does the author indicate by mention ...?
				35	第四类，判别文章出处	Which of the following books is the text most likely selected from?

由此可见，高考试卷中的推断题占有重要的一席之地，培养及提高学生的推断能力显得尤为重要。学生解答推理题的能力实质反映的是思维能力和总结归纳能力，除了扩大词汇量、学习句法知识以及大量阅读外，也需要总结做题技巧，不盲目刷题，提高学习效率。

5.6 精读、泛读的有机结合

5.6.1 精读与泛读的概念及其关系

英国著名外语教学研究专家帕尔默 (Harold Palmer) 是第一个提出"精读"和"泛读"这两个概念的人，他以极其生动而直观的方式阐述了这两者之间的差异：精读是逐字逐句（word by word）地阅读，泛读则是一本接一本（book after book）地快读（转引自李雪萍，2006）。毫无疑问，精读与泛读是英语阅读中最重要的两种方式，在第二语言习得和语言教学研究领域颇具影响力的美国学者布朗博士（H. Douglas Brown，1994）就课堂阅读行为作出了这样的概括（如下图），可以看出，他把课堂默读（阅读）只分为了精读与泛读，可见这两种阅读方式的重要性。

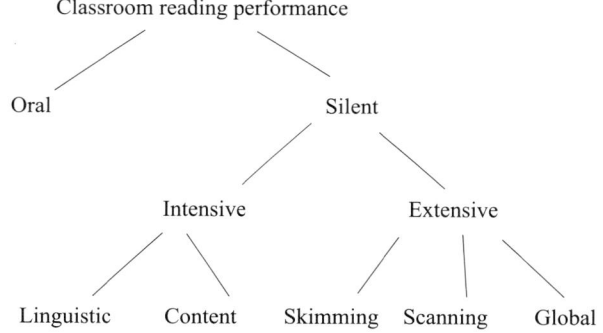

所谓精读，就是要把语篇中的词、句反复仔细研读，对素材做到全面、细致、深入地了解。从语义上来说，掌握语篇中每个词汇、句子、段落的意思；从语法上来说，弄清楚重点词汇的变形，灵活运用重点词汇和句式，甚至要把每个标点都想透彻；从结构上来说，要对语篇主旨、写作目的、文章结构、行文逻辑等进行深入探究。精读是培养学生独立思考，建立批判思维的有效途径。泛读，即泛泛而读，只要提纲挈领地把握意思，无需像精读一样细致入微地读，其目的是扩大阅读量，拓宽知识面，对培养语感，提升阅读技能大有帮助。它们之间的区别好比一个人学轮滑，精读正如初学者在教练的引导下练习如何穿鞋走路、手臂如何摆动、身体标准姿势等等，但想要早日学会自由地滑，只靠课堂上学习要领还远远不够，必须花更多时间去亲身实践，也就是说，把做示范动作比作"精读"，把花更多时间练习比作"泛读"。精读与泛读之间虽有区别，但也有联系，精读为泛读做准备，泛读则是精读的补充和延伸（何少庆，1995）。它们之间相辅相成，缺一不可。

5.6.2 课堂内的精读与泛读

课本中 Reading and Thinking 部分的教学应是泛读与精读结合的阅读训练。一般来说，总共需要至少 2 个课时完成。

第一课时：（1）导入、快速阅读（泛读）及其相关活动；（2）分段落精读及其相关活动；（3）分析句子或段落间的逻辑关系、句子或段落的言外之意、写作手法、构思的巧妙之处等。通过从表层再深入到文章背后循序渐进开展阅读的方式，可以更加理性、全面地理解文章。在实际授课中，往往一个课时难以完成所有的阅读活动，应该计划 1.5 个课时。

第二课时：重点单词、词块、句型、衍生知识点，对应的填空、选择、翻译等语言内化练习。

教师在上 Language Points 之前，可以逐段让学生提问题，任何问题都可以，比如笔者在执教《英语（选必修第一册）》Unit 3 Fascinating Parks 读思板块 Language Points 时，针对文章第一段，学生提出以下问题：（1）为什么 buffeting 加了 ing？（2）above the Arctic Circle 中的 above 如何理解？（3）checking my watch 在句中做什么成分？（4）为什么这一段的时态是一般现在时？

学生主动提问是积极思考的标志，他们内心想要解决这个问题产生的求知欲比教师提问所产生的求知欲大很多，前者是自己想要解决问题，后者是别人想要自己解决问题，一个主动一个被动，一种"我要学"一种"要我学"，效果千差万别，即使学生发问之后只是单纯听老师讲解也会比传统的"填鸭式"效率更高。教师经常发出这样的感慨："这个问题我都讲过很多遍了，结果还是很多学生不会。"原因就在于教师自己一厢情愿地讲，并不代表学生吸收了，更不是教师讲得越多学生就记得越牢，讲得越多记得越牢的人是教师自己，而非学生。英语里面有句谚语："You can take a horse to the water, but you can't make him drink."意思是：带马到河边容易，逼马饮水难。这句话如果用在学习方面是说，如果不是自发地去尝试，去体验，很难真正把知识学会，学透彻。举个笔者亲身经历的例子，学校安装第一批一体机是在 2019 年，那时候，厂家担心老师们不会用，特地安排了技术人员授课，教大家如何操作，我当时坐在第二排，听得很认真，可是听完感觉什么都没学会，信息量太大，记不住，一头雾水。第一次使用的时候，害怕因为自己不熟练而耽误了上课的时间，早早就到了教室做准备，结果发现学生全会用，而且比我熟练得多。即便现在，对一体机的操作我还是不如学生熟练，遇到不会的还得请教学生。为什么学生学得比我快，用得比我溜呢？原因就是他们对电子设备很感兴趣，一下课就去操作，在使用的过程中自己摸清了里面的门道，而我对于一体机这类新设备并不感兴趣，是迫于无奈不得不使用，尽管里面有很多功能，但对它的了解也只停留在表面，对自己的要求也停留在能上课即可。因此同理，教师要信任学生，大胆放手，在上 Language Points 的时候，不要太过于精细，以学生的想法为主，自己的想法为辅。要明白即使有很多知识点确实重要，但学生习得肯定不是因为教师"讲"得多，尤其是对于英语水平中等的学生来说，他们根本消化不了这么多内容。对知识点的讲解可以做减法，学生亲自参与的相关练习更重要。

本书附录 I 是笔者执教的一节阅读课的教学设计，选自《英语（必修第一册）》Unit 3 Sports and Fitness 中 Reading and Thinking 的阅读语篇 Living Legends of Sports。

5.6.3 课堂外的精读与泛读

在英语教学中，精读在课堂上所占的时间比泛读多，这也是一直以来英语课堂存在的问题，重精读，轻泛读。新《课标》对于课外阅读量的要求是，"选择性必修课程阶段不少于 10 万词。"教师可以把此作为学生课外阅读的参考依据，课外阅读以泛读为主，因此不难看出泛读的重要性，甚至有的外籍专家主张所有文章都进行泛读。课内时间有限，教师往往不会利用它来让学生大量阅读，只有利用课堂以外的时间来弥补。为使课外阅读成为课内阅读的补充和延伸，教师应该对学生的课外阅读材料进行筛选，笔者认为可以注意以下几点：(1)难度适中。根据美国应用语言学家克拉申（Krashen）提出的可理解性输入假说理论（"听说"章节提到过）可知，泛读材料的难度不可过高，也不可低于读者的英语水平，应比读者水平略高一点最适宜。(2)内容、体裁多元化。丰富的材料可以使学生开阔视野，增长背景知识，也在潜移默化中了解了各种体裁的特点。(3)尊重学生的兴趣。兴趣是最好的老师，教师可以提供建议，但不可强制或者统一阅读内容。每个学生都是独立的个体，兴趣爱好、阅读能力、思维品质大不相同。教师只管提供材料和建议，再让学生在一定范围内自由选择，如果一味地干预，只会让学生反感，从而讨厌阅读，起到相反的作用。

在这一点上笔者颇有感触，儿子上小学三年级的时候酷爱看书，尤其是历史类、军事小说类、恐龙科普类书籍，但我担心他看得不够广泛，所以特意订购了一些儿童自然科学类杂志，并要求他每周一、三、五晚上看。可是，每当他看这些书的时候，往日看书时的欢声笑语、惊呼声都消失了，有几次竟然睡着了，以前他看书是手不释卷，被催着去睡觉，这之间的差距实在太大。后来，我便没再要求和限制他看什么类型的课外书，只要是家里的或者借阅的正规正面的读物都可以。

教师对待学生看课外书也是相同的道理，高中生学业压力大，考试多，每天按要求做各种练习，自主支配的时间已经很少，为什么不放手让他们在一定范围内选择自己的课外书呢？让他们在身心愉悦的情况下进行沉浸式阅读，不用担心看完还要做四道绞尽脑汁的选择题，只是纯粹因为话题感兴趣而阅读，使课内学过的语言知识，不知不觉中在课外高效复现。在此，笔者推荐一些适合高中生阅读的英文读物，如：课本 workbook 中的阅读材料，这部分内容教师往往没时间讲，但这些阅读材料经过专家精心编排与挑选，质量极高，一个单元两篇，且与单元话题密切相关，可作为对课堂阅读的巩固和补充；《书虫》系列，难度可以自由选择，从小学到高中阶段都有，薄薄一本，一本一个故事，很多由名著改编而来，且中英互译，帮助理解；《二十一世纪学生英文报》，从小学到高三共有七个阶段可供选择，内容丰富，话题面广，有时事新闻、校园热点、文化知识、娱乐体育等方面的内容，不亚于许多国外原版杂志，而且报刊文章的特点是富有逻辑和条理性，特别注重遣词造句，这里并不是说其中有很多高难度词汇，而是指用简练的词汇表达丰富的含义，多阅读这类文章还有利于写作水平的提高。

英国著名哲学家弗朗西斯·培根（Francis Bacon）在《谈读书》（Of Studies）一文中写到："Some books are to be tasted, others to be swallowed, and some few to be chewed and digested." 这句话告诉我们，对于不同的阅读材料有不同的要求，有的需要精读，有的则需要泛读。那么，学生在课堂内已经进行了很多精读活动，课外还需要精读吗？回答是肯定的。

课外精读需要注意以下几点：（1）以学生自主选择为主，教师把握总体方向。课外精读的内容来自课外泛读，每位学生感兴趣的话题，阅读的语篇大不相同，欣赏的内容千变万化，让学生发自内心地自主选择需要精读的部分，充分激发他们的内驱力。（2）以语段为主，量宜小不宜大。学生时间有限，课外精读不能像分析教材上的文章那样做到纤屑不遗。他们可以选择课外阅读文章中的一段或几段进行精读，这样不会给学生带来太大压力，容易坚持。试想一下，如果把所有文章都精读一遍，不仅是个难以完成的任务，同时会把泛读的时间挤掉，最后所有阅读都变成精读。而且，语段的内容具有针对性，方便后期学生整理归纳，为写作做准备。（3）挑选高质量内容精读。精读不仅在于形式上"精"，内容上也应精选，比如，长难句所在段落、看不懂的段落、描写生动的段落、富有哲理的段落等，这些都值得咀嚼，反复研读，甚至背诵。在课外精读中，教师的角色是引导学生如何挑选好的语段或语篇，并做好阶段性检查工作。

那么，学生自己精读应以什么为目标呢？应该在"点"、"线"、"面"三个层次都做到滴水不漏。（1）掌握每个词或词块的读音、意思；（2）区分所有谓语、非谓语及其构成原因；（3）知道每句话的意思、结构，再把好词好句分类誊抄至笔记本上。（4）探析文章背后发生了什么，和作者共情，感受作者的感受。

"精"和"泛"互相依存，互相补充，体现了语言教学中的"质"和"量"的辩证关系（鲁健骥，2001）。精读和泛读不是学生时代也不是英语特有的阅读模式，它们伴随着人的一生，无论谁未来从事何种工作，都需要阅读，尤其是泛读，现在打下的好基础必将终身受益。

词汇教学方法多

　　语言的三大要素为语音、词汇、语法。词汇作为三大要素之一，是语言的基础，是语音和语法的载体，是构成短语、句子、语篇的基本要素。英国语言学家威金斯（D.K. Wilkins，1972）曾说："没有语法，人们可以表达的事物寥寥无几，而没有词汇，则无法表达任何事物。(Without grammar very little can be conveyed, without vocabulary nothing can be conveyed.)" 甚至还有学者认为学习一门外语就是学习那门语言的词汇。对于高中英语教学来说，所有课程的开展都建立在英语词汇的基础上；对于学生来说，词汇的掌握情况直接影响着听、说、读、看、写能力的发展以及对这门语言的掌握程度。随着高中英语课程改革的不断深化，英语教学内容逐渐增多且难度加大，更加凸显词汇在英语学习中的重要性。

高中英语词汇教学中存在的问题

　　目前高中英语教师在词汇教学中或多或少存在一些问题，经笔者梳理，具体有以下几种情况。

　　1. 对语音教学不以为意

　　很多英语教师"重阅读轻听说"，在词汇教学中把更多时间和精力放在词义、词的用法等方面而往往忽视了最基础的词音。在课堂上，学生朗读以齐读为主，他们遇到不会读的时候不读、跳读或跟读，让教师产生大家都会读的错觉而跳过语音教学，事实上，能一字不差读准课文的学生不多。大部分学生语音基础薄弱，不会读只会写的现象在学生中非常普遍，他们不是借助单词发音来帮助记忆单词拼写，而是脱离词汇语音机械地记忆形和义，学得异常艰辛。

2. 教学方式单一

现在多媒体技术发展迅速，每个教室都安装了一体机，有的教师每天利用一体机直接播放词汇表里的词汇，让学生跟着读，背释义，听写，不开展其他有趣的活动，看起来很省事，但这样做后果是学生不愿主动探究单词发音，只是被动跟着，缺乏思考，形成以为自己全会读的假象，也无法发现自己的错音。

在传统的词汇教学中，教师一般在阅读课结束后的 Language Points 课上教授单词的多种用法和含义，这节课往往以教师为中心，学生全程被动参与，不停做笔记，课后需要背诵大量脱离语境的单词、词组，任务繁重，学生的学习效率不理想。

3. 对词汇的讲解过于深入

有的教师在上每个单元之前会先对照课本后面的词汇表逐个讲解每个单词的含义、用法及其派生词、常用短语等，不仅没能激发学生对新的单元话题产生兴趣和求知欲，反而让他们产生畏难的心理，教师的初衷是好的，但效果不理想。大部分教师选择在阅读课完成后讲解词汇，这样的确更符合学生的认知发展规律，但有的教师不顾学生基础，一味地拓展与深挖，没有抓住重点，甚至在一些词的低频用法上也花费大量的时间与精力，导致学生负担沉重。

4. 忽视词汇在语境中的理解和运用

大多数英语教师开展的词汇教学常缺乏具体语境，造成学生记住了词汇意思却不能灵活运用，即使有的教师配以例句，但例句呈现的语境有限，最后等到学生练习的时候，剩下的时间已经很少，于是草草结束课堂，没有起到词汇教学应有的效果。此外，教师没有在平常教学中培养学生在语境中体会单词用法的习惯，只靠词汇课还远远不够。

5. 没有利用科学的记忆规律

人类的大脑记忆是有规律性的，有些教师没有充分利用这一点来引导学生记忆单词。如果对学习策略的指导不够及时有效，学生背完单词没有立刻复习，等学完整本书再回顾以前学过的知识的时候，前面的单词早已忘光，背得快忘得也快，学了和没学几乎一样。

词汇学习的内容与标准

基于以上所列词汇教学的种种，为了提高词汇教学效率，以便更好地开展英语教学的其他活动以及提高学生听、说、读、看、写等能力，笔者在教学中进行了一些研究与实践。首先要弄清楚的问题是，我们天天在学习词汇，那么，关于英语词汇到底学习什么？如何判断我们已经掌握了一个单词？著名语言学家华莱士（Wallace, 1982）认为，真正习得一个词，要做到以下九点（转引自戴雪莹，2009）：

（1）Recognize it in its spoken or written form.（认识其书面和口语形式）

（2）Recall it at will.（能够随时回忆）

（3）Relate it to an appropriate object or concept.（与适当的物体或概念联系起来）

（4）Use it in the appropriate grammatical form.（语法形式正确）

（5）In speech, pronounce it in a recognizable way.（发音清晰）

（6）In writing, spell it correctly.（拼写正确）

（7）Use it with the words it correctly goes with.（使用正确搭配）

（8）Use it at the appropriate level of formality.（以合适的正式程度使用）

（9）Be aware of its connotation and associations.（明确词的内涵与联想意义）

《课标》对词汇知识内容的要求从语境、理解、搭配、运用以及词汇量这五个方面进行了阐述。上海市英语教育教学基地兼职研究员正高级教师章玉芳（2021）认为词汇知识涵盖词的发音、拼写、词义、词块以及词汇语义网等五个方面。有的学者认为词汇能力由不同类型的词汇知识和运用词汇知识的能力构成（吴旭东、陈晓庆，2000）。笔者基于上述理论，认为词汇教学应该涵盖词的发音、词的拼写、词义、词的派生、词块、词汇广度、词汇深度与运用、词汇检测这八个维度。词汇的广度和深度在第二章中已经详述，在本章节不再赘述。

基于学科核心素养的词汇教学

1. 重视语音知识

很多学生在初中阶段没有系统地学过音标，有的学生虽然上过几节音标课，但缺乏日常锻炼，看到音标时常因不熟练而读错，课本词汇表里的音标几乎成了摆设。学生在课文中遇到目标词汇时只能凭借录音中的印象发音，要么自己随便乱读，要么干脆用汉字标注读音。久而久之，积累了大量根深蒂固读不准的单词，严重阻碍了英语整体能力的发展。世界著名语言教育学家皮姆斯勒（Pimsleur）指出，阅读是通过图形符号再回到说话声音。简而言之，文字的含义存在于语言说话的声音里（漏屋，2012）。由此可知，有的学生不知单词的发音而只盲目根据词形记词义的方法根本行不通。贾冠杰（2007）指出："外语语音是学习外语的第一步，也是基础，这对于记忆单词、发展口语、提高听力都有极大帮助。"教师首先应该系统地教授学生音标知识，并在一段时期内的听写时要求学生写出音标以达到长期记忆的目的；接着让学生进一步了解并熟练掌握发音规律和拼写规律；另外还需明白没有绝对的规律，有很多不符合规律的情况，如 ou 经常发 [aʊ]，但在 cough、wound、tourism、shoulder、soul 等词中则例外。

2. 单词拼写并不难

英文字是代表声音的文字，记得初中时期笔者的英语老师经常在我们耳边念叨"会读就会写"，只要掌握一定的语音规则，单词拼写就变得容易得多，可为什么大部分学生都喜欢在纸上一遍又一遍地书写英文单词而不去读呢？那是因为我们一年级的时候就是通过这样的方式来学写汉字的，老师在黑板上写，学生用练字本在自己座位上练。但汉字与英文字有本质区别，汉字早期是表形表意的文字，在经过了几千年的变化之后，很多字已成为既不表意也不表音的符号（费锦昌，1998），需要多看多写来帮助记忆，而英文是表音的文字，用学习汉字的方法来学习英文字，显然行不通。世界权威学术期刊之一 Nature 曾发表过教育部与香港大学合作的科研成果，该成果揭示，汉语的语言区更接近大脑的运动功能区，学习者要多看、多写、多说，靠"运动"来记忆；英语的语言区更靠近听力区，学习者要多做"听说"练习（转引自漏屋，2012）。由此可见，中国学生学习英语的"形"，并不是难事，甚至比英语国家的人学英文字还简单。

中国人认识和拼写英文字容易的另一个原因在于我们的汉语拼音与英文的 26 个字母书写方式几乎一模一样，只有字母 f 的占格不一样，当 f 作为汉语拼音时，在四线三格中占上中两格，当 f 作英文字母时，在四线三格中占三格。除了书写方式，很多发音也类似。当笔者教小学毕业的外甥认读音标时，首先教的是长元音，/ɑ:/、/ɔ:/、/ɜ:/、/i:/、/u:/，刚念完他就说，这不就是拼音中的 a、o、e、i、u（啊、哦、呃、咿、呜）啊！这都要归功于"汉语拼音之父"周有光先生，让这两种语言在拼读上有了很多相似之处，使中国人学习英语或外国人学习汉语变得没那么难。

为证实这一点，笔者曾特意问过当时上小学二年级的儿子，问 [h]+[aʊ]、[f]+[l]+[aɪ]、[t]+[i:] 等合在一起时的读音，发现他对辅音加元音的拼读可以脱口而出，原因正是这些单词的拼读方式与我们汉语拼音的拼读方式几乎一样。所以，如果对英文的发音记忆深刻，那么对单词的识别和拼写还会难吗？

3. 最全面的词义记忆教学

词义即词的意义，学生学习英语最难的事之一莫过于记忆单词的意义，而英语词汇的特点不仅在于词汇量大，还在于一个单词常有多种含义，熟词生义是高考重点考查的项目。

经常有学生发出这样的感叹："老师，我怎么背了总忘哦，记单词太难了，怎么都记不住。"我回应道："每个人都是这样啊，老师也一样，背了就会忘，所以要多复习，一直巩固才不容易忘。"世界著名语言学家 Nation（1990）的研究表明：学生需要与词汇接触 5 次至 16 次才有可能真正记住一个单词。所以，单词只背一次或只接触一次是肯定会忘的，即使记住也是短期记忆，不是长期记忆。

那么，单词到底要不要背？一些西方学者如 Krashen、Parry 等主张通过广泛阅读，采用自然习得的方式掌握词义；而大部分中国教师和学生普遍相信"单词要背"（王文宇，1998）。我们不能只凭直觉和习惯去认定哪一种方式更适合自己的学生，应该根据实际情况判断。Kachroo（1962）指出，学生要不断地碰到一个单词 16 次后，才能自然而然记住它（转引自王文宇，1998）。也就是说，要通过广泛且大量阅读，或者为记忆某些词汇而特别制定阅读材料，才有可能在一定时期内频繁地碰见同一个单词，从而记住它。可是，要达到这样的条件很不现实，所以对我们的学生来说，完全通过自然习得方式来学习和掌握词汇是不可取的。

3.1 词汇记忆速度因人而异

单词不仅背了容易忘，对于相同的记忆任务量来说，每个学生所花费的时间也不同，那么造成这样的原因有哪些呢？笔者认为主要有以下几点。

3.1.1 记忆能力不同

记忆力是人脑对信息的输入、编码、储存和提取的能力。人们早就发现不同的人的记忆力确实存在差别，主要表现在敏捷性、准确性、持久性、存储性等方面。所以，每个人即使背诵同样数量的生词，花费的时间却不同。

3.1.2 实际记忆的生词数不同

虽然教师每次布置的背诵任务对于所有学生来说一样，但实际不一样，因为每个学生的英语基础、词汇量等完全不同，这导致背诵的任务量差距大。比如，同样是记 50 个一模一样的单词，对于基础好的学生来说，所需记忆的数量不足50，甚至是其中很少的一部分；而对于基础差的学生来说，他们几乎都不认识，因此需要花比其他人更多的时间来记忆。

3.1.3 马太效应

这个故事出自《圣经》，告诉了我们一个自古以来就有的现象——强者愈强，弱者愈弱。学生背单词也非常符合马太效应，由于每个人对词汇的神经元链接在大脑中的结构完全不同，词汇量越大、对词汇的理解越深，大脑的这种结构就越丰富。所以大多数情况下（有些英语基础弱而记忆力特别强的学生除外），英语基础好的学生与英语基础差的学生记忆相同数量的生词，前者比后者花费的时间更短。

3.2 科学地记忆单词

在这个高效的时代，教师应充分利用时间，使产出最大化，减轻学生负担，激发学生潜能，让学生学英语时有收获感、满足感、幸福感。教师必须尊重科学，不能一味甚至盲目地要学生背单词。在这里必须要提出著名的艾宾浩斯遗忘曲线，该遗忘曲线理论是由德国心理学家艾宾浩斯（Hermann Ebbinghaus）研究得出，它描述了人类大脑对新事物遗忘的规律。他还发现，遗忘与学习同时发生，而且遗忘的过程与遗忘的量并不均匀，它是先快后慢的过程（艾宾浩斯著，王迪菲译，2013）。1885年，他在学术期刊《记忆》上，发布了时间间隔与记忆量的关系研究成果。

时间间隔	记忆量
刚记完	100%
20m	58.2%
1h	44.2%
8—9h	35.8%
1d	33.7%
2d	27.8%
6d	25.4%
31d	21.1%

接着，他把这些点绘制成了著名的艾宾浩斯遗忘曲线，如图：

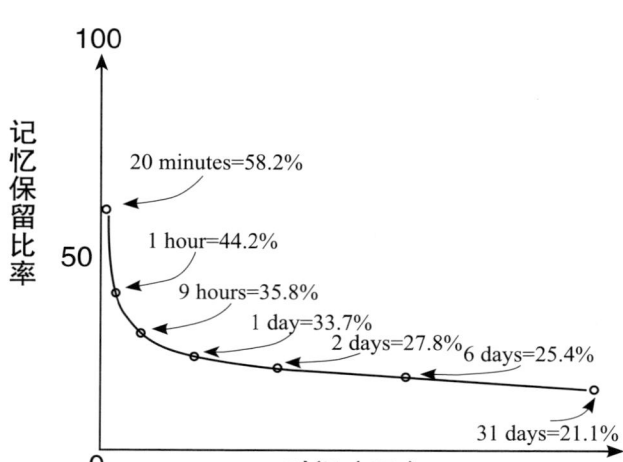

这条曲线告诉我们，学完知识应该立刻复习，否则会慢慢遗忘，最后只剩下20%左右。那么针对背单词，该如何充分利用这个规律呢？网络上有很多基于艾宾浩斯遗忘曲线所设计的方案，详细且科学，可以在30天内让15个背诵任务每个记忆6遍（1次记忆+5次复习），但现实操作起来繁琐，尤其对于高中生来说，同时要学多门课程，难以坚持。艾宾浩斯使用的记忆测试"材料"是为实验创造出来的无意义的音节，这些音节之间或音节与其他事物之间无任何关联和规律。而单词并不是"无意义的音节"，比如课本后面词汇表中的单词，虽背完了，但平时在阅读中还会复现，因此学生不需要完全按照这个曲线去机械地执行复习计划。遗忘曲线所揭示的是人类记忆遗忘的规律，不等于人类记忆的规律，多主动思考和回忆才是最真实有效的记忆方法，可以尝试按以下方式记忆词汇：

（1）首次记生词的时候，记发音与其意思，词形不用特意记，边写边背是浪费时间。

（2）单词背诵时间不宜过长，背久了容易疲倦，建议高中生每次20分钟以内。

（3）为求短期效果达到最佳，每次背诵都应循环目标词汇。

（4）在当日内复习至少一次背诵过的单词。

（5）一周内至少复习一次目标词汇。学生在课堂上、练习中会遇到这些背过的词汇，所以不用特意花其他时间背。

（6）一个月内至少复习一次目标词汇。每个月学校会组织月考，以考试时间为参考，考前复习当月习得的词汇，复习的目的不是为了考好，而是单纯地为了巩固词汇。

（7）一学期内至少复习一次目标词汇。以期末考试时间为参考，考前复习本学期习得的词汇。

3.3 如何利用教材后面的词汇表

说到词汇表，就不得不提到一个统治了外语学习几百年的方法"语法—翻译法"，虽然它在20世纪被彻底否定，但是它的影响力依然存在，其中，"词汇表"就是代表性产物。几乎所有的教科书后的附录中都列举了需要掌握的英语词汇，上面整齐排列着单词、音标、注释，除此之外，市面上还有各种针对不同群体和需求的词汇书籍。不可否认，在英语教学过程中，词汇表起到了至关重要的作用，它可以帮助学生梳理课本中的词汇，快速地提高词汇量。

对于词汇表，很多教师在教学过程中对于它的处理有所不同。由于词汇表中的单词脱离语境，学生背得很吃力，有的教师认为不应该逐个死记硬背，即使背出来了也不会使用，毫无意义，而应该在上阅读课时，让学生猜测词义，于潜移默化中了解词的意义，再在词汇课上对需要掌握的词进一步了解。有的教师则恰恰相反，他们会在整个单元板块开始授课之前，把所有目标词汇花一节课的时间详细讲解一遍，包括派生词、近义词反义词、形近词、习惯搭配、例句等等，然后再开始整个单元的教学。

在此，笔者谈谈自己的看法和做法，第一类教师的做法的确有其道理，符合英语教学理论，但前提应该是学生英语水平高，已经掌握大部分词汇表中的单词，目标语篇中只有个别单词不认识，这样确实不需要对着词汇表提前记忆，可以直接开展阅读课。对于第二类教师，他们在上阅读课之前就把词汇讲解得如此透彻，学生会感到枯燥乏味，也抹杀了对学习新单元的兴趣和好奇心，教师自己心理上得到了满足，而学生收获并不大。

笔者的大多数学生英语水平中等，考试平均分在及格线上摇摆，每次看到新单元的词汇，他们都会惊呼："老师，又有这么多单词，太难了！"他们不仅不认识课本后面词汇表中的单词，对一些课本里面出现的初中学过的词汇也不熟悉，不熟悉的程度如何呢？为量化生词数，充分了解学情，笔者在上《英语（选必修第二册）》Unit 4 Journey across a Vast Land—Reading and Thinking 中的阅读文章 Seeing the True North via Rail：Vancouver and the Heart of Canada 之前，抽取班上学号为奇数的 20 名学生，调查他们对这篇文章的单词了解情况，结果如下：

学号	月考成绩	生词数	学号	月考成绩	生词数
1	119.5	34	21	67.5	70
3	105.5	48	23	79	65
5	91.5	36	25	92	49
7	91	59	27	86	59
9	100.5	51	29	93.5	43
11	79	62	31	113	46
13	80.5	53	33	99.5	58
15	54.5	92	35	82.5	57
17	89.5	55	37	69	81
19	97	49	39	89	42

月考平均分	语篇总字数	平均生词数	平均生词率
88.98	556	55.45	9.97%

由此可见，笔者学生每 100 个词中有近 10 个词不知道意义，远远超出了有的学者认为"生词超过 5%，则会造成理解障碍（王笃勤，2012）"的范围，所以，如果学生不提前背单词而直接阅读教材中的文章，会因无法理解文章而阻碍阅读教学的正常开展。新东方创始人俞敏洪在《俞敏洪老师谈英语词汇记忆法》一文中曾说："你要自学《新概念英语》第三册，应

当先把这一册 60 篇课文的所有单词背下来。"本人也试图让学生尽可能快地提前背完词汇表中的单词，但由于高中生学业负担重，各种背诵任务多且难度大，在实际教学中难以提前太多，最后发现提前一个单元背诵效果最佳，比如上第二单元的时候学生开始背第三单元的单词。这么做的好处是，学生提前记忆单词后能看懂语篇，既可以让阅读变得有乐趣又在阅读的过程中把已经背过的生词结合语境复习了一遍，不仅加深了词汇印象，丰富了词汇知识，还锻炼了阅读技巧，提高了阅读能力，课堂也变得更高效。

3.4 单词记忆方法归类

不管真正掌握一个单词会是怎样一个长期复杂的过程，首先要把其基本含义记住，因为词汇的记忆是词汇习得的起点（徐浩、孙桐、蒋炎富，2018）。英语教师不难发现这个现象，学生听写的时候，有的词往往能拼对，但写不出意思。学习英语最困难的事之一就是把单词的音、形与其意义对应起来。笔者结合自身多年教学实践，总结出几种在高中英语教学中常用到的单词记忆法：

3.4.1 死记硬背

亚里士多德和他的学生认为，除少数象声词外，词汇的意义与其形式之间无任何必然关系，它是人为的、任意的（刘润清，2013）。可见，英文单词的意思几乎毫无规律可言。上文已经提到，对于基础差的学生来说，要提前背单词，如果不大量记单词，不仅教材上的文章看不懂，与课本同步的练习、试卷更无法驾驭，英语阅读犹如读天书。若只通过语境等方式来学新词汇，完全跟不上高中的进度，因为他们不仅要学习高中的"新词汇"，还要记忆初中阶段的"旧词汇"，每天需要记忆的生词量多达 50—100 个。当面对这么多意义无规律的单词的时候，让专家学者们抨击最多的"死记硬背"法成为了最有效的方式之一，尤其在短时期内在扩大词汇量方面有立竿见影的效果。很多学生在经过几个月"魔鬼式"记单词之后，由衷地发出感叹："老师，今天试卷上的阅读理解我全看懂了，终于不用靠掷色子乱蒙答案！"作为一名英语教师，还有什么比这更让人高兴、更有成就感的呢?

死记硬背是记忆的一种方式,对词汇量少、基础差的学生来说是第一步也是必经之路,有了一定的词汇量为前提才能在语篇中理解词汇、感受词汇、内化词汇、最后灵活运用词汇。

3.4.2 词根词缀法

随着科学技术和生产力的发展,许多新事物、新想法等不断形成,英语词汇也随之发生变化,不仅词汇的数量在不断增加,词汇的读音、意义、拼写也在改变。那么,这些新词是如何形成的呢?张维友(2004)总结了九种不同的构词法,但根据 Pyles 和 Algeo(1982)统计,由派生法、复合法和转化法所形成的当代英语新词占了新词的绝大多数,比例高达 90%,对于这三种构词法在阅读章节中介绍过,下面主要介绍词根词缀法,即派生法,是指通过在词根上增加词缀而产生新词的构词方法。它有助于我们了解词的结构,在提高词汇记忆效率方面起到了积极的作用。

单词由词素(词根、词缀)构成,词义由词素产生,英语单词数量虽浩瀚,但词素的数量却有限,如果掌握了词素,懂得基本的构词方法,就很容易突破英语单词记忆的难关(蒋争,2018)。

3.4.2.1 词根

我们今天的词根是由英语本身的基础词汇和借用的外来词汇构成,它是单词的基础和灵魂。英语的词根有两种,一种是隐蔽在单词中不能单独出现的隐性根,另一种是可以作为单词独立使用的(翟绍民,1999)。例如:seeable 与 visible 意思都表"看得见的",seeable 的词根是 see,它可以作为单词独立使用,属于根词;而 visible 中的词根是 vis,它属于隐性根,不能独立使用。词根的数量虽小,影响力却很大。以一个词根为基础,利用构词功能,可以创造出一群词汇,这些词根相同的词被称作"同族词"。由此可知,如果我们掌握了词根,很多词汇的意思便能迎刃而解,记忆起来更轻松,如下图所示:

词根	单词	意义
vis=see 看	visible	*adj.* 看得见的
	invisible	*adj.* 看不见的
	visual	*adj.* 视觉的
	visit	*v.* 参观
	television	*n.* 电视
	supervise	*v.* 监视
	previse	*v.* 预见
cred=believe 相信	credible	*adj.* 可信的
	credibility	*n.* 可信；可靠
	Incredible	*adj.* 不可信的
	credit	*n.* 信用
gress=go, walk 行走	progress	*n./v.* 前进；进步
	progressive	*adj.* 前进的；进步的
	congress	*n.* 国会
	agress	*v.* 侵略
	agression	*n.* 侵略
	agressive	*adj.* 侵略的；好斗的

3.4.2.2 前缀

前缀是加在词根前面的词缀，不能独立使用，能加强、限制、改变词根的意义，有的还能改变词性，它加缀在词根前构成新的词汇。比如：anti- 表示反对，antiwar 的意思是"反战的"；en- 是动词的前缀，意思是"使……"；dis- 则是大家非常熟悉的否定前缀。接下来具体介绍几种常见的前缀：

前缀	单词	意义
co- 共同	cooperation	n. 合作
	coexistence	n. 共存
	cofounder	n. 共同创立者
	coauther	n. 书的合著者之一
	coowner	n. 共同拥有人
	coworker	n. 共同工作者
fore- 先、前、预先	foretell	v. 预言
	forehead	n. 前额
	forefather	n. 祖先
	foresee	v. 预见
inter- 在……之间；互相	international	adj. 国际的
	interpersonal	adj. 人际的
	interact	v. 相互作用
	interview	v. 面谈；采访
	internet	n. 互联网
sub- 在……下；副、分支	subway	n. 地铁
	submarine	adj. 海面下的
	subconscious	adj. 下意识的
	subhead	n. 副标题
	subtitle	n. 副标题
	subbranch	n. 分支
	subspecies	n. 亚种
un- 不、非、未；表相反动作	uncomfortable	adj. 不舒服的
	unequal	adj. 不平等的
	unintentional	adj. 非故意的
	unfinished	adj. 未完成的
	unlock	v. 解锁
	untie	v. 解开
	unload	v. 卸下
	uncover	v. 揭开

3.4.2.3 后缀

后缀主要用以改变词性，而不是词义，但也有很多本身具有意义的后缀既可以改变词义，又可以改变词性。常用的三百个左右的后缀中，大约有七八十个后缀具有一定的意义，这些后缀在判定一个词的意义方面也起到非常重要的作用（翟绍民，1999）。比如，常见的名词后缀有：-ance、-ality、-er、-ness、-cian、-ism、-tion、-ture 等；常见的形容词后缀有：-y、-able、-ish、-ive、-ous、-ful、-less 等；动词后缀相对来说数目不多，比如：-ize、-en、-fy 等；副词后缀也不多，常见的有：-ly、-wise、-ward(s)、-s 等，具体例子：

后缀	单词	意义
al- （形容词后缀）	additional	*adj.* 额外的
	personal	*adj.* 个人的
	global	*adj.* 全球的
	natural	*adj.* 自然的
al- （名词后缀）	arrival	*n.* 到达
	approval	*n.* 赞成；批准
	proposal	*n.* 提议
	survival	*n.* 幸存
	trial	*n.* 试验
	refusal	*n.* 拒绝
ize- （动词后缀） 使……化；变成	modernize	*v.* 使现代化
	Industrialize	*v.* 使工业化
	realize	*v.* 实现
	organize	*v.* 组织
-proof （形容词后缀） 防……的	fireproof	*adj.* 防火的
	waterproof	*adj.* 防水的
	airproof	*adj.* 不透气的
	soundproof	*adj.* 隔音的

续表

后缀	单词	意义
-wards （副词后缀） 向……	downwards	*adv.* 向下
	upwards	*adv.* 向上
	outwards	*adv.* 向外
	backwards	*adv.* 向后
	southwards	*adv.* 向南

3.4.2.4 一词多义

高中英语词汇量看起来不多，但一个词往往多种含义，给学生造成很大困扰。我们不妨用词根来分析意思较多的单词，通过词根我们可以判断出一个单词的基本意义，那么其他意思则是围绕这个基本意义逐渐演变而来，对教学具有很大的指导意义。

比如 charge 是高中的高频词，如果查字典会发现，它的动词、名词加一起有二十多种含义，如：收费；控告；把……记账上；指责；冲锋；充电；炸药等，这些意思表面上看起来没有关联，但实际上可以通过词根法把它的所有意思串起来。现在用词根法来追溯 charge 的意思，首先找出 charge 的词源——拉丁词 carrus，意思是"马车、战车"，词源同 car，作动词时，意为"加载、装载；往……里面加、往……里面充"，接下来围绕此意义来逐个分析 charge 作动词时的不同含义：

单词	按基本义衍生	意义	例句
charge	往枪里装	装弹药	Charge the weapon. 把武器装上弹药。
	往玻璃杯里加	注满（玻璃杯）	Please charge your glasses and drink a toast to the bride and groom. 请斟满酒杯，向新郎、新娘敬酒。
	往人身上加情绪	使充满 （……情绪）	I was charged with gratitude. 我充满了感激之情。
	往电池里加电荷	充电	Andrew, your phone is out of battery. You need to charge it. 安德鲁，你的手机没电了，你得给它充电。

续表

单词	按基本义衍生	意义	例句
charge	往敌方阵营加士兵	猛冲、猛攻	We charged at the enemy. 我们向敌人发起冲锋。
	往……方向加人	向……方向冲去	The pupils charged down the stairs. 学生们冲下了楼梯。
	把职责、任务往人身上加	赋予……职责（任务）	The education department is charged with managing schools. 教育部门负有管理好学校的职责。
	把指责、谴责往人身上加（同汉语"横加指责"）	指责、谴责	Critics charged the author with plagiarism. 评论家指责这位作家抄袭。
	把罪名往人身上加（同汉语"欲加之罪"）	控告、起诉	The young man was charged with robbery. 这个年轻人被指控犯有抢劫罪。
	把……加在账上	把……记在账上	Go out and buy some books, and charge them to me. 出去买一些书，记在我账上。
	把花钱的负担往人身上加	收费、要价	The hotel charges 80 dollars a day for this room. 这家宾馆的这间房一天收费80美元。

像 charge 这样通过词根来学习一词多义的词还有很多，教师在日常教学中应多整理归纳，使学生少走弯路，减轻学生记忆的负担。

3.4.2.5 辨析同义词

用词缀法辨析同义词是一种科学又实用的方法，不仅有助于长期记忆，还能使理解更深层次，从而达到语言内化的目的。同义词顾名思义指的是意思相同的词，虽然字面意思相同，他们的用法未必相同，通过词缀法分析词汇，对词根、词缀追本溯源从而深度了解词汇，找出同义词的不同点，最终达到理解词汇、掌握词汇的目的。

分析 produce、product 这一组词，它们作名词时的意思都为"产品、产量、成果"，不仅前缀（pro-）一致，且同根（duce"引导、带来"），不同的是 duct 是 duce 的过去分词形式，由此可知，product 含有被动的意义。我们知道工业产品主要依靠机器生产加工为产品，而农产品是庄稼自己生长而供人们食用。所以，含有被动意义的 product 主要指工业上的"产品、产量、成果"；而靠自己生长含有主动意义的 produce 主要指农业上的"产品、产量、成果"（翟绍民，1999）。像这样从词根的性质上分析，马上可以发现这两个同义词的不同之处，想忘记都难。如果只是赤裸裸地告诉学生它们各自的用法，则很难达到好的记忆效果。我们可以从这个例子窥一斑而知全豹，有些同义词也可以通过这个方法来辨析。

总之，词缀类似于中文的偏旁部首，不同的词缀搭配不同的词根可以派生出很多新词，它们看似千变万化，却有规律可循，一旦掌握这样的规律，便可大大提升记忆单词的速度和效果，这是词缀法在记忆单词方面的特殊功能和明显优势。

3.4.3 比较记忆

比较记忆法是指通过分析、比较两个或两个以上的事物，从而找出其相同点或不同点的方法。俄国生理学之父谢切诺夫曾说："比较是人最珍贵的智力宝藏，世界上的一切事物总要通过比较来被人们认识。"在记忆单词方面，比较记忆也发挥着重要作用，下面请看具体运用：

3.4.3.1 同义词、反义词的比较记忆

与语文教学一样，英语教学中也常把同义词和近义词放一起比较，通过寻找同义词或反义词，学生主动展开联想，搭建词汇网络链接，经常练习可以使语言生动、鲜明，也使表达更精确、严密，增强了语言的表达效果。例如：

同义词：

反义词：

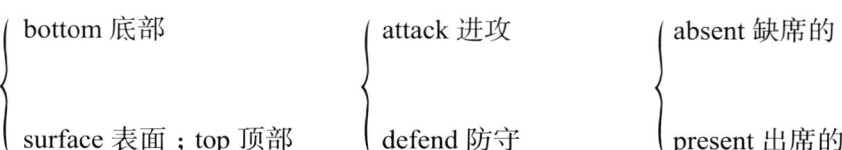

3.4.3.2 形近词的比较记忆

英语文字中有很多形近字，如果学生拼写的时候不小心漏写、多写一个字母或其中一个字母写错，亦或者改变字母的顺序都有可能从一个单词变成另一个单词，这正是"失之毫厘差之千里"的真实写照。如果我们把这些形近词放一起比较，则更容易看出细微差别从而帮助记忆。比如，当我们分开辨认双胞胎兄弟的时候，往往分不清谁是哥哥，谁是弟弟，但当他们在一起的时候，反而能识别出来。所以，教师在教学中应多引导学生进行形近词的比较，找出易错之处，从而提高单词拼写的准确率。例如：

拼错原因	形近词	
多写、少写	raise 举起	rise 升起
	contract 合同	contact 接触
	drown 溺亡；淹没	down 向下
	dessert 甜点	desert 沙漠
	latter 后者	later 之后
	emission 排放	mission 使命
	bloom 开花	boom 繁荣
	brother 兄弟	bother 打扰
	board 板子	aboard 在船上
	broad 宽的	abroad 在海外
	complete 完成	compete 竞争
张冠李戴	message 信息	massage 按摩
	contrast 对比	contract 合同
	adapt 适应；调整；改编	adopt 收养；采纳
	conform 遵守	confirm 证实
	context 背景；语境	content 内容；满足的

续表

拼错原因	形近词	
张冠李戴	crown 皇冠	clown 小丑
	affect 影响	effect 效果
	bride 新娘	bribe 贿赂
	literary 文学的	literacy 读写能力
	sweet 甜的	sweat 汗水
	compliment 赞扬	complement 补充
	police 警察	policy 政策
顺序颠倒	silver 银	sliver 小块
	quite 十分	quiet 安静的
	angel 天使	angle 角
	diary 日记	dairy 奶制的

除了两两相似的词以外，还有很多同根、同缀等形式的形近词，例如：

词根 spect	respect	尊敬
	prospect	前景
	expect	期待
	inspect	检查
	aspect	方面
	suspect	怀疑
	perspective	观点
	spectacle	壮观场面
前缀 ex-	expand	扩大
	expend	花费
	explain	解释
	expect	期待
	explore	探索
	export	出口
	explode	爆炸
	expose	暴露
	extract	提取
	except	除了

3.4.3.3 同音词的比较记忆

同音词即发音相同或相近的词，这样的词也往往形似，把它们放一起进行比较之后，则不易混淆。如：

here	在这里	hear	听见
weather	天气	whether	是否
wear	穿戴	where	在哪里
their	他/她/它们的	there	在那里
die	死亡	dye	给……染色
piece	片	peace	和平
idle	游手好闲的	idol	偶像
sauce	调味汁	source	来源
father	父亲	farther	更远
morning	早晨	mourning	哀悼
bear	承受；熊	bare	赤裸的
blue	蓝色	blew	吹（blow 的过去式）
bury	埋葬	berry	浆果
flour	面粉	flower	花
tale	故事	tail	尾巴
principal	校长；最重要的	principle	准则

3.4.3.4 不规则词类变化的比较记忆

英语中有很多词的变化遵循一定的规律，比如：多数可数名词的复数形式是在词尾直接加"s"、大部分单音节形容词的比较级与最高级是在词尾分别加"er"和"est"、动词的过去式与过去分词的规则变化是在原形的基础上加"ed"等。但有些词的变形并不是按照某种规律变化，我们可以在不规则中寻找规律，开展比较记忆。以动词的过去式与过去分词的不规则变化为例，大致可以分为六类：

	hit	hit	hit
AAA 型	spread	spread	spread
AAB 型	beat	beat	beaten
	come	came	come
ABA 型	run	ran	run

续表

ABB 型	build	built	built
	feel	felt	felt
ABC 型	rise	rose	risen
	write	wrote	written
AB 型	can	could	
	will	would	

利用比较法记忆词汇的例子举不胜举，英语学习应注重细节，发现隐藏的规律，同时还应充分利用网络，多学习和摸索，从而更好地引导学生联想和对比，培养学生总结、归纳的能力，使学生学习词汇更有趣、更高效。

3.4.4 思维导图法

思维导图（Mind Mapping）由英国学者托尼·博赞在20世纪60年代所创，他是大脑和学习方面的世界顶尖演讲家，被称为"世界大脑先生"，其系列书销售量达一千万册。《泰晤士报》对他的评价为："博赞对人脑的贡献可以与史蒂芬·霍金对宇宙的贡献相提并论。"博赞认为，我们的大脑思考和记忆的方式起始于一个中心词或图像，再朝多个方向同时思考。同理，思维导图是以一个中心概念为触发点，向外发散，正如叶脉、树枝一样，如实地反映大脑活动。它形象直观，使抽象的记忆和思维可视化，两者产生和谐的"共生现象"（博赞著，丁大刚、张斌译，2011）。思维导图被引入到教育领域之后，对教育教学产生了积极的推动作用，它在国外许多国家如英国、美国、澳大利亚、新加坡等已被作为教育改革策略之一（陈建花、张丽娟、沈有建，2014）。

在英语学习方面，思维导图被视为一种有效的学习策略，帮助学生发展自主学习能力（黄雪英、胡竹菊，2009）。在词汇学习方面，可以利用思维导图绘制单词导图，学生在绘制过程中不断联想、扩展，把原本看似没有关系的词联系起来，在新旧知识之间建立桥梁。绘制单词导图是一个在大脑中进行词汇整理的过程，相当于经历了一次头脑风暴，不仅有利于词汇记忆，还能拓展思维的广度与深度。绘制单词导图的类型多种多样，主要有图解式图、链式图、辐射图等，在高中词汇教学中，多采用辐射图的方法，以手工绘制为主，软件绘制为辅，如下图：

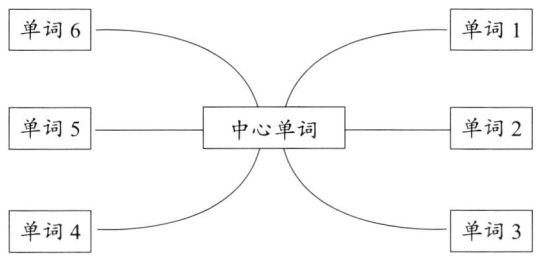

根据单词导图不一样的功能和目的，可分为不同类型，接下来简单列举几种：

3.4.4.1 区分、记忆形近词

学生在绘制形近词单词导图的过程中，可以自主发现这些形近词之间的不同之处，从而加深记忆，以 con- 为前缀的词就非常多，如图所示；

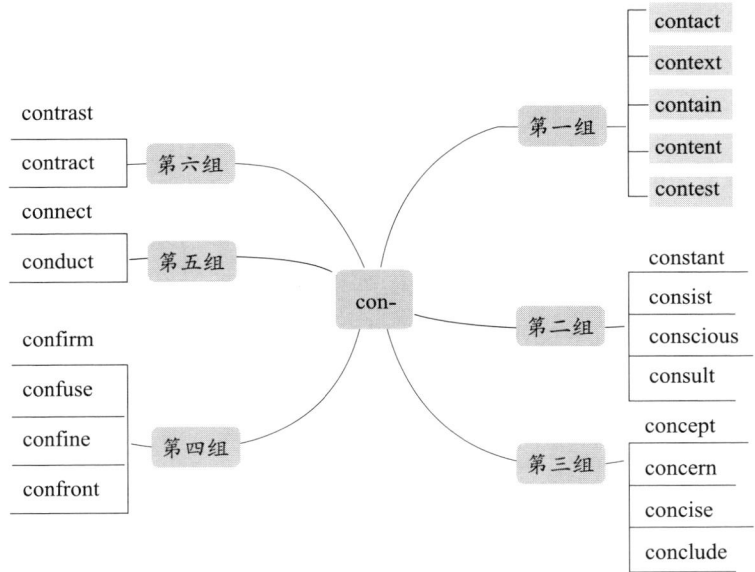

3.4.4.2 总结同类词

英语中有的习惯用法需要特别记忆，如果平时不注意整理，则有如散落在夜空中的星星，杂乱且给人无穷尽之感，让人感到难以掌握。当利用思维导图分类整理时，一目了然，比如，我们可以利用它归纳总结现在完成时中常见的时间状语、主动表被动的动词、被动表主动的短语、单复数同形的词、常用的不可数名词等等，下面的思维导图是对现在完成时中的标志词的整理：

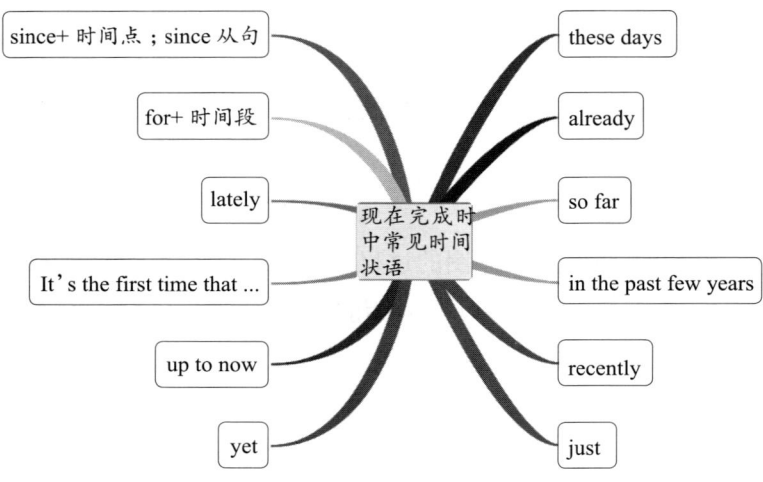

3.4.4.3　单个词的剖析

对于一个词的掌握可分为四个阶段：形同陌路、似曾相识、一见如故、刻骨铭心。为了对一些重点单词深度解析达到最后一个阶段，可以把单词相关的知识点用思维导图串联起来，以 accustom 为例，如下图所示：

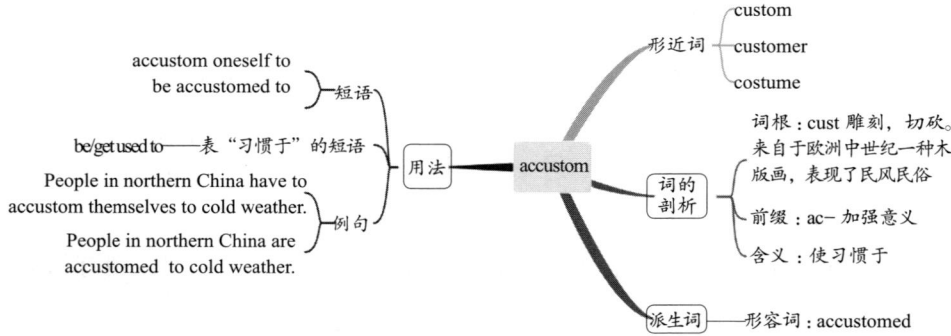

3.4.4.4 建立基于课文内容的词汇语义网

1968年，美国认知心理学家Collins首次提出语义网络的概念，他与另一位心理学家Quillian研究发现，语义网络和大脑中存在着不同层次的知识网络，并在此基础上提出了分层网络模型，之后，Collins与Loftus在1975年提出了激活扩散模型（转引自江雪，2016）。这些模型都表明，词汇具有网络性，不同的词通过词义把它们联系在一起。这也与脑神经学的研究发现一致，即词汇以网络的形式存储和记忆。在教学中，教师应该利用心理学和脑神经学的研究结果，在阅读课后引导学生根据文章的内容，如时间、地点、人物、事情，将文中的新词汇与旧词汇串联起来，利用单词导图建立基于课文内容的词汇语义网。

学生在利用上下文语境绘制单词导图的过程中，建立基于课文内容的词汇语义网，不仅能刺激词汇节点，扩散相关的词汇，激活该词的搭配知识及其用法，使学生多角度、多渠道地记忆词汇，还能加深对语篇的理解，让课文背诵比以往更轻松，同时提高了篇章架构能力，为写作做好铺垫。

以下是本人学生上完《英语（选必修第二册）》Unit 3 Food and Culture 的读思课 Culture and Cuisine 之后绘制的单词导图：

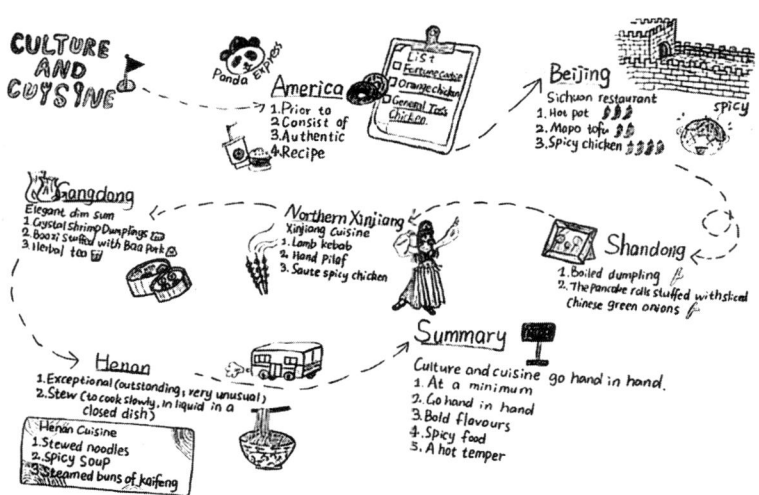

新余市渝水第一中学　2021级 高二（6）班　简艺琳

以下是本人学生上完《英语（必修第一册）》Unit 2 Travelling Around 的读思课 Travel Peru 之后绘制的单词导图：

克州江西实验中学 2023 级 布瓦吉尔古·伊马木玉散 麦尔哈巴·奥布力塔力普

"一图胜千言"，单词导图不仅可以体现思维的发散性和扩张性，还可以引导学生有效地对单词进行归纳、整理，发挥联想和创造能力，养成科学的学习习惯，最终形成自己的词库，极大地激发了学生学习词汇的兴趣，调动了学习的主动性，提高了词汇学习的效率。

3.4.5 语境代入

所谓语境，就是指语言环境，语境代入即把词汇放在具体的句子、段落、语篇中，以便深入地理解词汇，所谓"词不离句，句不离段，段不离篇"，说的就是语境之于语言的重要性。如果脱离语境去背单词，不仅枯燥乏味，而且不利于建立英语思维，尤其一词多义的情况。王初明（2007）教授曾说："词句互动，句子是单词的语境；句篇互动，语篇是句子的语境。"信息加工层次理论也提倡把词汇放进特定的情境中去理解（段士平，2007）。根据本人教学实践，教师可以从以下两方面来引导学生利用语境记忆词义：

3.4.5.1 利用语篇记忆生词

脑神经学研究发现,每个单词在大脑中的存储,都是一个立体的脑神经网络单元(漏屋,2012)。也就是说,单词并不是孤立地存储在大脑中,与之相关的其他单词,会通过一个神经网络链接把它们联系到一起,这个网络越丰富,对词的记忆越深刻,理解程度越高。所以有的教师想方设法地把《课标》中要求掌握的生词编成语篇,让学生背诵,目的就是通过语境来建立词与词之间的联系,有了丰富的词汇语义网,可以使单词记忆更深刻。

之前提到过90分左右的学生的生词率约为10%,所以对于英语水平中等及以下的学生而言,如果按一篇阅读理解350个词计算,那么每三篇阅读理解他们会遇到上百个生词。把这些生词全部摘抄下来又非常花时间,那么可以查字典并写好语篇中的生词意思,再通过重复阅读的方式来记忆其中生词,最终产生深刻的记忆痕迹,比脱离语境背诵单词更高效,也更有趣。

3.4.5.2 利用句子记忆一词多义

英语单词在语言的发展和演变的过程中会衍生出新的含义,或者被赋予完全不一样的意义,这就是一词多义现象。学生在高中阶段会经常遇见这样的情况,同一个词,初中所学的意思与高中接触到的意思完全不同,比如 course,九年级课本词汇表里只写了"课程"这一个释义,《英语(选必修第二册)》的词汇表里的释义是"过程;进程",而课外阅读中它经常表示"比赛场地"。尽管通过大量阅读可以积累和掌握单词的不同含义,但由于学生对之前所掌握的意思根深蒂固,他们在阅读时,即使知道某个词有多种意义,第一反应还是最初记忆的含义,影响理解。本人发现,掌握一词多义的多义往往比记忆一个新词所花时间更多。比如 while 这个词,虽然阅读中遇到了很多次,学生也知道它有"然而"的意思,但大多数学生看见它的第一反应还是初中学过的"当",严重降低阅读效率。

英语中大部分词都有一词多义现象,有些单词的多义是从基本义衍生而来，很容易根据语境推敲出意义，不需要特别关注；有些多义比较低频，完全用不上，所以也不需要掌握。但对于一些高频且严重影响学生阅读理解和速度的情况，教师应该引导学生归纳后再特别记忆，因为意思多且差别大，如果只记忆汉语翻译，学生会感到困惑无趣，这时可以通过微语境——句子来帮助理解和记忆一词多义现象。国内也有实验研究表明，词汇学习效果由学生自己举例最好，教师给出例句次之，不呈现例句最差（章柏成、韦汉，2004）。

利用句子记忆一词多义的教学形式可以加快学生对词意的理解速度并学会使用，唤起学生对单词不同含义的注意，增加学生对词汇的加工深度，弥补了单纯背单词的不足，发展了学生的词汇能力。

以动词 deliver 为例：

The package was delivered to his house last night.（递送）

I will deliver a speech at the meeting.（发表）

The young man has promised to fulfill the task by next weekend and I am sure he will deliver.（履行诺言）

She delivered her first child in the hospital near home.（分娩）

The boxer delivered a blow to his opponent's jaw.（投掷）

再以 stand 为例，当它做动词时，如：

She just stands there and does nothing.（站立）

The church stood empty for many years.（处于某种状态）

His credit card debt stands at thousands of dollars.（达特定水平）

I can't stand his bad temper any more.（忍受）

Where do you stand on foreign policy issues?（有……观点）

当它做名词时，如：

He takes a firm stand on corruption.（态度）

The group is making a stand against the cyberbullying.（保卫）

It's of significance to design the exhibition stand well.（摊位）

我国著名语言学家吕叔湘曾说："词语要嵌在上下文里才有生命。"教师应充分认识到语境的重要性，在平时的教学中提醒学生利用它来记忆单词，达到高质量输入的目的。

3.4.6 联想记忆

O'Malley 和 Chamot（1990）认为联想是一种非常重要的学习策略，是学习者通过联想，把新知识的不同部分联系起来，或把新旧知识联系起来，或在人与知识之间建立某种联系，从而使学习者对所学材料加深理解、增强记忆。基于此理论，笔者认为词汇联想策略是要找到新词与已经掌握的旧词之间的连接纽带，从而学习新词，复习旧词，这是扩大词汇量的一种重要手段。

词与词之间的关联有很多，国内外学者分别从不同的角度对联想记忆策略进行了分类。有的学者把同类词、同音词、一词多义、构词法等也归类于联想记忆，为了避免与文中提到的其他记忆策略重复，根据袁玲丽（2008）对联想记忆策略的分类——语音联想、形态联想、语义联想、综合联想，笔者将从词汇的音、形、义三方面阐述联想记忆在高中词汇教学中的运用。

3.4.6.1 语音联想

语音联想可分为象声词和谐音联想（翟绍民，1997），象声词很好理解，与汉语一样，是模仿某种声音所创造的词，如：giggle（咯咯笑）、bark（吠叫）、murmur（喃喃细语）、bang（突然的巨响）等等。谐音联想是一种借助英语与汉语发音相近从而达到记忆单词目的的联想记忆法，这样的汉语谐音往往有趣或言之有理，且与单词的汉语释义之间有所联系，多来自日常学习的灵感或口口相传。如果不符合上述条件，只是盲目地挖空心思造出的汉语谐音不仅不能帮助记忆，还会比正常背单词的记忆量更大，最后沦为一种新负担。在一个人学英语的过程中，虽然谐音联想不被经常使用，但总有一些词可以通过这种方式来记忆，并能取得意想不到的效果。例如：

英语单词	汉语谐音	单词意义
ambulance	俺不能死	救护车
eagle	一哥	鹰
university	由你玩四年	大学
ponderous	胖得要死	肥胖的
pest	拍死他	害虫
ambition	俺必胜	雄心
strong	死壮	强壮的
sting	死叮	蛰
flee	飞离	逃跑
bachelor	白吃了	学士；单身汉
economy	依靠农民	经济
confess	肯反思	忏悔

谐音记忆的方式适合有一定语音基础且发音标准的学生，给背诵增加一些乐趣；而对于发音不标准的学生来说，切勿使用这样的方式，他们会真的认为上面标注的中文就是这个单词的发音，甚至背其他单词的时候也采用以汉语标注替代音标的方式，于是在语音的道路上越走越偏。

3.4.6.2 形态联想

汉字由象形文字进化而来，象形即物象之形，象形字来源于图画。虽然现在的汉字已经失去了象形性，但还是能看到它们的影子，比如：人、日、山、伞等。英语字是表音的文字，但是它们也有一定的形态，人美版《美术》小学三年级（第五册）第9课《字母的联想》就是引导学生通过对字母的外形进行观察和联想，感受字母造型的乐趣，培养学生的想象力和创造力。日本设计师 Toshie 和西班牙设计师 Enrique 受到汉字的启发，把英语单词中的一些字母设计成图形，并巧妙地融入词义，让人一看便知道意思，方便记忆，他们为此出版了一本书《象形5000》（2013），里面共有5004个英语单词是利用图形的方式设计而成。以 wish 为例，它的第一个字母 w 在经过设计后变成了蛋糕的样子，第二个字母 i 变成了一个小人站立许愿的样子，符合这个单词的意思"希望；祝愿"，旁边还配有例句，"Blow out the candles on the cake and make a wish."使形态联想与语境相结合，让记忆更深刻。如下图：

wish [wɪʃ] n.愿望，心愿，所愿望的事物；请求；祝愿 v.希望，想要，但愿
<例> Blow out the candles on the cake and make a wish. 吹灭蛋糕上的蜡烛然后许愿。

为了探索出一条记忆单词的新路，笔者特意买来这本书，仔细翻阅后，得出的结论为，只有极少部分词的形态设计得比较符合词义，确实有利于记忆，大部分词的形态与词义之间关联牵强，为了设计而设计，失去了原本的乐趣。感兴趣的教师可以买来看一看，碰见合适的机会用一下也不失为在教学上的一次新尝试。

3.4.6.3 语义联想

广义上来说，语义联想指的是利用单词间的同义、反义、从属、搭配等关系，使新词与已掌握的旧词之间建立联系的一种联想记忆法，从而达到记忆新词、巩固旧词的目的。此方式与本书的其他单词记忆法之间有重叠之处，故笔者将从构成单词的字母为出发点，介绍一种狭义意义上的语义联想方法，即把一个完整的单词拆分成几个子单词或子单词与字母，再把子单词所代表的含义串联在一句话或一段话中，最终使句子的意思与单词的意思构成某种微妙联系，进而记住生字的方法。例如：isolate 的意思是"使隔离、孤立"，它可以拆分成 i、so、late 三部分，可以想象成，你八月份出去游玩，因没有一放暑假就出门而导致遇上旅游景点出现疫情被隔离，于是发出感叹"I, so late!"又如：hesitate 的意思是"犹豫"，它可以拆分成 he、sit、ate 三部分，想象成他坐下来吃东西犹豫的样子。

可以看出，能符合这种方式记忆的单词并不多，而且看到这个单词的时候，要花精力去回忆它隐含的故事，若是一词多义的情况，一个故事还不够，要编好几个，实在是一件费时费力的事情，得不偿失。

以上介绍的联想记忆的三种方法属于英语单词记忆中奇思妙想的最高境界，让单词记忆又上了一个新的台阶，看起来比传统的记忆方式更有趣，更高效，放在久攻不下的单词上可以起到意想不到的效果，但笔者并不建议把它们作为记忆生词的主要手段，因为使用范围不广且后劲不足，略知一二即可。这就好比江西人的饮食习惯，喜辣而不喜甜，如果偶尔吃到加糖的菜会觉得味道不错，有种新奇的感觉，但如果所有菜都放糖且以甜味为主，我敢保证，只要吃上两顿，第三顿再无法下咽，以后闻糖色变。

3.4.7 基于多模态的单词记忆

从广义上来看，模态有两层含义，既指人通过感官（视觉、听觉、触觉等）与外部环境（人、机器、物件等）之间的互动方式（顾曰国，2007），也指能够产生意义的任何符号资源如文字、图片、音乐、动画、视频等（顾曰国，2015）。

多模态教学最早是在 1996 年由 the London Group 提出的新术语，他们提倡利用音乐、图像、视频以及游戏等方式调动学生的听觉、视觉等感官，以实现教学互动（苗宁，王皓，2019）。从这里不难看出，多模态教学不仅指师生之间互动的多模态，也指知识呈现形式的多模态，在此，本书主要探讨后者，具体指多模态涉及的词汇呈现方式，其主要形式有词表、图片、语音、动画、视频和附带语境等（郑群、徐莹，2020）。

二十世纪以来，随着计算机技术、信息技术、智能技术的飞速发展，各类电子、智能产品已经进入千家万户。目前的高中生已经是"零零后"时代，"一零后"也正迎面向我们走来，他们成长在被智能手机、电脑、网络电视裹挟的环境，各种软件的应用手到擒来。校园里，学习不再局限于一本书、一支笔、以教师语言讲解为主的传统教学模式，每间教室都配备了"一体机"，教师使用图片、音频、视频等传授知识，教学呈现多模态化，尤其疫情期间迅速发展起来的各种网课，使学习方式发生了翻天覆地的变化。

遗憾的是，词汇教学并没有紧跟时代步伐，绝大部分教师还停留在传统的以文字形式来呈现词汇，把数字化文本放到计算机上让学习者学外语是对计算机硬件资源的最低级使用（顾曰国，2007）。教师应懂得资源利用最大化，掌握如何充分利用现代化技术进行教学。对于英语词汇教学来说，语言与非语言的搭配使用可以让呈现单词的方式多模态化，进而辅助学生记忆词汇。本文介绍以下四种方式（均可在 PPT 上制作完成）：

3.4.7.1 单词 + 音频 + 图片

教师可以在生词旁边插入该词的读音以及符合其意思的图片。以听觉和视觉的不同形式（文字、图片）来提供单词信息，不仅可以缩短学生理解单词的时间，还能更准确地把握词义，不会带来仅靠母语翻译而产生的误解。写汉语翻译的确能帮助理解，但这中间需要经过由"英语"到"母语"再到"具体事物或概念"等几个步骤，而若配以插图，则是从"英语"直接到"匹配的事物或概念"，花费的时间更短，且记忆更牢固。比如，当碰见在理发店里产生的一系列动词时，可以在这些词旁边配上有关图片，给人直观的感受，不仅能快速记住词义，还能深度掌握词的用法，便于输出，如下图：

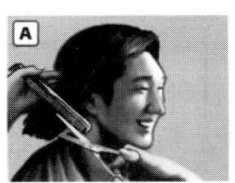
cut hair（剪发）

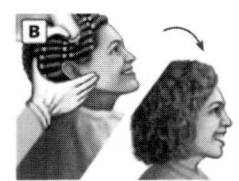
perm hair（烫发）

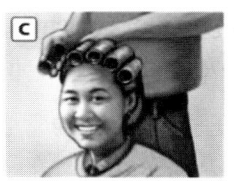
set hair（做定型）

color/dye hair（染发）

在区分近义词方面，图像呈现方式也更直接，让人一看就懂。比如，wavy hair 与 curly hair 都能表示"卷发"，但具体区别在于，wavy 是大波浪式的，而 curly 是小波浪式的，如下图：

wavy hair　　　　curly hair

音频的作用也同样重要，大部分英语老师不是来自于英语国家，单词发音也不十分标准，有的单词发音甚至完全错误，这样势必会把学生带偏，导致"质量粗糙的二语输入"（张文忠、吴旭东，2003）。单词用音频呈现的方式能改善这样的情况，提高学生发音的准确率，有利于词汇习得效果。

3.4.7.2 单词＋动画

动画所承载的信息量有时候远超于文字，学习者在观看动画的时候，大脑不需要像阅读文字时进行快速、繁琐的解码，对动画中的信息产生直接又清晰的认识，尤其是在理解表具体动作的动词方面，凸显其优势。比如，glance与glimpse意思都为"瞥一眼"，如果只看汉语释义，根本看不出它们的不同之处。实际上，这两个词虽然表面语义相同，含义却不一样。

glance是把眼光故意投向某一处，短暂地停留之后再收回，即主动把目光投向某地，如等车或等人时，不耐烦地看一眼表上的时间，例句：Dr. Lee glanced at his watch. 翻译为：李医生瞥了一眼他的表。

glimpse指的是无意中把目光投向某处，事物映入眼帘，不是主动地投射目光，例句：Teacher Wang glimpsed a group of students getting on the bus. 翻译为：王老师瞥眼一看，看到了一群学生上了公交车。

像这样以文字和例句方式来解释，理解能力强的学生可以马上明白，而理解能力弱的学生可能需要花费很长时间来消化，不管是哪一类学生，即使当时知道了其中差异，也无法留下深刻印象，难以记住。若配以动画演示，学生一看便知这两者间用法上的区别，可以补缺、强化、吸引注意力，使交流的信息易于被学习者理解和接受，避免模糊和不确定的理解（刘凌、秦晓晴，2014）。

3.4.7.3 单词+图片+例句

尽管图片色彩丰富、形象生动，可以充分调动学生的视觉模态，有助于吸引注意，促进学习的积极性和主动性，但有的单词词义多，有的单词抽象，仅靠一张图片难以达到把词义表达充分的目的，易产生"好像知道，但又不是特别懂"的感觉，也读不出情感色彩和用法等信息。句子是一个微语境，拥有一个相对完整的场景，相比汉语释义来说，涵盖的信息更丰富。比如，《英语（选必修第二册）》Unit 2 中 overwhelming 一词，词表中的释义为"无法抗拒的；巨大的；压倒性的"，其中"巨大的"这个意思，会让人浮想联翩，英语中表示"大"的词有很多，如 large、huge、enormous、tremendous、immense 等也译为"巨大的"，那么它们的用法有什么区别呢？根据构词法可知，overwhelming 由前缀 over、词根 whelm 和后缀 ing 构成，因此，这个单词的意思由"whelm 淹没、压倒"演化而来。再看配图，如右，适用于一方比另一方差距悬殊的时候，最后看例句（英国剑桥大学出版社编著，2008），在语境中体会单词的用法：

（1）She felt an overwhelming urge to tell someone about what had happened. 她感到有一种抑制不住的冲动想告诉别人所发生的事情。

（2）An overwhelming majority has voted in favour of the proposal. 绝大多数的人投票赞成该提议。

由以上两个例句不难看出，overwhelming 与 a big/large city 中表示"大"的"big/large"含义不同，不能随意替换。它的释义有两个，但其本质相同，充分理解不仅能减少记忆负担，还有助于单词使用。

单词的含义是由单词所在不同的语境来决定，这也是单词在每本词典的中文翻译各不相同，而且没有一本词典能把单词的所有含义全部写尽的原因。因此，在面对抽象词汇时，教师可以通过图片和代表性例句来传递词汇含义，加深理解。

3.4.7.4 歌词+音乐

音乐是一种能使人触动心灵的艺术形式，当旋律响起时，人们往往沉醉其中，它的魅力让人无法抗拒，通过英文歌来学习英文，是一种辅助英语学习的好方法。对于八零后而言，几乎每个人从小就会哼唱 ABC Song，上中学后，对于英文歌的记忆，少不了迈克·杰克逊的 *Heal the World*，"小甜甜"布兰尼的 *Baby One More Time*。90 年代，"后街男孩"横空出世，风靡全球，他们的每一首歌都朗朗上口，让当时在校园里的人为之倾倒，成为无数八零后的青春记忆。教师可以选择合适的英文流行歌曲，播放歌曲的同时展示歌词，学生在欣赏经典歌词的时候感受词汇，成为深刻记忆词汇不可或缺的一种方式。

《英语（必修第一册）》Unit 3 Sports and Fitness—Reading and Thinking 阅读语篇 Living Legends 向我们介绍了两名"体育界的活传奇"——中国的郎平以及美国的乔丹，他们不仅在各自的专业领域取得了巨大的成就，还展现出很多优秀的品质，通过对课文的学习，体会他们作为模范和榜样的力量。本人在上这篇课文时，选取了来自惠特妮·休斯顿（Whitney Houston）*I Didn't Know My Own Strength* 中的音乐片段来帮助学生理解、记忆单词 strength，而且，这首歌的主题与文章所表达的含义十分契合，其中的歌词可以作为两位运动员面对失败如何振作的拓展表达，是对课文内容的有力的补充，体会一下歌词的感染力：

I Didn't Know My Own Strength

Lost touch with my soul;

I had nowhere to turn;

I had nowhere to go;

Lost sight of my dream;

I thought it would be the end of me;

I thought I'd never make it through;

I had no hope to hold on to;

I thought I would break;

I didn't know my own strength.

I crashed down and I tumbled;

But I did not crumble;

I got through all the pain;

I didn't know my own strength;

Survived my darkest hour;

My faith kept me alive;

I picked myself back up;

Hold my head up high;

I was not built to break;

I didn't know my own strength.

歌曲优美且励志，渲染了课堂气氛。新词汇和句型以音乐的形式表达出来，学生不自觉地跟着哼唱，从以前的被动学转为主动学，激发了自驱力；从过去单纯靠单词释义或例句来记忆词义到边听音乐边唱边记忆，调动了视觉、听觉、发音器官等多种感官，对输入知识的内化起到了加强作用。

3.4.7.5 字幕+视频

多媒体网络平台为我们提供了大量可以感受真实语境的语料，丰富了外语学习的素材，英语词汇的呈现出现多元化。在讲解词汇的时候，若搭配一段相关视频如电影片段、名人访谈、新闻短片等，则能形象地展示该词的具体用法和背景，同时刺激学习者感官，提高教学效率。例如《英语（选必修第一册）》Unit 4 Body Language 中出现了 gesture 一词，由于 gesture 与 posture 在拼写与含义上有相似之处，学生常常混淆，本人在讲解这个词的时候，配上了一小段带字幕的名人专访视频，形象地展示出这两个单词的用法与不同之处，如下：

Cate Blanchett: But what I think they find hard to replicate, which only you do, is you learn more about the character through every gesture.

...

Michelle Yeoh: She runs a laundromat, so a whole body posture would be a little bit of bend over because she's carrying lugging heavy things all around.

这段视频来自好莱坞权威媒体《综艺》的年末固定节目"Actors on Actors",这是一档提问者和受访者两个角色都由演员承担的对谈节目,2022年底栏目组请来凯特·布兰切特和杨紫琼作为嘉宾,她们在谈话中提到如何从细节方面把角色饰演好,如人物的手势、动作、姿势等。这段短视频结合了视频、文字、图像、声音等多种话语表达方式,这种语言与非语言的搭配使用是多模态话语教学的主要形式。学生在观看完两位名人的对话后,对 gesture 和 posture 两词印象深刻,不再无法区分它们的意思。

视频素材具有强大的吸引力,学生每次观看时格外兴奋,眼中有光。视频能生动地、最大限度地诠释单词的用法。教师应该充分利用现代多媒体技术给外语教学带来的便利之处,做个有心人,平时多收集、剪辑资源,用在恰当的地方,于无形中加深学生对单词的记忆。

以上罗列的记忆单词的方法是在日常教学中使用频率比较高的几种,教师应根据不同情况引导学生灵活地交互使用,不应拘泥于其中一种或几种。但不管是什么方法,它们的作用是让记忆更牢固、教学更高效,并不是单词记忆的捷径,单词记忆没有捷径,花费的时间、做过的努力、走过的路都是值得的。市面上那些所谓的"记忆大师"打着某些速成的旗号教人如何在短期内记大量单词的方法完全不可取,在学习的道路上,没有不劳而获的成功。

4. 词的派生

英语词汇知识与派生词的掌握之间有着密切的关系,派生词法的习得是一个渐进和长期的过程。如果了解派生词法,那么对于一些单词的意思可以预见,关于它的讲授在高中英语教学中占有一席之地。那么何为派生词?在回答这个问题之前,首先应该弄清楚一些基本概念。

4.1 词素、词根、词干与词基

词素（morpheme）是语言中最小的语义单位，分为自由词素和黏附词素。比如 international 这个词中有三个词素，其中 nation 为自由词素，inter- 和 -al 属于黏附词素。

词根（root）指的是一个根词素（root morpheme），它是一个单词的核心部分，代表一个单词的基本含义，是去掉所有附加成分留下的无法再删减的成分。在"词根词缀法"中已经提到，词根可以分为隐性根与根词，隐性根属于黏附词素，根词属于自由词素。

词干（stem）是指一个词去掉词缀以后剩下的那一部分。比如 walls，去掉屈折词缀 -s，剩下部分 wall 则为词干，因为不能再分，它同时也是词根；再比如 misleadingly，去掉派生词缀 -ly，剩下部分 misleading 则为词干，如果再去掉 -ing，剩下部分 mislead 是 misleading 的词干，再去掉前缀 mis-，lead 是 mislead 的词干。

词基（base）是词根和词干的总称，把一个词的词缀去掉之后留存下来的那部分就是词基，它既可能是词根，也可能是词干（王文斌，2002）。

词干与词基有细微差别，词干有时也被称作词基，特别指有派生词缀附着的词干，如果有屈折词缀，则很大程度上会使用"词干"这一说法。

4.2 屈折词、派生词

从功能性来说，词缀主要分为屈折词缀和派生词缀。前者是表示词的语法功能的词缀，如 students 中的 -s 表示复数，crawled 中的 -ed 表示过去式等，它们表示的是语法关系，不改变词性或语义；后者则是可以改变语义或词性的词缀，如 uncontrollable 中的前缀 -un 与后缀 -able 分别改变了词基的词义和词性。

在了解了屈折词缀和派生词缀的涵义之后，可以得出以下结论：由词基加屈折词缀构成的词为屈折词；由词基加派生词缀构成的词为派生词（王文斌，2002）。

教师普遍认为现在高中生的词汇量更大的其中一个重要原因在于现在

要求掌握的派生词更多。研究结果表明，即使对于较高水平的二语习得者来说，派生词知识的缺乏也是一个显著的问题（张文红、王莹，2010）。教师应在平常的教学中，通过多种形式引导学生学习、掌握更多的派生词，扩充词族。

4.2.1 按单元归纳、整理派生词

教科书的每个单元都有部分常见派生词的重点词汇，对于这样的词汇，不能只停留在这个单词表面，应该进行拓展，把同一词族的词归纳、整理，从而通过一个词掌握一堆词，学生完全可以自主总结重点词的派生，以《英语（选必修第三册）》Unit 4 Adversity and Courage 为例：

4.2.2 把词缀按含义或功能分类

	含义	具体词缀	单词举例
前缀	表否定	un-, non-, in-, il-, im-, ir-	unpleasant, nonsense, incapable, illegal, impossible, irrelevant
	表逆转	un-, de-, dis-	uncover, decompose, discolor
	表贬义	mis-, mal-	misunderstand, malfunction
	表程度	super-, out-, over-, under-, hyper-, ultra-, extra-	supermarket, outweigh, overestimate, underpay, hyperactive, ultramodern
	表尺寸	macro-, mini-, semi-	macroeconomics, miniskirt, semicircle

续表

	含义	具体词缀	单词举例
前缀	表态度	co-, counter-, anti-, pro-	cooperate, counter-strike, antiwar, pro-industry
	表方位	sub-, inter-	submarine, international
	表时序	fore-, pre-, post-, ex-, re-	forehead, preview, postgraduate, rewrite, ex-president
	表数量	uni-, mono-, bi-, di-, tri-, kilo-, centi-, multi-, poly-	unicorn, monologue, bicycle, dioxide, triangle, kilometer, centimeter, polygon, multimedia
	改变词性	be-, en-, em-, a-	befriend, enlarge, embed, asleep
	其他	auto-, vice-, ac-, trans-	automatic, vice-president, accustom, transplant
后缀	名词后缀 加在动词后	-er, -or, -ee, -ant, -ion, -ation, -sion, -ment, -al, -ing, -age, -ence, -ance, -ure	teacher, inventor, employee, accountant, operation, conservation, decision, movement, arrival, building, marriage, existence, appearance, departure
	名词后缀 加在名词后	-ster, -eer, -et, -ess, -hood, -ship, -dom, -ology, -ing, -ful, -ese, -ian, -an	gangster, engineer, booklet, actress, childhood, friendship, kingdom, technology, ageing, handful, Chinese, musician, American
	名词后缀 加在形容词后	-ness, -ity, -ery	kindness, curiosity, bravery
	名词后缀 其他	-ite, -ist, -ism, -ette	socialite, tourist, socialism, etiquette
	动词后缀	-ify, -ize/-ise, -en	purify, apologize, widen
后缀	形容词后缀	-ful, -less, -ly, -like, -y, -ic, -ish, -esque, -some, -ous, -worthy, -al, -ial, -ical, -ive, -able, -ible, -free, -ed, -ant, -ent	hopeful, useless, monthly, lifelike, foggy, childish, picturesque, handsome, trustworthy, traditional, visial, historic, electrical, attractive, dangerous, suitable, horrible, carefree, limited, significant, convenient
	副词后缀	-ly, -wise, -ward(s)	quickly, likewise, forward(s)

4.2.3 用例句区分相似派生词

如果只是把各种词缀以及派生词的意思教给学生，让他们机械地进行背诵，会很难掌握一些易混词的内涵和用法，教师还应该以例句来作进一步解释。比如 desirable、desired、desirous 三个单词都是 desire 的派生词，且都为形容词。它们各自的意思为 desirable"可取的、想得到的、值得拥有的"；desired"期望得到的"；desirous"渴望的"。这三个词在拼写和意思上相近但本质上又不同，给记忆增加了很大难度，而具体的语境可以让学生感受它们各自的用法和区别。

desirable 的例句：

eg 1: It is most desirable that she should take part in the activity.

他能参加此次活动真是太好了。

eg 2: The position of the house is desirable.

这栋房子的位置是合乎心意的。

小结：desirable 常用于"It is desirable that..."结构，从句应用虚拟语气，其主语或所修饰的名词常为事物。

desired 的例句：

eg 1: This is the desired result that they want most.

这是他们最想得到的理想结果。

eg 2: You can achieve your desired outcome only if you make great efforts.

只要你努力就可以实现预期结果。

小结：desired 常用作前置定语，后常接表"目标、结果、解决办法"等意义的词。

desirous 的例句：

eg 1: Adaline continued to stare at her son, and seemed desirous of saying something to him.

艾达琳继续注视着她儿子，好像有什么话要说。

eg 2: I was very desirous to leave the remote small village.

我非常想离开这个偏僻的小村庄。

小结：desirous 主要用来描述人，后常接 of 短语或 to do 结构。

接下来通过练习题把刚学的知识进行内化，以期达到更好的教学效果。

Exercise 1: When Elizabeth told her mother she was _____ of going to the beach, she was informed that it was not _____ in such cold weather. (Keys: desirous, desirable)

Exercise 2: Until you achieve the _____ result, you continue to practice shooting hoops. (Keys: desired)

类似的例子还有很多，比如 sense 的派生词 sensible 与 sensitive，respect 的派生词 respectable、respectful、respective 等等。例句可以把这些单词的意思和用法解释清楚，再通过相应习题进行练习，学生不仅在词汇方面，而且在阅读和听力方面也会显著提高（吴瑞芳，1995）。

4.3 学习派生词时易出现的问题

学习派生词的过程并不是一帆风顺的，根据笔者多年教学经验，总结出大多数学生容易出现的以下两个问题。

4.3.1 随意创造派生词

相同词缀可以与不同词基构成具有一定含义的词，比如 un- 放在形容词、副词、名词等前面表示否定含义的情况比较多，具体有 unhappy、unable、unluckily、unfortunately、uncertainty、unbalance 等，于是学生就错误地得出结论：un- 与任何词在一起都可以表示否定。但显然实际情况并非如此，不是所有词都有否定形式，即使有否定形式也不是全部以 un- 为前缀。学生在写作中由于对派生词知识的匮乏，常出现 unpolite、unformal、unresponsible 等类似这样的自创词，对于此类情形，教师应该及时指出并纠正，以免日后积习难改。

4.3.2 派生词发音不准

很多派生词中的词根与该词根作为独立单词时在语音上出现不同的情况，而且即使相同词根在不同派生词中也有发音不同的情况，然而多数学生并未意识到这点,造成他们大量派生词发音错误,在不同程度上阻碍了听、说能力的发展。教师需要在平时的教学中对这些词进行分类归拢,引导学生多读多练习,理顺相关知识。

一般来说,派生词符合"词根重读、词缀轻读"的规律,但也有的词根词缀都重读或词缀喧宾夺主成为重读音节,认识这些规律有助于早日掌握发音,接下来列举一些例子,如:

单词	派生词
confer [kənˈfɜː(r)]	conference [ˈkɒnfərəns]
refer [rɪˈfɜː(r)]	reference [ˈrefrəns]
prefer [prɪˈfɜː(r)]	preference [ˈprefrəns]
exhibit [ɪgˈzɪbɪt]	exhibition [ˌeksɪˈbɪʃn]
recognize [ˈrekəgnaɪz]	recognition [ˌrekəgˈnɪʃn]
recreate [ˌriːkriˈeɪt]	recreation [ˌriːkriˈeɪʃn] [ˌreːkriˈeɪʃn]
resolve [rɪˈzɒlv]	resolution [ˌrezəˈluːʃn]
declare [dɪˈkleə(r)]	declaration [ˌdekləˈreɪʃn]
compose [kəmˈpəʊz]	composition [ˌkɒmpəˈzɪʃn]
photograph [ˈfəʊtəgraːf]	photography [fəˈtɒgrəfi]
harmony [ˈhaːməni]	harmonious [haːˈməʊniəs]
vary [ˈveəri]	variety [vəˈraɪəti]
real [ˈriːəl]	realistic [ˌriːəˈlɪstɪk]
	reality [riˈæləti]
admire [ədˈmaɪə(r)]	admiration [ˌædməˈreɪʃn]
	admirable [ˈædmərəbl]
psycho [ˈsaɪkəʊ]	psychology [saɪˈkɒlədʒi]
	psychological [ˌsaɪkəˈlɒdʒɪkl]
human [ˈhjuːmən]	humanity [hjuːˈmænəti]
	humanistic [ˌhjuːməˈnɪstɪk]
economy [ɪˈkɒnəmi]	economical [ˌiːkəˈnɒmɪkl]
	economist [ɪˈkɒnəmɪst]
	economics [ˌiːkəˌnɒmɪks]

5. 词块

在二语习得研究领域，词块一直是语言学家研究的焦点，它有利于提高语言的产出质量，一线教师近些年才慢慢对词块引起重视，把词块教学列入日常的英语教学工作中。

5.1 词块的定义

目前，国内外学者对于词块（chunk）尚未有统一的定义，为了描述这一现象，不同的语言学家们从各自不同的出发点创造并使用了多达57个术语（Wray，2002），例如：词块、语块、程式语、多次单位、公式语、预制语块、词汇化句干等等。Becker是最早提出预制短语概念的人之一，他认为像in addition、so long as、let alone等特殊短语在词汇学习中应受到特别的重视（转引自严维华，2003）。Wray（2002）对此定义为：一串预制的连贯或不连贯的词或其他意义单位，它以整体形式被记忆储存，并在使用时被整体提取，无需使用语法规则来加工分析。本书更倾向于国内学者段士平（2008）对词块的定义：以整体形式储存在大脑中，并可作为预制组块供人们提取使用的多词单位。

Lewis（1993）说："我们不必过多关注语法和单个单词，而应花费大量时间和精力去学会使用搭配词组、固定和半固定话语。"大量研究表明，词块是外语教学中的理想单位，它兼具语法和词汇特征，自然话语中半固定的语块结构占了90%（杨玉晨，1999），这也与Lewis（1993）的观点一致，他提出："语言是语法化的词汇而不是词汇化的语法。"词块是约定俗成的，不是杂乱无章随意创造的，它们在语言交流中扮演着重要角色，因而在外语教学中显得尤为重要。

5.2 词块的分类

由于语言学家们对词块的名称和定义表述不一且繁多庞杂，词块的分类呈现出多样化，但它们之间也不乏相似之处，目前被大家普遍接受的是Michael Lewis与Nattinger & DeCarrico的分类法。Lewis（1993）出版的《语块教学法》（*The Lexical Approach*）一书，为语块教学奠定了理论基础，预制语块在英语习得中的作用逐渐引起人们的重视。之后，他把词块分为四类：单词和多词词组（Words and polywords）、搭配词组（Collocations）、惯用话语（Institutional expressions）、句子框架和引语（Sentences frames and heads）（Lewis，1997）。但是他的分类界定不够明确，有重叠之处（沈敏喻，1999），在一定程度上给语言学习者造成不便，因此本书更倾向 Nattinger & DeCarrico（1992）的分类方法，他们在 Becker 的基础上把词块分为四类：

（1）聚合词（Polywords），是非规范型和规范型的固定词语组合，前者为固定的搭配，改变其中的任何一个词都会导致错误，如：on the contrary 就不能用 in the contrary 来替代。后者符合语法规则，如：$adv. + adj.$（extremely good）、$v. + n.$（clap your hands）、$adj. + n.$(a foggy day) 等，在这些搭配中，有的词可以改变，但是很多情况下，不能随意变化，如当 $discover + n.$ 时，这里的名词不是完全开放，而是有所选择，出现频率较高的有 effect、body、evidence、language、field 等，这主要由 discover 的含义和语言习惯决定（濮建忠，2003）。就像在中文里，尽管"跳"与"蹦"的意思相近，但我们不会说"蹦绳"、"跳极"，而是说"跳绳"、"蹦极"，这是同一个道理。

（2）约定俗成的表达式（Institutionalized expressions），指的是谚语、格言、交际套话等，如，"How's everything going?"，"Where there is a will, there is a way."等。

（3）短语框架（Phrasal constraints），指的是一些特定词语构成的短语类的框架，有较强的可变性和灵活性，根据语境需要填上对应的词或词组，如"as far as ... concerned"、"the ... er，the ... er"等。

（4）句型框架（Sentence builders），为表达某种意义提供一个句子框架，可变性强，按照需要填入相应词语或从句，如"I'd like to tell you that ...，not only ... but also ..."等。

根据 Nattinger & DeCarrico 的分类，总体来说，词块分为词级词块和句级词块，第一种和第三种为词级词块，第二种和第四种为句级词块，这样更易于对词块理解、分类和整理。

5.3 词块对二语习得的作用

5.3.1 提高记忆效率

美国心理学会会长 Miller 于 1956 年在《心理学评论》(*The Psychological Review*) 上发表了一篇影响深远的文章《神奇的数字 7+/-2；我们信息加工能力的局限》(*The magical number of seven, plus or minus two; Some limits on our capacity for processing information*) (Miller, 1956)。他指出，一般人的短期记忆容量为 7+/-2 个单位（如 7 位数字，7 个地名等），也就是只能记住 5—9 个互相没有联系的单位，这是人能够回想起来的最大记忆跨度 (memory span)。我们难以超出最大记忆跨度，那么有什么方法能够使跨度中的单个单位容量变大吗？如 302420230516 这一串数字由 12 个数字组成，超出了"5—9"这个短时记忆容量，但若将之意义化，把数字中的 30 理解为一个月 30 天，24 看成一天 24 小时，2023 为年份，0516 为 5 月 16 日，那么，原来的一长串数字则变成了四个块 30-24-2023-0516，然后再去记忆这串数字要比之前记忆 12 个阿拉伯数字容易得多，Miller 把这种意义单位称为组块 (chunk)。这也被其他心理学家证实，如果在单位之间建立某种联系，组成少量的块，可以增加记忆容量。

英语学习亦如此，比如 "Dogs were trained in coronavirus detection by rewarding them with toys in the study." 这句话有 14 个单词，如果把每个单词看成一个块，则一共 14 个块，远超出我们的记忆跨度，需要来回多次记忆才不容易遗忘。但如果把这句话分成 Dogs were trained-in coronavirus detection-by-rewarding them with toys-in the study 这五个块，则在我们的记忆跨度范围内，这句话便容易记得多。

5.3.2 加快大脑解码速度

人们平时阅读或者倾听，不是看完或者听完整句话再来理解意思，而是信息输入的时候大脑同时在解码。如果我们的大脑中没有预制语块，则需要把所有信息当作离散的单位一个一个处理，这无疑会给大脑造成沉重的解码负担，使我们需要花很长时间才能听懂或者看明白，使信息输入和信息理解不能同步。而词块是预先搭配好的多个单词组合，大脑需要处理的单位变少，使大脑解码速度变快，可以在听或者看的瞬间完成对信息的理解。尤其在听时，语言输入的速度完全由对方决定，这要求更高的语言解码能力，才能做到听到即明白的效果。

学生做听力训练的时候，经常抱怨"语速快"、"声音太小"、"有杂音"，却很少在自己身上找原因，试想一下，如果播放的是"Good morning."，"How much is it?"，"Have great fun."等诸如此类简单的英语表达或者纯中文，会听不懂吗？

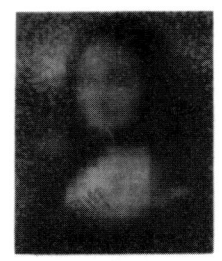

台湾中央大学认知神经科学研究所所长洪兰教授在一次关于脑科学的讲座中给台下观众看了一张图（如右所示），大家不假思索地说出，"这是蒙娜丽莎"，但是同样把这幅图拿去非洲，给没看过《蒙娜丽莎的微笑》的人看，结果看了半天，没看出是人脸，说是"两坨牛粪"。虽然这张图模糊到只剩下10%的信息，但是对于一个曾经看过并且印象深刻的人来说，10%已经足够，可以迅速做出反应。这个实验告诉了我们背景知识的重要性，从学习的角度上看，它能让学习者在很短时间内理解各种信息传达的内容。

2023年初，本人所带两个班的学生参加高二年级上学期的一次月考，其中，听力理解的第十四题，两个班学生全部答错。这道题的背景是一段母子间的对话，母亲要出去购物，正在列购物清单，问儿子需要什么，题目为"What will the woman get for the man? A. Coffee B. Batteries C. A computer"，大部分学生选A，但答案为B。笔者分析，选错的原因有两点：一是对话中coffee这个词被反复提及，学生没听懂对话，但听到了这个词；二是母亲说"OK, cross coffee off the list."这句话学生完全没听懂。归根结底，是因为学生对cross sth off the list这个词块不熟悉，缺乏相关背景知识，从而导致他们没能对输入的信息迅速作出正确的反应。

上述情况若出现在阅读的时候，虽然学生可以根据自己的情况来调整速度，甚至可以重复看，但这样会花费很多时间，效率低，若是在考试，会由于阅读速度慢而影响整张试卷的完成度。如果学生掌握了大量词块，就是具备了丰富的背景知识，预测能力将大大增强，句子的意思甚至语篇的结构可以未卜先知，加快学生对句子的理解，提高阅读速度。

预制语块是人们在研究记忆系统时得到的有益启迪，Nattinger & DeCarrico 也在实验中证实，大脑中储存词块更多的人其组块能力更强，那么，他们的短时记忆容量更大，大脑解码负担更轻，所以对语言的理解速度更快。

5.3.3 提高语言交际的流利度

心理语言学家认真研究了语言的处理过程，发现可能存在两种路径，一种是利用公式化用语和范例来构建语句，另一种是利用分析和规则来构建语句。后者是大多数教师非常熟悉的模式，对输入的句子进行语法分析或者对将要输出的句子计划结构，这种方法的弊端是需要花费较多的时间成本，尤其难以满足即时交际的速度。前者是以预制语块为基础的范例型编码系统模式，在语言输出时只需要迅速提取保存在大脑中的词块，既不需要临时单词组建，也不需要很多计算资源，从而缓解了即时交际的压力，确保语言输出的流利性（Skehan,1999）。Pawley & Syder（1983）研究发现，说母语者在语句中不会减速或者停顿，但在句子结束时会减速或者停顿来思考下一个句子的构建，他们还发现正是预制语块使说母语者能即时输出长串语句，克服了大脑编码、解码负载能力的局限，它们以整体形式储存在大脑中，提取起来很方便。

由此可见，学生在语言交际时不用过多关注语法，可以把精力放在语言的连贯性、完整性和搭配等方面，从而提高语言交际的流利程度。

5.3.4 最大限度地克服母语负迁移

由于高中生大脑里已经形成了大量母语概念，他们习惯了母语思维模式，因此在学习英语时，会潜意识地用汉语知识去帮助学习外语。母语对外语习得产生的积极有益的作用叫正迁移，反之为负迁移。

学生在作文中大量使用"中式英语"就是母语中介引发的搭配错误，比如 very like、living level、feel painful、mother school、people mountain people sea 等，而正确表述应为 like ... very much、living standard、feel a pain、alma mater、huge crowds of people 等，造成这样的现象是学生把汉语中的单个字或词翻译成英语再根据汉语规则拼凑在一起所导致。可是英语中根本没有这样的表达，像 long time no see 这种最后成功逆袭的毕竟是极少数。因此，教师平常要引导学生不能只靠记单个词来学习词汇，这样易把英语中的一个单词与我们母语中的单个字或词视为一样，运用时也只停留在孤立的单词上。学生应该养成以词块为基本单位来记忆并且运用英语词汇的习惯，从而克服母语给外语学习带来的干扰。

新教材中就有很多关于培养学生词语搭配能力的练习，如，《英语（选必修第二册）》Unit 5 First Aid 的 Build up your vocabulary 中：小问题—slight/minor problems（不能用 tiny）；缓解疼痛—reduce/ease the pain（不能用 relax）；紧急事件—emergency/a matter of urgency（不能用 a matter of emergency）等，此内容在 2007 部编版中并无体现，所以我们的教学模式以及学习方法也应做相应的调整和改进，引导学生积累更多的预制语块，再用这些语块说出或写出让本族语者理解并接受的地道语言。

5.3.5 增加语言输出的丰富性

英语老师们发现，大量字数不少也切题的低分作文的特点是不仅词汇贫瘠而且句式简单、句子主语单一、句子结构以主谓宾为主，这样的作文枯燥乏味不能带给人一丝惊喜。而词块的学习和积累有利于丰富词汇和升级句式，全面改善语言输出内容单调、语言重复、结构单一等问题。为增加课堂学习效率，学生可以从课本中积累词块素材，不仅能培养良好的外语学习习惯，也为写作打下坚实基础，比如 2023 年全国乙卷的应用文是关于描述学习一项新技能的经历，学生如果把话题定为关于虚拟合唱团的制作，可以利用《英语（必修第二册）》Unit 5 Music 读思板块 The Virtual

Choir 中的语块来架构这篇文章。学以致用是学习的最高境界，学生有意识地把词块用在自己的作文中，可以看到作品产生的巨大改变，无形中又激励他们更主动利用词块来写文章，形成良性循环，语言表达的复杂度和丰富性在不知不觉中提高。

5.3.6 使二语学习变得更简单

预制语块能极大地降低二语学习的难度，主要体现在两个方面：第一，使用词块进行信息加工，绕过了一些复杂的语法规则，学生不需要分析一些句子内部结构便可以直接储存和提取，省时、省力且高效，降低了二语学习难度以及使用门槛，输入和输出都变得更简单。第二，词汇组块比单个单词更依附于特定语境，使词汇学习生动、有趣，学生心理上感到更轻松。对当代西方心理学发展具有深远影响的心理学家让·皮亚杰（Jean Piaget）曾在《教育科学与儿童心理学》（皮亚杰著，傅统先译，1981）一书中指出："所有智力方面的工作都要依赖于兴趣。"有趣的词块能在一定程度上诱发学生学习二语的动机，学生因此更愿意克服各种困难，潜心钻研，形成良性循环，英语学习则变得不难。

5.4 基于词块理论的词汇教学

词汇组块是结合了语义、语境、语法的程式化语言，既然国内外诸多学者已经证明了它在二语习得中的重要性，那么英语教师在平时的教学中该如何进行基于词块理论的词汇教学呢？笔者主要从以下四个方面进行阐述。

5.4.1 把词块作为词汇教学的重要内容

教师应该首先转变传统观念，把词块作为理想的词汇教学单位，并把词块教学始终贯穿于听、说、读、看、写等各类教学环节中，而不是孤立地进行词块教学。英语的各项技能的提高都与词汇能力密切相关，正如鱼儿离不开水，优质的水才能养育出灵动肥壮的鱼。同时应向学生逐步灌输词块在英语学习中的重要性，教师不可空洞地说教，因为高中生有自己的思想，如果不能晓之以理可能会起反作用，教师可以把中外知名学者在词块对二语习得作用方面的分析及观点告诉学生，使他们发自内心地接受，这样学生才会在学习行为上真正发生转变。

5.4.2 教学生如何辨认词块

学生在了解了预制语块的重要性后，就应该对它作进一步的深入学习——在接触的语料中，到底哪些是词块？授人以鱼不如授人以渔，教师不能每次都替学生归纳，而应该教会他们方法。一般来说，词块由两个或两个以上的单词组成，读起来顺畅且能够广泛使用。从形式上，教师可以先给学生讲解词块的分类，然后从课内阅读文章中让学生挑选他们认为的词块，教师对学生挑选的词块进行评价，最后学生再根据教师的评价对词块挑选进行复盘。如果按这种方式进行一段时间的练习，慢慢地，学生便能判断哪些是词块。

学会区分词块后，学生会发现，由于词块的灵活性，不同的单词搭配起来可以成为新的词块，词块的数量比单词还多，那么，哪些应该被选择出来呢？有的人建议挑选本族语者使用频率高的词块，但实际上，如果不查语料库，很难辨别哪些是他们经常使用的词块，脱离实际。本人比较认同的观点是，学习者的需求决定了语言中什么有用，除此之外，还应该考虑词块的交际影响力和可学性（刘晓玲、阳至清，2003）。

以《英语（选必修第二册）》Unit 2 Bridging Cultures—Using Language 中阅读语篇的第二段为例：

> To begin with, many students who study abroad face great economic pressure. That means studying abroad is just not possible for everyone. Tuition fees and living **expenses** are much more expensive than at home and could end up costing most families an arm and a leg. Studying in China is much more convenient and can help save money.

其中大约有：to begin with、study abroad、（face）great economic pressure、tuition fees、living expenses、more ... than、at home、end up doing sth.、cost an arm and a leg、save money 等 10 个词块，整篇文章共 10 个自然段，也就是说约有 100 个词块，数量很多。教师可以根据课文内容和词汇表，从实际教学出发，选出重点——不仅要求熟记，且要能灵活运用的词块，此外，学生还应依据自身情况决定其他需要掌握的词块。

5.4.3 从各类素材中积累、整理词块

整理归纳技能是高中生不可或缺的，作用是把各种交错复杂的知识点理顺，让脉络更清晰，对知识的把控做到心中有数。各类词块数不胜数，而且没有专门的总结好的词块书可以查看。从这点上来说，它的资源不如单词的资源丰富，对于英语单词而言，学生只要翻开课本或者专门的词汇书，所有单词一览无遗。既然没有唾手可得的资料，但又极其重要，不妨自己积累再归纳整理。

5.4.3.1 给词块分类

根据语言特点，可以把词块分为书面用语和口头用语两大类，其次，书面用语还可再细分，具体为记叙文、议论文、说明文、应用文这四种体裁，教师引导学生把不同体裁中常出现的语块按以上分类进行整理。

根据不同话题分类，比如说明文可以分为环境、生物医学、智能技术、健康等；应用文可分为道歉、邀请、致谢、活动计划等；读后续写可分为遇险、好人好事、校园生活、优秀品质、人与动物、亲子关系等。

根据不同功能分类，英语阅读中有大量描述性的语言，如外貌描写、动作描写、环境描写、心理描写、情绪描写等。

通过以上三类方式来积累词块可以为写作提供大量素材，用时信手拈来，使文章形象生动准确，写作水平提升到新的层次。

新教材中每个单元的"说"部分，列出了一些与单元话题相关的词块，学生不仅可以在课堂对话练习时选择运用，还可以从其中挑选一些分类摘抄下来。比如《英语（选必修第二册）》Unit 3 Food and Culture 中的

Speaking 部分列出了有关"点菜"和"买单"时的常用词块：

Ordering food

Can I help you?
I'll take your order in a minute.
What should I order?
Why don't you order ...?
Do you have ...?
How about ordering ...?
You should have/try ...
This restaurant has the best ...
It will cool you down/warm you up.
Anything else, please?

Are you ready to order, sir/madam?
What would you like ...?
What would you suggest/recommend?
You could order ...
You might like ...
Why not ...?
You'll like it because ...
Right now, ... is in season.
I'd like ... /I'll have ...
Enjoy your meal!

Paying the bill

Can I have the bill, please?
How will you pay?
I'll pay in cash/through my mobile phone/by credit card.
Here's your change. Thank you for your coming. Goodbye.
Here's your bill./Here you are.
Do you accept credit cards?

5.4.3.2 不局限于眼前看到的词块，适当扩展

在积累一些释义多的高频单词的相关词块时，应同时列出该单词其他用法的词块，很多时候只需通过词块便可以掌握该单词的用法，效率高于列举例句。如《英语（选必修第一册）》Unit 5 Working the Land 阅读语篇 A Pioneer for All People 中写到，"Yuan Longping, through intense effort, solved enormous difficulties and developed the first hybrid rice that could be used for farming."其中，intense effort 意思为"不懈的努力"，如果不把它看作词块而是两个单独的字，intense 的意思为"强烈的；激烈的"，搭配在一起意思是"强烈的努力"，让人琢磨不透，无法理解，更无法运用，词块传递的意思要根据具体语境来翻译，intense 就是这样一个词，在不同的词块中表现出不同的含义，如 intense heat "酷热"、intense pressure "沉重的压力"、her intense blue eyes "她深蓝色的双眸"、intense competition "激烈的竞争"、an intense look "热切的神情"等等。类似的词还有 devoted,《牛津高阶英汉双解词典（第 9 版）》（A. S. Hornby，2019）对它的释义为 having great love for sb./sth. and being loyal to them，它的中文释义在不同语境中各有不同。按单词来记中文，意思很多，显得杂乱，用例句来体会用法的区别又比较繁琐，如果按词块来记忆，是一种比较简单的方式，使学生立刻明白 devoted 所呈现的不同含义，让人印象深刻，如 a devoted father "一位尽心尽责的父亲"、a devoted son "一个孝子"、a devoted fan "一位狂热的粉丝"、a devoted friend "一个忠诚的朋友"等等。像这样由一词多义单词构成的词块，学生自己难以积累全面，教师应该多查阅相关资料，把课备足，再在平时授课时引导学生多读、多体会。

5.4.3.3 注意高频虚化动词的使用

虚化动词又名轻动词或非词汇化动词，指的是几乎没有明确词义的一类动词，比如 have、make、do、take 等，其意义是通过与之搭配的名词或者名词短语体现（朱慧敏、王俊菊，2019）。词语搭配研究之父 Firth（1957）曾说："词的意义从与之搭配的词中体现。"虚化动词则更表现得更淋漓尽致，这类动词与名词构成的动宾结构，像 have fun、make the best of、do the laundry、take a nap 等，它们的意思主要体现在宾语上，动词已丧失了其词义理据。由于虚化动词的意义往往具有不确定性，而高频虚化动词的广泛性使用则更容易造成学生把动词记混淆、不顾语法随意创新或借助母语把这类动词等值翻译成汉语无中生有地使用，如下表所示：

	错误的表达方式	错误类型	正确的表达方式
take	take activity part in	语法错误	take actively part in
	take progress	动词混淆	make progress
	take place of	语法错误	take the place of
make	make success	无中生有	succeed
	make troubles	语法错误	make trouble
	make the sense	语法错误	make sense
do	do beautiful dreams	无中生有	have a sweet dream
	do a promise	动词混淆	make a promise
	do a problem	动词混淆	make a mistake

值得注意的是，有个诀窍可用以区分 make 与 do 的使用：make 暗含"各种从无到有地制造"，如 make a suggestion、make a promise、make a noise、make money 等；do 则更倾向于"执行一件事"，如 do good deeds、do sb a favour、do an experiment 等。

高频虚化动词在英语中地位不一般，Sinclair & Renouf（1988）基于语料库研究提出，非词汇化词语的广泛使用是英语的主要特征，但是教学中它并没有得到应有的关注。同样，Lewis（1997）也表达了类似观点，他认为教授虚化动词的不同用法、常用搭配以及在不同语境中的使用是词汇教学的重点之一。由此可见，教师应该给予高频虚化动词更多的关注，使学生更科学地掌握词块知识。

5.4.4 内化词块

整理归纳词块是为了更好地掌握它们，只有把词块知识转变成自己的才能顺利输出。在课堂上，教师首先指导学生通过单元话题归纳词块，再利用多种方法来帮助学生内化刚获取的词块，丰富词汇语义网。

5.4.4.1 设计词块的英汉互译来让学生对所学词块建立初步记忆，以《英语（选必修）》第三册 Unit 2 Healthy Lifestyle 的阅读课 Habits for a Healthy Lifestyle 为例：

	英语	中文		英语	中文
1	It is easy for sb. to do sth.		1		对某人来说做某事很容易
2	form bad habits		2		养成坏习惯
3	become involved in		3		参与；使卷入
4	physical and mental health problems		4		身体健康与心理健康的问题
5	act as		5		担任；充当
6	in response to		6		对……作出反应
7	rely on		7		依赖于
8	unhealthy snacks		8		不健康的零食

续表

	英语	中文		英语	中文
9	facilitate a positive change		9		促进积极的改变
10	combine A with B		10		把 A 与 B 相结合
11	replace A with B		11		用 B 取代 A
12	normal routine		12		日常惯例
13	take the stairs		13		爬楼梯
14	become pessimistic		14		变得悲观
15	A journey of a thousand miles begins with a single step.		15		千里之行始于足下。
16	reach the goal		16		达到目标
17	take small steps		17		采取小步骤；迈小步
18	break bad habits		18		改掉坏习惯
19	decide on sth.		19		就某事做出决定
20	build a happy and healthy life		20		创造快乐又健康的生活

5.4.4.2 在短时记忆之后，接下来可以结合语境，让词块生动起来，同时，复现也能进一步加深所学知识在大脑中留下的印记，实现词块从短时记忆到长时记忆之间的转换。教师可以设计缺词填空来帮助学生理解记忆，如根据课文内容填空和句子翻译。

根据课文内容填空：

As teenagers grow up, it can _____ some of them to _____. These bad habits can lead to _____. Although to change bad habits is not easy, we can change if we learn about the "habit cycle".

For instance, when we feel unhappy (cue), we eat lots of _____ (routine), which makes us feel happy (reward). It is the reward that gets us to continue the cycle, thus making us _____ unhealthy snacks.

To _____ in the bad habits, we can _____ a negative routine _____ something more positive. What's more, we can also use the habit cycle to _____ .

Many of us try to change bad habits quickly. If we don't succeed at once, we often _____ and give up. In reality, it tends to take us a period of time. As Laozi wrote, "_____ ." To _____ of change, a person must repeatedly _____ . After all, it is not easy to _____ .

For young people, there is no shortcut to help you; you are supposed to _____ _____ some changes. You have the power to _____ full of good habits!

Keys: be easy for; form bad habits; physical and mental health problems; unhealthy snacks; rely on; facilitate a positive change; replace...with; create good habits; become pessimistic; A journey of a thousand miles begins with a single step ; reach the goal; take (many) small steps; break bad habits; decide on; build a happy and healthy life

句子翻译：

（1）对青少年来说，改掉坏习惯很难。

_____ for teenagers to _____ .

（2）老师的行为是学生的榜样。

Teachers _____ a role model for students.

（3）为应对新冠疫情，政府采购大量口罩发放给市民。

The government purchased plenty of masks to be distributed to citizens _____ _____ the covid-19 pandemic.

（4）他们把语音识别与人脸识别相结合。

They _____ voice recognition _____ face recognition.

（5）请把你的愤怒带走并将之转化为爱。

Please take away your anger and _____ it _____ love.

（6）重要的事不要匆匆做决定。

Don't _____ important matters too fast.

Keys:（1）It is hard; break bad habits （2）act as （3）in response to （4）combine ... with （5）replace ... with （6）decide on

5.4.5 运用巩固词块

国内学者对中国学生的词汇能力进行了大量研究，结果表明，学生词汇深度与宽度发展不平衡，虽然中国学生词汇量大，但"讲不出、写不好"（段士平，2007）。流畅地输出是我们学习语言的最终目的，而词块有助于提高二语学习者的词汇产出能力。那么，如何准确运用词块呢？应该注意以下三个方面：

（1）与固定词块搭配成分的灵活性

根据词块的分类，从形式上词块大致可分为固定与半固定两种形态，固定词块即词块内部单词不会改变，稳定性强，但与之搭配的成分要注意变化规则，如 as well as 可以连接名词、形容词、动词、介词短语等，当 as well as 连接两个成分作主语时，其后的谓语单复数形式通常要与前面的主语保持一致；又如"not only ... but (also) ..."可以连接主语、谓语、宾语、状语、句子等，它着重强调后者，当连接两个成分作主语时，应遵循就近原则，即其后谓语动词与后面的主语保持一致。

（2）半固定词块的变化

半固定词块在不同程度上可以分解和重组，具有较强的生成能力，应举一反三，促进更深入地学习。如，组块"It is/was the _____ time that sb. have/has/had done sth."有诸多形式的变化，变化出像"It is the first time that I have done sth.""It was the second time that she had done sth.""It is the third time that he has done sth."等形式。

（3）词块拆分重组的容忍度

有的词汇组块通过替换一些单词，是允许变化的，如 a ____ ago 生成 a year ago、a month ago、a week ago 等。有的词汇组块看似是半固定词块，而实际却是固定词块，如 a short time ago 不能生成 two short times ago，"What's going on?"也不能生成"What's coming on?"等等。

由此可见，词块的使用具备一定的规则，在课堂上，教师可以通过一些具体方式来运用巩固所学词块，加深词汇学习深度。

5.4.5.1 课文复述

复述对培养学生的语用能力有着举足轻重的作用，需要学生在理解、熟悉课文的基础上，把所学词块知识用语言表达出来。学生愉快地进行学习，从枯燥、费时的课文背诵中解脱出来。它是综合性的思维训练，是语言的高效输出，是重要的语言实践活动。相对来说，记叙文的故事性强，它完整地描述了事情的发展，其语言具有丰富的情感，塑造出的人物形象具有代表性，最能打动读者，为课文复述初期训练提供了好的素材。本人在上《英语（必修第三册）》Unit 2 Morals and Virtues 读思课 Mother of Ten Thousand Babies 时，设计了"课文复述"这一环节，以下是一位学生的复述内容，画线部分为学生已运用到的课文中的词块。

Doctor Lin Qiaozhi was famous as the "mother of ten thousand babies", who devoted all her life to medical career and never married. Having delivered over 50,000 babies in her lifetime, she died on April 22, 1983.

She had an unfortunate childhood because her mom died when she was five years old. At age 18, she chose to study medicine in PUMA although his brother opposed it. Eight years later, Lin graduated from college with the highest prize. Then, she immediately became the first woman ever to be hired as a resident physician. After several years, she went to get a further education in Europe and the US. Her intelligence and endeavor left a good impression on her American colleagues who invited her to stay. However, Dr Lin refused and returned home because she wanted to serve the women and children at home. In 1940s, a war broke out, the department where she worked closed. Caring about people in need, she opened a private clinic.

Throughout her life, what she cared for most were tending patients, publishing medical papers, and training new doctors.

5.4.5.2 书面表达

新高考实行以后，书面表达由以前的 25 分上升到 40 分，凸显其重要性。写作不仅体现了学习者综合运用词块的能力，还可以检测谋篇布局和逻辑思维等能力，它是一项比较难掌握的技能，需要经过专门练习。运用词块来写作既能促进写作水平的提高，反过来又可以巩固所学词块，形成良性循环。以《英语（必修第二册）》Unit 4 History and Traditions—Reading for Writing 为例，在阅读完 Beautiful Ireland and Its Traditions 这篇文章之后，学生运用这篇文章中所学到的词块，结合家乡特色，仿写了一篇题为 The Fairy Lake 的短文，画线部分的词块来源于语篇。

Located in the southwest of Xinyu, Jiangxi Province, the Fairy Lake has attracted a large number of tourists all year round. It's said to be the place where fairies came down to the world.

The lake covers 198 square kilometers, and there are more than 100 islands in it. The beautiful natural scenery is <u>a true feast for the eyes</u>, with flowers blooming and birds flying. <u>Down by the lake</u>, you can <u>feel the sun on your skin</u>, and <u>breathe in the sweet scent</u> of air. Walking into the Snake Island, the most famous island, you can see a variety of snakes, which are terrifying, but exciting. There are many performances in the islands, and <u>if you are lucky</u>, you might <u>be able to enjoy some dancing and music</u>.

The Fairy Lake is well worth visiting. Come and feel the clear water, the fresh breeze, and blue sky, which will make you refreshed and relaxed.

6. 单词检测

毋庸置疑，对于一线教师来说，单词检测是检测学生词汇学习效果的一大法宝。适时适量的检测不仅能帮助英语学习者及时反馈单词记忆的效果，同时也是一次巩固与提升英语词汇量的机会。那么，什么样的检测方式最佳？对于这个问题，显然答案不唯一。教无定法，检测手段也应多元化，下面介绍三种本人日常教学中常使用的方法。

6.1 听写

每天在上课开始前5—10分钟进行听写，范围是前一天学习的内容，数量10—20个为宜，形式多样化，可以老师读学生拿作业本听写，也可以同时抽部分学生上黑板写，还可以以学习小组为单位，学生报学生写。

对于这个"报"字，很多教师会发出疑问，是用中文还是英语？由于日常英语教学主要以提高阅读能力为主，很多教师误认为只要在英语词形与中文意思之间建立联系便是掌握了这个单词，而忽略了英语的"音"，所以在给学生听写时只报中文，要求学生写出相应的英文。但是这样违背了语言的基本规律，忽视了语言中最基础的"音"。为培养英语思维，教师应该引导学生建立"音—义—形"或者直接"音—义"之间的联系，如果忽视了语言的"音"，对这门语言的学习也得不到长足的进步，到一定阶段便会停滞不前。因此，就单个生词而言，最有效的听写方式是教师读英语单词的音，学生写，"写"可以有以下几种模式，

（1）听单个词的音，写出对应单词和一个中文意思。

（2）听单个词的音，写出对应单词和多个中文意思。

（3）听单个词的音，写出对应单词及同词族的其他派生词。

（4）听单个词的音，写出对应单词的固定搭配及该搭配的意思，主要以与之搭配的介词为主。

同时，词块听写也应纳入到常规教学中。之所以词块重要，是由于在词块中词与词之间的搭配大多数约定俗成，学习和掌握这样的搭配是我们克服母语负迁移的重要方式，因此，听写词块可以报中文，写英文，激发学生主动思考惯用搭配。

在每次听写中，教师应注意听写形式的多样化，把几种听写形式相结合，以《英语（选必修第三册）》Unit 3 Environmental Protection 中的阅读课文 Climate Change Requires the World's Attention 为例：

序号	教师报	学生写
1	[iˈkɒlədʒi]	ecology 生态
2	[ˌkɒmprɪˈhensɪv]	comprehensive 全面的
3	[rɪˈstrɪkt]	restrict 限制
4	[trend]	trend 趋势
5	[rɪˈliːs] 写出它的至少两种意思	release 释放；公布
6	[stɑːv] 以及它的名词	starve；starvation 饥饿
7	[səˈsteɪn] 以及它的形容词	sustain 维持；sustainable 可持续的
8	[rɪˈfɜː(r)] 后面常跟什么介词，请写出完整的搭配	refer to 参考；指的是
9	毫无疑问	There is little doubt that ...
10	不断上升的海平面	rising sea levels
11	have an impact 后面接什么介词	have an impact on ... 对……有影响
12	化石燃料	fossil fuel
13	自然灾害	natural disaster
14	造成严重破坏	cause serious damage
15	采取合适的行动与措施	take appropriate actions and measures
16	抓住每一个机会	seize every opportunity

检测后的评价环节同样重要，大部分教师的做法是设定统一标准来判定是否合格，其弊端是忽视了学生基础不同这一学情，对成绩优异的学生来说没有挑战；对于成绩中等偏下的学生来说却很难达标，他们在与他人比较的过程中陷入自卑的泥潭，于是慢慢变得麻木，甚至产生消极情绪，严重影响背单词的积极性。因此，可以采用分层评价标准，根据学生英语水平，由教师和学生一起协商制定单词检测合格标准。事实证明，大部分学生不会故意把标准制定得很低，他们渴望缩小与同龄人之间的差距。这么一来，成绩优异的学生不再满足于之前的低标准，成绩差的学生也能达到根据自身水平所设定的目标，目标不再遥不可及。分层评价提高了所有学生的学习热忱，善待了每位学生的努力，极大鼓舞了他们的信心，符合

因材施教的教育理念。

6.2 游戏法

游戏化教学不是低年级学生独有的教学模式，它对于任何年龄段都适用。教师通过设计适合学生年龄段的游戏，让学生在欢乐的氛围、新鲜的感觉中完成教学任务，寓教于乐，使学生的学习动机最大化。

相比于枯燥无味的听写，利用游戏来进行单词检测是趣味与挑战并存的方式，激起了学生特别想赢的斗志，充分调动了他们背单词的积极性，从而达到理想的学习状态。游戏的形式多种多样，这里介绍两种常用的模式。

6.2.1 传统方式的单词大比拼

两两之间进行单词PK，也可以分小组在组内进行评比。小组模式参与的人员多，相同时间内教师能了解更多学生的学习情况，这也是本人最常用的模式。

具体做法为，把全班学生按英语水平高低分成若干小组，相同水平的学生在同一小组，人数尽量控制在5—7人之间。上课正式开始前随机抽取一个小组，组员上讲台站成一排，教师报英语单词或词块，学生说中文意思。课代表以画"正"字的方式记录每个单词最快说出答案的学生，比赛结束后，以得"正"字的情况决定排名。

需要注意的是，组员不是固定不变的，可在一定时间段后根据学生平时表现进行调整。进步大的学生进阶到水平更高的组，原地踏步甚至退步的学生则调整到水平更低的组。

此方法的优势是灵活性强，游戏可以随时随地进行，不受时间空间限制，内容针对性强，可以选择上节课所学的单词，也可以选择最近一周或一个月所学内容，课本内外词汇都能涉及到。弊端是由于人工操作，记录难免有偏差，声音大的学生会比声音小的学生更占优势，影响比赛结果的准确度。

6.2.2 利用教学软件进行单词大比拼

随着信息技术的发展，越来越多的教育技术手段和教学装备走进课堂，教学方式发生了巨大改变。只要打开一体机，点击英语教学软件，进入单词比拼，选择目标内容，便可以进行两两对垒，即两人之间或是两个小组之间以组员接力的方式进行。点击"开始"，屏幕上会立刻出现英文单词和多个中文意思，以最快速度点击英文单词的翻译，系统会自动进入下一个单词，最后作答正确数多的为胜者。

不断变化的画面和丰富的声音吸引了学生的注意力，刺激了多种感官，无论参与者还是观战者都专心致志甚至达到忘我的状态，课堂气氛空前高涨，有利于学生开拓思维，丰富体验。弊端有以下几点：一是识别单词以词形为主，忽略了单词的"音"，无法培养音形对位意识；二是检测内容受限，只能考查课本上的固定词汇，不能拓展到课外练习中的词汇；三是学生容易被游戏形式和结果吸引而缺乏对游戏内容的关注。

6.3 单元单词检测练习

想要全面检测学生单元单词掌握情况，只通过听写或者做游戏这两种方式显然不够，还应系统地以多种题型的单词检测练习来进行，如听音写单词、默写词块、词性转换、语法填空等。测试不仅能评定学生的实际水平、巩固所学词汇知识，教师还可以根据测试结果来反拨教学，为教师教学改进提供参考，以《英语（选必修第二册）》Unit 1 Science and Scientists 为例：

选择性必修二 Unit1 单词检测练习

Ⅰ. 听录音，写出单词及其意思：

1. [sɪˈvɪə(r)]		6. [əˈsɪstənt]	
2. [ˌkɒntrəˈdɪktəri]		7. [ˈliːdəʃɪp]	
3. [səˈspekt]		8. [dɪsˈkʌrɪdʒ]	
4. [ˌɪntəˈvenʃn]		9. [əˈstrɒnəmə(r)]	
5. [stəˈtɪstɪk]		10. [ˈnɒlɪdʒəbl]	

Ⅱ. 词块翻译：

1. attend to		6. 决心做……	
2. have it delivered to her house		7. 受到责备	
3. pure water		8. 追溯到	
4. serve his homeland with effort, achievement and devotion		9. 一位极其受尊敬的人	
5. take on the challenge		10. 科学研究	

Ⅲ. 用所给单词适当形式填空：

1. He found that reading that novel was _____ (frustrate) because the ending was so bad.

2. The salesgirl is very good at _____ (handle) tough customers, which brings her promotion.

3. There is convincing proof that eating too much salt is _____ (link) to high blood pressure.

4. Weather reporters say the tornado may not be as strong as they _____ (initial) predicted.

5. Doctor Richard Phillips is a professor of _____ (theory) physics.

Ⅳ. 短语填空：

as a result of, come up with, in general, break out, subscribe to, thanks to, find out, focus on, die from, in charge of

1. WAFF is a nonprofit organization that _____ the fitness of females.

2. _____ the One Belt and One Road initiative, the world is becoming better and better.

3. The policemen tried to _____ how the car accident happened.

4. Teacher Thompson, who has taught for over 23 years, is _____ the class.

5. The drug dealer was caught alive, but he _____ wounds 2 days later.

6. The group have _____ many practical and creative ideas.

7. If you _____ this newspaper, you'll get an extra magazine.

8. _____, the people who take regular exercise are healthier than those who don't.

9. It was almost midnight that a fire _____, which caused a lot of damage.

10. _____ the greenhouse gases emission, the earth is becoming warmer and warmer.

V. 完成句子：

1. 我不得不雇人把车修理好。(have+ 宾语 + 过去分词)

I had to _____.

2. 时间不多了，让我们开始手术吧。(get down to)

There's not much time left. Let's _____.

3. 为了省几美元而走这么远的路是没有意义的。(make sense)

_____ to walk so long a distance just to save a few dollars.

4. 通过这次活动，你不仅可以欣赏到精彩的绘画，还可以让你更好地了解中国传统文化。(not only ... but also ...)

Through the activity, _____ it can enable you to have a better understanding cf traditional Chinese culture.

5. 当被邀请参加晚宴时，我老是拿不准是否该带礼物。(状语从句的省略)

_____, I am often unsure whether to bring a present or not.

Keys:

Ⅰ. 1. severe   2. contradictory   3. suspect   4. intervention
   5. statistic   6. assistant   7. leadership   8. discourage
   9. astronomer   10. knowledgeable

Ⅱ. 1. 照顾   2. 差人把它送到她家   3. 纯净水   4. 以努力、成就和奉献报效他的祖国   5. 接受挑战   6. be determined to   7. be to blame

8. trace back to   9. an extremely well-respected man

10. scientific research

Ⅲ. 1. frustrated   2. handling   3. linked   4. initially   5. theoretical

Ⅳ. 1. focuses on   2. Thanks to   3. find out   4. in charge of

5. died from   6. come up with   7. subscribe to   8. In general

9. broke out   10. As a result of

Ⅴ. 1. have my car fixed   2. get down to performing the operation

3. It doesn't make sense   4. not only can you admire wonderful paintings; but also   5. When invited to dinner

  在不同的检测方法中，教师应充分意识到在其中所扮演的不同角色：听写时，教师是播报员；游戏时，教师是主持人和指导员；单元单词检测时，教师是观察员和评判员。无论以哪种形式进行检测，最后别忘了搜集反馈信息。通俗地说，及时记录一些错误率高的单词拼写和词块的使用方法等，找出错的本质原因，然后对这些知识点进行复习、再检测，反复巩固薄弱环节直到学生熟练掌握为止。

第四章

谈语法

当学生被问到学习英语什么最重要时，排名第一的回答常常是"语法"。对于学习语法的必要性，观点各异，语言能手恩格斯主张无需学语法，而英国著名语言学家 Corder（1982）则认为语言学习的核心是语法学习，关于其他的一切都是误解。实际上，语法教学经历过困境与突围，它曾受到极度推崇，后来遭到摒弃，最终再到理性认知（杨善江，2007）。以往的语法考题经常出现为了考试而考试的难题、偏题、怪题，导致学生闻语法色变，老师正常授课也是围着语法内容转。从现在的全国高考英语乙卷来看，没有了传统的让人绞尽脑汁的单选题，新高考后短文改错题也不见踪迹，整张试卷纯语法题只剩下较基础的语法填空，以考查学生的语言运用能力，难度不高。这种变化得到了师生的普遍好评，许多人甚至开始认为不必再学习语法，有些人开始信奉"语法无用论"，他们偏激地认为学习语法对于一门外语来说毫无用处。像这样全盘否定语法意义的观点是非常肤浅的，对任何事物的看法都应避免从一个极端走向另一个极端。

外国人学习语法吗

在英语是母语的国家中，孩子们从出生起就被英语环绕，除了睡觉其他时间都在沉浸在英语中，自然早早就培养出地道的语感。那么，对于语法知识，他们到底学还是不学呢？这似乎是一直以来的谜团，以美国为例，美国虽然各州各学校的教材不统一，但他们的中小学有共同的课程标准，在一年级的语言标准里，对语法部分的要求中提到了时态、三单、介词等内容，课程设计以实现标准里的要求为主。因此，从美国的教育体系来看，至少他们是会学习语法的。仔细回想，难道我们没学过中文语法吗？小时候的语文课上，我清楚记得老师教授了中文语法知识，比如，给句子划分成分、"的、地、得"的区别与用法、"把"字句"被"字句之间的转换等。

很多人认为外国人没有学习语法是因为他们花在语法上的时间占整个语言习得时间中微乎其微的一部分，而我们花在英语语法学习上的时间却占了二语习得总时间中非常大的比例，所以产生了他们不学英语语法的错觉。事实上，不管是中国人还是外国人，都或多或少学习了母语语法。

学习语法的理由

有的外语学习者确实可以不用学习语法，比如一般的口语爱好者和外企员工，他们所接触的英语比较简单，只需要多听多读多背即可满足日常需要，还没达到需要借助语法分析语言的境界，确实不必系统地学习语法，他们所在的阶段处于非常基础的入门阶段，未见识到复杂的英语句式，也未能感受到语法对于阅读、写作等带来的巨大作用。但不能因为他们不需要就认为其他英语学习者也不需要，所谓"朝菌不知晦朔，蟪蛄不知春秋"，不能因为自己缺乏相应的全面体验，就妄下定论。我们要勇于跳出自身经验，辩证地看问题，科学地下结论。

有的人认为，只要多读多背就能形成语感，因而没必要学习语法。诚然，学习英语确实需要大量诵与背，但是，仅通过这样的方式练成的语感存在很多漏洞，不利于向英语高水平方向发展，学习上会遇到一定的障碍和瓶颈，如：阅读时不会分析长难句，造成无法理解或理解错误；写作时结构不严谨，造成句子准确率低或者句子有歧义等问题。如果我们在原有的英语基础上，再学习一些语法知识，那么对于复杂句式的分析，不会再感到迷惘；阅读时遇到长难句，驾轻就熟；写作输出时不再担心出错。总之，具备一定的语法知识可以极大提高对英语学习的信心和兴趣，提高学习效率，更好地促进英语能力的提高。

语法学习何时起

从1978年英语被列入高考科目以来，中国英语教学拉开了"以语法讲授为核心"的序幕，之后一代又一代的学生从开始学英语的那天起就被灌输各种语法知识。记得我读高中的时候，高一、高二的英语老师是一位年近60岁的女教师，上课几乎天天讲语法，而且只讲语法，晦涩难懂又枯燥，于是我索性放弃听课，自己看阅读做练习，到了高三总复习阶段，又开始了新一轮的语法轰炸。总体来说，高中三年在英语学习上给人的感觉是好像学了，但似乎又没学到，学得有点痛苦。记得当时高考试卷有15分单选题，10分改错题，为了这25分，我们拼命做语法专项练习，但最后不懂的还是不懂，不管怎么努力，怎么刷题，这25道题的命中率都没有大幅提升，尤其单选题，只看见付出，没得到回报。后来上了大学在语法学习上简直如释重负，各种英语考试的挑战主要来自词汇量，尤其是完形填空，所给选项四个单词之间几乎毫无关联，只要知道意思就一定能做对，所以当时天真地认为只要背单词就能学好英语，语法被抛诸脑后。但渐渐地，我发现每次下笔写作时都很纠结，写定语从句时，不知是该用that还是which作关系代词；写倒装句时，不知是该部分倒装还是完全倒装；非谓语动词的使用完全凭感觉；没有底气写复杂的句式，怕出错。这些问题困扰着我，很显然不能只通过增加词汇量和阅读量的方式来解决。于是读大三的时候，我下定决心系统地学习语法，当时在图书馆借了一本薄冰老师编写的《高级英语语法》，一开始觉得有些深奥，后来买了专门的语法练习题，做到不懂的地方再翻看语法书，再后来我会有意识地积累自己易错的知识盲区，这样才渐渐对英语语法知识有了系统的认识。

工作之后，我在思考这个问题，为什么高三时完全不懂的语法，到大三时能豁然开朗？根据自己的切身体会，我总结出两个原因，第一个原因是高中时期的学习状态是"要我学"，大学时期的学习状态是"我要学"，学习动机不一样，所以学习效果不一样；第二个原因是高中时期积累的阅读量不够，语言基础薄弱，学语法只生硬地记得一些规则，然而不知道如何使用，大学时期的阅读量加大很多，为把知识转化成能力奠定了坚实基础。拿定语从句来举例，要最终掌握并熟练运用它，前提条件是已经接触过一定量的定语从句，然后再学习有关它的规则，而不是本末倒置，先了解有关定语从句的知识再接触定语从句的句子。因此，如果没有丰富的语料作基础，语法的各种条条框框足以让人感到高不可攀，望而却步。

上述事例说明，拥有了语法知识并不意味着拥有了语法能力，就好比一个人知道骑自行车的所有规则并不代表会骑，不管是学语法还是学骑车，会使用才是关键。根据每个人不同的情况，学习语法应该分阶段进行，每个阶段的方法也不尽相同。对于英语成绩 90 分以下的学生，只要懂得最基本的句子结构，对语法知识做到"知其然，不须知其所以然"，能注意到一些词的变化，然后再慢慢过渡到掌握这些特定变化形式；对于 90—120 分的学生，他们应努力练习分析句子结构，掌握平时阅读语篇中出现频率较多的几种句式或结构，如定语从句、名词性从句、状语从句和强调句等；对于 120 分以上的学生，他们这时候已经具备了一定的语法基础，注意力不再是时态变化、动词变化、基础句型等，而是先个性化查漏补缺再进阶到语言表达更高级的层面，如分词作状语、倒装句、虚拟语气等。不管学生处于哪个阶段，都应该从点滴做起，从小问题入手，主动发现问题并解决困惑，如此，运用语法的能力便可以在日积月累中慢慢提高。

语法教学内容

在本人外甥小学毕业的暑假期间，我给他上了几节音标课，我问："你认为学英语最重要的有几个方面？"他不假思索地回答："语法，语法最重要。"我大吃一惊，原本以为，小学生不可能知道"语法"这个专业术语，他们只要会说、会读、会写一些基本的句子就可以。我又接着问："那你觉得语法难不难？"他斩钉截铁地说："难！"我的外甥是一名学霸，如果他都觉得难的话，我想，大部分小学生都会有同感。学生在一开始学习一门新课的时候就感觉难，那么对这门课的兴趣将会大打折扣，降低学习的主动性。有的教师喜欢在语法上故弄玄虚，不仅没有解惑，反而令学生更加迷茫。我不想成为这样的老师，不想我的学生也像高中时的我一样，上语法课就是睡觉课。那么到底该如何给学生讲解语法？讲到什么程度？

语法是语言的规律，可以作指南，不能讲得过细、过多，但又不能不讲。我们所熟悉的二八定律可以用来论证这一观点。二八定律是19世纪末20世纪初由意大利经济学家维弗雷多·帕累托（Vilfredo Pareto）指出，他认为，在任何一组事物中，最重要的只占其中一小部分，约20%，其余80%尽管是多数，却是次要的。比如，世界上80%的财富掌握在20%的人手里，一个单位里80%的绩效由20%的人完成等等，这一规则提醒我们，应将更多的时间和精力投入到关键领域，以获得更好的结果，即"好钢用在刀刃上"（徐剑、黄秋月，2007）。这个定律也同样适用于英语学习，重要的、常见的核心语法知识只占小部分，而不重要的、不常见的边缘语法知识却占了总数的大部分。教师知道了这个规律之后，可以在教学策略上做适当调整，重视核心语法摒弃边缘语法，教师教得轻松，学生学得快乐。

那么，要系统地教授核心语法，该从哪里入手？大部分语法书都是从英语的八大词类开始讲解，未免让人感到枯燥，还没有学到句子就已经被吓跑了，只见树木，未见森林。事实上，学生从一开始接触英语的时候是句子，句子是生动有趣的，我们不妨直接从句子入手。笔者根据自己的教学经验，总结出给英语基础不扎实的高中生教授语法的具体内容和先后顺序。

1. 英语的五大类句型

下面列举一些实例来解释句子的分类。

例：He fainted. 主＋谓

He likes skiing. 主＋谓＋宾

He is a lawyer. 主＋系＋表

He made me happy. 主＋谓＋宾＋宾补

He gave me a shopping list. 主＋谓＋间接宾语＋直接宾语

主语：描述人或事物的名词、代词或动名词。主语是执行句子的行为或动作的主体，它是句子的核心成分之一，是动作的执行者，位置通常位于句首。

谓语：表达主语的动作或状态，通常放在主语后面，是句子的主语部分。

宾语：指动词作用的对象，它常常出现在及物动词之后；而对于非及物动词，我们能通过插入介词并随后附加上宾语来创建出一个介宾结构。充当宾语的可以是名词、代词、数词以及动名词等。

表语：亦名表述语，是用以描绘主语的身份、特性、性质、特征及状况的语言成分，位于系动词之后且联系紧密。只要有系动词存在，就必然会有表语；同理，只要有表语存在，也一定会有系动词。

主语、谓语、宾语、表语可以通过五大类型的简单句来理解和掌握。

英语句子的基本结构就是这五种，我们看到的长难句，有的似乎千变万化，难以琢磨，但实质都是在这五种基本句型的基础上通过增加定语、状语、同位语等进行扩大、组合、省略或倒装而形成。掌握这五大类句型，是掌握各种英语句子结构的基础，用以上例句分辨清楚应该不难。

接下来重点强调一种语法结构——同位语。同位语被一些教师认为是相对边缘，食之无味又弃之可惜的内容，实际不然，一旦了解同位语的本质，会发现它的功能非常强大。同位语并不是单一的语法范畴，而是一种语法关系，这种语法关系体现为不同的语法形式。名词短语同位语是最常见的一种形式，它在所有同位语结构中占据绝大多数，所占比例高达70%左右（转引自何中清，2019），其定义为，一个名词或名词短语等位于某个名词或名词短语后，对该名词或名词短语换一种方式描述的结构。它们格式一致，并且常紧密相连。

例：You may have heard of Niagara Falls, <u>one of the biggest waterfalls in the world</u>.
　　　　　　　　　　　　　　　　　　　　　　同位语

同位语虽然不是句子的主要成分，出现频率却很高，几乎在每篇阅读理解中都能看到它的身影，但很多学生未对它予以关注，在他们眼中，同位语成为了透明的存在。如果引起足够重视，不仅可以提高语篇阅读效率，还能在写作时更清晰明确地呈现观点。

2. 认识基本词类

在英语语法中，词主要分为八大类：名词、代词、形容词、动词、介词、副词、连词、感叹词（张道真编著，刘敏修订，2019）。下面简单介绍几种实词。

2.1 动词

动词是用来表示动作、行为和变化的词。动词在句子中的角色决定了我们可以将其分为四类：实义动词、连系动词、情态动词以及助动词。实义动词最多元化，其他三种比较单一，下面具体谈一谈实义动词。英语基本句型的"主系表"结构中，谓语动词是连系动词，其余四种句型中的谓语动词均为实义动词。实义动词分为两大类，及物动词与不及物动词。需要宾语来完整表达其含义的动词称为及物动词；而不需要宾语就能明确传达其语义的动词被称为不及物动词，如果一定要接宾语，通常应在不及物动词前面添加介词。

那么，碰见实义动词的时候需要特意去记忆哪些是及物动词哪些是不及物动词吗？当然不必。在大量的阅、读、背的过程中，很多词的用法会自然习得。我们是先通过句子再了解动词的用法，而不是先记动词的用法才学会说句子或者写句子。

例：Students <u>learn</u> English.
　　　　　　及物动词

He fainted.
不及物动词

注：很多动词既可以作及物动词，又可以作不及物动词，并不是非黑即白。

例：I'll meet you at the airport.
　　及物动词

　　The committee meets on Mondays.
　　不及物动词

2.2 名词

名词就是世间万物的名称，既可以指具体的事物，也可以指抽象的概念。名词分为可数与不可数，可数名词有单复数两种形式，不可数名词只有单数形式。

有些名词既可以作可数名词，又能作不可数名词，但含义不同，如下表：

	可数名词	不可数名词
chicken	鸡	鸡肉
youth	青年人	青春
glass	眼镜（只能用复数 glasses）	玻璃
room	房间	空间

名词的单复数变化分规则和不规则两种情况，下表是规则变化词的举例：

拼写方式	单数	复数
大部分名词在后面直接加 s	rabbit	rabbits
以 s、x、ch、sh 结尾的名词后面直接加 es	bus box coach dish	buses boxes coaches dishes
辅音字母＋y 结尾的单词，把 y 变 i 加 es	country	countries
元音字母＋y 结尾的单词，后面直接加 s	day	days
以 f、fe 结尾的名词，将 f、fe 变为 ves	shelf, knife	shelves, knives

续表

拼写方式	单数	复数
元音字母＋o，后面直接加 s	studio	studios
辅音字母＋o，后面加 es	tomato	tomatoes

注：元音字母，也被称为母音字母，是一些在语言里起到发音作用的字母，有 a、e、i、o、u。辅音字母是一种与元音字母相对的概念，26 个字母中除元音字母以外的字母便是辅音字母。以上的单复数变化规律适用于大多数名词，当然还有一些例外，比如一些外来词，特别是音乐方面的，像 pianos、cellos 等等。

高频的不规则变化的名词复数形式，需要特别记忆。

单数	复数
man	men
woman	women
foot	feet
mouse	mice
goose	geese

一些单复数同形的词，记住几个常用的，比如：fish、deer、sheep、Chinese、means、species、series 等。

一些可作集合名词的词，比如：army、class、family、group、police、team 等，集合名词是指一群对象，其特点是既可以搭配单数动词也可以搭配复数动词，但意思不同，以 police 举例，如果指整个警方，可以说："The police is investigating a tough case." 如果指警员，可以说："The police are well-trained."

无标记复数名词，指的是本身就是复数且永远不能作单数的词，如 cattle 与 people（表"人们"时），当它们作主语时，只能搭配复数动词。

学生在日常学习中经常会碰见各式各样的名词，这些词的变化及用法，只要多看、多观察、多使用，自然能水到渠成，烂熟于心，不用生硬记忆。

2.3 代词

代词分为人称代词和物主代词。人称代词用来替代名词，可作主语、宾语、表语；物主代词表示所属关系，即某人或某物属于某个人，可作主语、宾语、定语。

	第一人称		第二人称		第三人称			
	单数	复数	单数	复数	单数			复数
人称代词（主格）	I	we	you	you	he	she	it	they
人称代词（宾格）	me	us	you	you	him	her	it	them
形容词性物主代词	my	our	your	your	his	her	its	their
名词性物主代词	mine	ours	yours	yours	his	hers	its	theirs

有很多外语学习者，即便有很高水平，也经常在口语中混淆 she 与 he，这主要受母语影响，我们汉语的"她""他"发音完全一致，所以，在说 she 与 he 的时候也会不自觉遵守"发音一致"的规则，那要怎么才能不说错呢？答案是建立英语思维，看到男性就说 he，看到女性就说 she，刻意练习一段时间，在人与音之间建立直接联系，而不是在大脑中通过"他或她"再译成 she 或 he。

2.4 形容词和副词

2.4.1 形容词

用来描述名词或代词的一类词语，以体现事物或人物的性质、状态或特征，常常作为定语使用，也可以用作表语或者补语。

形容词让语言变得生动，让意思表达得更贴切，如：a devoted and encouraging teacher "一位尽职又令人鼓舞的教师"。当我们用多个形容词来修饰同一个名词的时候，要注意它们的顺序。一般来说，表示普通品质的形容词应该放在特殊品质之前,具体可以参照这样的顺序:品质+尺寸+新旧+颜色+产地+材料+名词。还有一些更朗朗上口的口诀来帮助记忆形容词的顺序,在这里就不一一列举。笔者读高中的时候,背得很熟练,但后来,这些口诀全不记得,也没教过学生背,因为实际使用中极少有超过三个形容词放一起的情况,而且一串形容词或有自己修饰语的形容词常放在它们所修饰的名词后(张道真编著,刘敏修订,2019)。所以,学生不需要在这个知识点上花太多时间。

2.4.2 副词

表示动作或状态的特征,或者某种性质的程度,用以修饰形容词、动词、其他副词或整个句子。相对形容词而言,副词用法灵活,更难掌握,涉及面更广。学生平时对形容词与副词的用法不够熟练,常凭感觉乱用,而英语中有的词既可以作形容词又可以作副词,这在无形中增加了副词的使用难度。

很多副词是由形容词 + ly 转化而成,如 polite-politely、sudden-suddenly、brief-briefly 等等,数不胜数,但也有一些特殊形式,常见的形容词转化成副词规则如下:

规则	形容词	副词
直接在后面加 -ly	immediate	immediately
大多数辅音字母加 e 结尾的形容词直接加 -ly	wise	wisely
少数以 e 结尾的形容词,要去掉 e 再加 -ly	true	truly
以辅音字母加 le 结尾时,去 e 加 -y	simple	simply
以 y 结尾,且读音为 /i/,先将 y 改成 i,再加 -ly	angry	angrily
以 ic 结尾的词,加 -ally	basic	basically
以 ll 结尾时,只需加 -y	dull	dully

不比较,无语法,真理越辩越明,概念越理越清,这也是为什么要把这么多规则放一起展示的原因,但也不必为了规律而记规律,最终要依靠

接触和使用的频率，而且，不是所有单词都符合以上规律，例如：public-publicly、whole-wholly 等。

2.4.3 形容词与副词的比较级和最高级

多数形容词与副词有比较级和最高级的变化，从原级变为比较级和最高级存在一定的规律：单音节词的比较级与最高级在原级词尾分别加 -er、-est；多音节词和以 -ly 结尾的副词（除 early）的比较级与最高级在原级词前面分别加 more、most。

详见下表：

规则	原级	比较级	最高级
单音节词的比较级和最高级在词尾加 -er、-est	small	smaller	smallest
单音节词末尾如果以 e 结尾，则加 -r、-st	fine	finer	finest
末尾只有一个辅音字母的重读闭音节（即：辅音＋元音＋辅音），双写该辅音字母，再加 -er、-est	big	bigger	biggest
以"辅音字母＋y"结尾的双音节词，把 y 改 i，再加 -er、-est	easy	easier	easiest
部分双音节词和多音节词，在前面加 more、most	easily	more easily	most easily
有些形容词的比较级和最高级有两种形式	clever	cleverer, more clever	cleverest, most clever

少数形容词和副词的比较级与最高级呈现出不规则变化：

原级	比较级	最高级
good, well	better	best
bad	worse	worst
little	less	least
many、much	more	most
old	older（年龄老，旧）	oldest（年龄老，旧）
	elder（年长）	eldest（年长）

续表

原级	比较级	最高级
far	farther（距离远）	farthest（距离远）
	further（程度深）	furthest（程度深）
late	later（时间）	latest（时间）
	latter（顺序）	last（顺序）

并不是所有形容词、副词都有比较级和最高级，常见的没有比较级和最高级的形容词、副词有：quite、rather、excellent、entire、wrong、cultural、scientific、unique 等。

如何具体使用这些比较级与最高级来表达事物的等级差别呢？请看以下例句：

使用原级例句：

This building is as beautiful as that of yours.

Kevin is not so tall as his father.

使用比较级例句：

China is much stronger than it was ten years ago.

This story book is less difficult than that scientific book.

使用最高级例句：

Andrew writes most carefully in his class.

Rose is one of the most careful girls in her class.

特殊句式：

I am proud that my hometown is becoming more and more beautiful.

The harder you work, the greater progress you'll make.

I can't agree with you more.

3. 动词的时态、语态

英语的时态

时态是动词的一种语法范畴，是用以表示各种时间概念和动作方面的形式（何政安编著，薄冰主编，2022）。动词的时态在句子中扮演着十分重要的角色，既可以表示动作发生的时间又能表示动作完成的程度等，是英语学习的重点。由于"动词的时态"这一概念在我们母语中并不存在，所以学生在理解和掌握时比较吃力。偏偏许多语法书上的规则把人弄得晕头转向，导致思路混乱，使得"动词的时态"成为一个棘手的问题。赖世雄（2018）曾说："我学英语时态时从不记这些规则，中文用什么时态，英语也是如此。"以他的观点来学习时态似乎变得简单得多。

时态的意思是时间和状态。英语中，动作的时间表现形式有四种，动作的状态表现形式也是四种。以 work 为例：

四种动作的时间表现形式：

  现在   work

  过去   worked

  将来   will work

  过去将来 would work

四种动作的状态表现形式：

  一般   work

  进行时   am/is/are working

  完成   have/has worked

  完成进行 have/has been working

时间与状态两两组合，一共有 16 种时态。但常用的时态有以下 10 种：

  一般现在时 work

  一般过去时 worked

  一般将来时 will work

  过去将来时 would work

现在进行时	am/is/are working
过去进行时	was/were working
现在完成时	have/has worked
过去完成时	had worked
现在完成进行时	have/has been working
过去完成进行时	had been working

学生有一个特点，刚学的知识特别想马上使用。比如，他们最先认识 good 这个词，之后才学到 well，可是，当想表达"好"这层意思的时候，会毫不犹豫地用 well，觉得 well 更高级，完全不管词性。在使用时态方面也如此，在学习了"过去完成时"后，便把"现在完成时"、"一般过去时"等统统抛诸脑后，全用过去完成时替代，殊不知它们之间区别大着呢！

一般过去时：表过去的事实或现象。例如：

中文：那时候，我们都很开心。

英文：We were happy at that time.

现在完成时：表示过去的事情对现在造成的影响，或过去的动作或状态一直持续到现在的一种时态，例如：

中文：我的家人在新余已经住了四十年。（现在还在）

英文：My family have lived in Xinyu for forty years.

注意，当句中有表过去的时间副词时，应使用一般过去时。

中文：我的家人四十年前住在新余。（现在不在）

英文：My family lived in Xinyu forty years ago.

过去完成时：表在过去某个时间点之前已经完成的动作或情况。它的用法通常有三种，第一，在复合句中，与一般过去时并用，过去完成时的动作发生在一般过去时的动作之前；第二，在非复合句中，动作发生在过去某一时间之前，句中有明显表过去时间的状语标志，如 by the time of last summer、before last month、by the end of last Christmas 等；第三，在虚拟语气中，表示与过去事实相反。对于前两种类型，大多数学生只是机械地记

忆"过去完成时是过去的过去",而没参透其中表达的深义,自然也就掌握不了这一时态。下面列举几个过去完成时的句子:

中文:当警察到来的时候,贼早就逃跑了。

英文:When the police arrived, the thieves had run away.

中文:到 12 月底,当地的医生已经治疗了两万多名患者。

英文:By the end of November, local doctors had treated over 2,000 patients.

注:过去完成时一般不能单独存在。例如:

Kevin had finished his assignment. (×)

→ Kevin told his mother he had finished his assignment. (√)

英语的语态

语态是动词用以表示主语和谓语之间关系的一种形式(何政安编著,薄冰主编,2022)。英语的语态分为主动和被动两种。主动语态以"主谓宾"或"主谓"结构为主,句子主语是动作的执行者;被动语态主要以"主语 + be done"结构为主,句子主语是动作的承受者,句中是否有引导施事的"by 介词短语"视语义需要而定(熊学亮、王志军,2002)。

主动语态变被动语态一直是初中英语教学的重点,被动语态则频繁出现在高考语法填空题中,很多学生在这道题上失分,原因是中国人更喜欢用主动句,使用被动的时候不多,而外国人使用被动句的频率明显多于我们,他们常常用被动来表达我们认为本可以用主动的句子。接下来先介绍几种简单句的主动语态变为被动语态的形式。

(1)主谓结构

We speak English. (主动)

→ English is spoken by us. (被动)

(2)主谓宾结构

Alice enjoyed a nice meal. (主动)

→ A nice meal was enjoyed by Alice. (被动)

(3)主谓宾宾结构

Samuel bought his mother a watch. （主动）

→ A watch was bought for Samuel's mother. / Samuel's mother was bought a watch. （被动）

注：不是所有双宾语动词的被动语态都有两种形式，是直接宾语还是间接作主语要根据习惯用法和句子意思决定。

（4）主谓宾宾补结构

We chose Isabelle cheer captain. （主动）

→ Isabelle was chosen cheer captain. （被动）

注：在主动语态中，用于动词 have、make、see、watch、look at、hear、listen to、feel、notice 等后作宾补的动词为不带 to 的动词不定式，当成为被动语态后要把 to 还原，如：

He saw the burglar enter the building.

→ The burglar was seen to enter the building.

（5）谓语含有情态动词时

The architect can't design a concert hall in a short time. （主动）

→ A concert hall can't be designed in a short time. （被动）

（6）谓语为动词短语时

The doctors were operating on the patient.

The patient was being operated on.

注：对于含有动词短语作为谓语的句子，我们应认定这个短语就是一个不可分割的整体。因此，在这类句子转换为被动语态的过程中，介词或副词不能被删减或分离。

主动句转被动句是为了更好地呈现被动语态的结构，分清楚主动语态和被动语态之间的差异。在教学环节中，不能机械地把主动句与转换后的被动句同等看待，也不能误导学生认为两者可以任意替换。在实际情境中，被动语态是自然存在的，并非人们刻意把主动语态变为被动语态来使用。当一个句子由主动结构转为被动结构时，它所承载的语篇意义和功能也随之发生变化，甚至有时候变化程度会非常大（程晓堂，2013）。请看下面两句话在意义上的巨大差别：

Felix wouldn't walk the black dog.（菲力克斯不愿遛那条黑狗。）

The black dog wouldn't be walked by Felix.（那条黑狗不愿被菲力克斯遛。）

传统语法教学过于注重语法作为一种规则来使用，忽略了语法的表意功能和具体的应用场景，只有当我们在实际情况中探索语言应用时，才能真正理解语法在传达意义时的重要性。因此，在掌握两种语态的理论知识之后，我们仍需要在日常阅读中去深入理解和体验它们的真实用途。

4. 并列句

简单句是所有句型的基础，把两个或者更多简单句通过并列连词加以连接的句子则为并列句，其基本结构是"简单句 + 并列连词 + 简单句"。例如，and、but、or、so 等是常见的并列连接词。简单句在并列句中呈并列平行关系，在表达含义上同等重要。

注：由于受汉语的影响，学生下意识地认为有 but 连接的句子是转折句，从意思上来说确实表转折，但英语是根据句子结构来判断句型，搞清楚这个问题有利于进一步分析长难句。

however 的意思与 but 一样，那么用法一致吗？回答是否定的。but 是并列连词，用来连接两个句子；however 是副词，放在一句话的句首、句中或句尾，它有连词的意味，却仍是副词，所以在使用时，其后应加逗号，并用分号或句号连接两个句子。例：

Kevin studied very hard, but he didn't pass the exam.

= Kevin studied very hard; however, he didn't pass the exam.

= Kevin studied very hard. However, he didn't pass the exam.

由此可见，我们可以用连词把句子变得更长，内容更多。

5. 主从复合句

主从复合句是由关联词把一个或者一个以上的从句合成在一起的句子，因此至少要包含两个谓语，一个主句，一个从句。从句是主句的一个组成部分，从属于主句，所以我们常说两者之间是主从关系。根据不同的语法结构和功能，主从复合句主要分为六种：主语从句、宾语从句、表语从句、同位语从句、定语从句和状语从句。

那么怎么判断某个从句的类型呢？这里只需要牢记一个原则：当一个从句在整句话中做什么成分，就是什么从句。

5.1 主语从句

概念：当一个从句在整句话中做主语成分时，这个句子结构就是主语从句。例：

<u>What she tells you</u> is important.
   主语从句

<u>That he won the first prize in the volleyball game</u> made us excited.
      主语从句

<u>It</u> is reported <u>that there was an earthquake in Japan last night.</u>
形式主语   主语从句

5.2 宾语从句

概念：当一个从句在整句话中做宾语成分时，这个句子结构就是宾语从句。例：

I believe <u>(that) you can make it.</u>
   宾语从句

It all depends on <u>whether they will support us.</u>
     宾语从句

5.3 表语从句

概念：当一个从句在整句话中做表语成分时，这个句子结构就是表语从句，它一般放在连系动词之后。例：

The question is <u>whether we can arrive there on time.</u>
     表语从句

He looked <u>as if he was going to cry.</u>
    表语从句

175

5.4 同位语从句

概念：当一个从句在句中充当同位语成分时，那么这个句子结构被称为同位语从句。它通常紧跟在一些抽象名词后面，如，idea、belief、fact、truth、problem、news 等，用以对该名词的具体内容进行解释和阐明。例：

The news that China placed a spacecraft on Mars surprises many people.
　　　　　同位语从句

He must answer the question whether he accepts it or not.
　　　　　　　　　　　　　同位语从句

注：主语从句、宾语从句、表语从句、同位语从句被称为名词性从句，它们在句子中充当名词作用。

5.5 定语从句

概念：当一个从句在句中充当定语成分时，这个句子结构就是定语从句。它还可以分为非限制性定语从句和限制性定语从句。从结构上看，非限制性定语从句是用逗号把主句与从句隔开，限制性定语从句则没有逗号；从功能上分析，非限制性定语从句提供有关一个事物的附加信息，限制性定语从句则是缩小一个事物的表示范围。

例：

The building which stands by the river is our school.
　　　　　限制性定语从句

This is the house where I lived last year.
　　　　　　　　限制性定语从句

Please show me the book whose cover is red.
　　　　　　　　　限制性定语从句

The baby zebra hugged mom, who loves him.
　　　　　　　　　　　非限制性定语从句

5.6 状语从句

概念：当一个从句在句中充当状语成分时，这个句子结构就是状语从句。例：

When I was a little child, I wanted to be a lawyer.
　　　状语从句

He spoke slowly so that he could make himself understood.
　　　　　　　　　　　状语从句

注：状语从句根据其作用又可以具体分为时间、地点、原因、条件、目的、结果、让步、方式和比较等。教师可以不用讲解得过细，只要稍作介绍，学生能分辨出几种常见的即可。

以上是六种主从复合句，笔者在此就不逐个深入探讨。在这六种句式中，规律最复杂，试卷中出现频繁且最影响理解的当属定语从句。有很多教师通过一两节专题课，自认为已经把定语从句讲透了，可是学生一旦做题，还是漏洞百出。主要原因有两个，一是定语从句本身的规则比较多，比较细，需要平常多观察多练习才能内化于心；二是它与同位语从句、状语从句有相似之处，学生较难区分，准确地掌握和运用要以能对其他从句分析判断为前提。以下是同位语从句与定语从句的对比例句：

Kevin made his promise that he would practise playing the piano every day.
　　　　　　　　　　　同位语从句

Kevin made his promise that was hard for him to keep.
　　　　　　　　　　定语从句

辨析：从结构上分析，当同位语从句和定语从句都是 that 作引导词时，同位语从句中的 that 不作任何成分，定语从句中的 that 要充当主语、宾语或表语成分；从内容上分析，同位语从句是被解释名词的所有内容，两者同等地位，而定语从句起到修饰前面先行词的作用，不表示先行词的内容。第一个例句中，that 不作成分，整个从句代表 promise 的所有内容；第二个例句中 that 作主语成分，整个从句修饰 promise，相当于形容词，而我们并不知道 promise 的具体内容是什么。

状语从句与定语从句的对比例句：

Liam was about to leave the office when he heard someone knock at the door.
　　　　　　　　　　　　　　状语从句

I'll always remember the day when I took the plane for the first time.
　　　　　　　　　　　　　　　　定语从句

辨析：从结构上分析，第一句中的 be about to...when 是固定搭配，第二句中的 when 相当于"on ＋先行词"即 on the day，第一句中则不能把 when 理解成 on the office，很明显逻辑不正确；从内容上分析，第一句中 when 的意思是"正在此时"，第二句中 when 的意思是"在那天"，整个定语从句相当于形容词修饰 day。

6. 非谓语动词

非谓语动词是指在句子中不是谓语的动词，主要包括 doing（动名词和现在分词）、done、to do 三种形式。非谓语动词不能独立作谓语，但可以承担句子的其他成分。

非谓语动词在高中阶段既是重点，也是难点，看起来只是 to do、doing 以及 done 之间的变化，但在不同的语境中很容易用错。掌握了非谓语动词，可以说掌握了英语语法的精髓，很多长难句的构成都离不开它，本书不详细介绍它的用法，接下来看一看非谓语动词在高考试卷 C、D 两篇阅读理解中的使用频数，以全国乙卷为例：

	C 篇阅读	D 篇阅读
2021 年	12 次 /267 字	17 次 /330 字
2022 年	18 次 /305 字	21 次 /311 字
2023 年	13 次 /287 字	13 次 /330 字
平均	15.4 次 /300 字	

对于一篇平均每句话 15 字，总字数为 300 的文章来说，从数据上不难得出，每 4 句话会出现 3 次非谓语动词结构，可见，它的出现频率之高，它的重要性无可替代。下面列举几个高考试卷中含有非谓语动词的句子：

（1）Mr Bissell skillfully organizes historical insights and cultural references, making his tale a well-rounded picture of Uzbekistan, seen from Western eyes.
现在分词作结果状语　　　　　　　　　　过去分词作后置定语

（2020 年全国高考英语乙卷 C 篇）

（2）It is believed that today's children and teenagers are consuming three times the recommended level of sugar, putting them at a higher risk of the disease.

  过去分词作前置定语   现在分词作结果状语

（2022 年全国高考英语乙卷 D 篇）

（3）It comes after more than half of soft drinks sold in shops have had their
           过去分词作后置定语
sugar levels cut by manufacturers so they can avoid paying the tax.

  过去分词作宾补   动名词作宾语

（2022 年全国高考英语乙卷 D 篇）

  有的学生没有掌握非谓语动词的用法，他们对句子的理解主要按单词顺序逐个翻译，结果导致即使知道每个词的意思，但对句子的理解还是会出现偏差或错误，最终对整篇文章的理解准确度下降，影响做题准确率。

  2021 年笔者教高一，有次讲评阅读理解时碰到这样一句话："The task in 2011 failed when a Russian rocket carrying a Chinese orbiter had problems after launch." 当时为了了解学生对这句话中的词汇掌握情况，于是请他们来翻译，结果连续三位都没译对，让我惊讶的是，问题没有出在词汇上，而是出在句子结构上。他们是这么翻译的：这个任务在 2011 年失败了，一枚俄罗斯火箭携带一部中国的轨道飞行器出了问题在发射后。这句话读起来很不通顺，可能因为学生没完全理解这个句子，于是我接着问："What had problems, a Russian rocket or a Chinese orbiter？" 我让全班举手表达自己的看法，结果两个答案各占一半，与纯猜测的结果一致，由此可知，他们确实没理解哪一方 had problems，没读懂这句话。很多学生认为这句话中有两个动词，carrying 和 had，分不清谁是真正的谓语，只是因为 had problems 跟在 a Chinese orbiter 之后，就想当然地认为 had problems 的主语是 a Chinese orbiter，并不清楚 carrying a Chinese orbiter 是后置定语，修饰 a Russian rocket，而真正的谓语动词是 had。在划分了结构，弄清楚了谓语与非谓语之后，学生才真正理解了这句话的意思，其正确含义为：2011年，火箭发射任务失败，当时，一枚携带中国太空飞行器的俄罗斯火箭在发射之后出现了问题。

像这样有非谓语动词的句子在阅读中比比皆是，但若要使学生完全区分谓语动词与非谓语动词，仅靠老师讲解语法规则和学生死记硬背规则是不可能实现的，这需要学生不断阅读、分析、反思有非谓语动词的长难句结构，直至真正理解并熟练运用它，最终英语水平可上一个新的层次。

7. 虚拟语气

就像谓语动词可以通过时态和语态呈现一样，语气也是它的一种表现形式，用以体现出说话者的意图和计划。在英语中，有四种不同的语气类型：陈述、疑问、祈使和虚拟。虚拟语气也叫做非真实语气，它通过一定的语法形式来表明说话者的假设、推测或主观意愿。

现在高考试题中几乎没有专门针对虚拟语气的题目，但在日常的英语文章和影视剧作品中经常出现它的身影，可见它被使用的普遍性。写作的时候，在特定的情景下，有些句子必须要用虚拟语气表达，否则肯定是错的，因此有必要梳理一下虚拟语气。笔者读高中的时候一直认为虚拟语气是一种特定的句式，用在与事实相反的时候，但后来发现这种"句式"越学越多，每新学一种都在颠覆之前的认知，让人感到学不完、深不可测，到最后脑子变成了一团糨糊，什么都没记住。

为了不让学生重蹈覆辙，现根据笔者过往的学习经历以及教学经验，列出几种常见且必备的虚拟语气形式。

7.1 虚拟语气在名词性从句中

	使用规则	使用范围	例句
宾语从句	无论其主句的谓语动词是何种形式，从句的谓语形式均为 should+ 动词原形，其中 should 可以省去。注意，不能用 would，而是用 should	一个"坚持"(insist)，两个"命令"(order、command)，三个"建议"(suggest、propose、advise)，四个"要求"(ask、demand、require、request) 等	Our teacher suggested that we (should) not swim in the river.
表语从句		在表命令、建议、要求等名词后面接表语从句时，常见的这类名词有 command、advice、proposal、suggestion、request、demand 等	My suggestion is that we (should) set out early in the morning.
同位语从句		在表命令、建议、要求等名词后面接同位语从句时，常见的这类名词有 command、advice、proposal、suggestion、request、demand 等	The suggestion that we (should) set out early in the morning is acceptable.
主语从句		在 "It is/was suggested 等动词的过去分词 +that 从句" 中，常见的这类过去分词有 ordered、requested、proposed、desired 等	It is suggested by the doctor that I (should) give up smoking.
		在 "It is /was necessary 等形容词 +that 从句" 中，常见的这类形容词有 necessary、important、essential、vital、advisable、urgent、desirable、natural、strange 等	It is necessary that you (should) attend the meeting.
		在 "It is a pity (a shame, no wonder) +that 从句" 中	It is a pity that you should miss the flight.
	从句中谓语动词用 did，或者 should+ 动词原形，should 不能省略	在 "It's (high/about) time +that 从句" 中	It's (high) time that we humans should protect the Earth.

7.2 虚拟语气在非真实条件句中

在讲解 if 条件句的虚拟语气之前，教师可先简单引导学生回顾 if 真实条件句的用法以区分真实条件句与非真实条件句，目的是帮助学生更好地掌握虚拟语气在非真实条件句中的用法。if 条件句的虚拟语气并非只是简单地表达一个相反的事实，而是通过这种语气来传达某种言外之意，以实现某种特定的交际目标（程晓堂，2013）。

	从句	主句	例句
与现在事实相反的假设	If+ 主语 +did (be 动词用 were)	主语 + should/would/could/might+ 动词原形	If I had time, I would show up to the party. If I were you, I should seize the opportunity to go abroad.
与过去事实相反的假设	If+ 主语 +had done	主语 + should/would/could/might+have+ 过去分词	If you had studied hard before, you would have passed the exam.
与将来事实相反的假设	If+ 主语 +did	主语 + should/would/could/might+ 动词原形	If you came tomorrow, we would give you a surprise.
	If+ 主语 +were to do		If it were to rain tomorrow, we would not go hiking.
	If+ 主语 + should（not）do		If he should not come tomorrow, we should put off the meeting.

7.3 其他句型中的虚拟语气

虚拟语气在以上两类句型中出现频率较高，此外，还有一些句型中会出现虚拟语气的用法。

句型	规则	例句
在 wish 后面的宾语从句中，在 if only 感叹句中	对现在的虚拟，从句的谓语动词用 did，be 动词用 were	I wish I were a bird. If only I were taller.
	对过去的虚拟，从句的谓语动词用 had done 或 would/could+have done	I wish you had shown up in the party. If only I had accepted your suggestion!

续表

句型	规则	例句
在 as if/as though 引导的从句中	表示与现在事实相反或对现在情况有所怀疑，谓语用 did	I really don't like the way you are speaking to me. It seems as if you were mad.
	表示与过去事实相反，谓语用 had done	He talked about the accident as if he had seen it.
	有时也用陈述语气，这时表示较大的真实性或可能性，不用虚拟语气	It looks as if it is pure silver.
含蓄条件句的虚拟语气	有时为了表达的需要，在虚拟语气的条件句中，并不总是出现 if 条件句，还会有其他方式引出，常用的有介词 with、without、but for（倘没有；要不是）；连词 or、but；副词 otherwise 等。在含蓄条件句中，若表示对现在或将来的假设，谓语动词用 should/would/could/might + do；若表示对过去情况的假设，谓语动词用 should/would/could/might+have done	Without water, all lives would be gone.（对现在的虚拟） =If it weren't for water, all lives would be gone. But for your help, we couldn't have finished the work in advance.（对过去的虚拟） =If it had not been for your help, we couldn't have finished the work in advance.

虚拟语气的用法广泛而复杂。在以上所列用法中，学生一般能牢记虚拟语气在名词性从句中的规则，后面两种的用法稍复杂，掌握起来有难度。根据笔者多年的经验，在非真实条件句中，"对过去的虚拟"使用最为广泛，不妨先记住这一情况下的规则，其他可以暂时不记或学有余力再记，因为一般过去时是英语使用频率最高的时态，所以相应地，对过去的虚拟会比对现在和对将来的虚拟出现的概率更高。

8. 特殊句式

8.1 强调句

强调句可用来强调除谓语外的其他成分，鉴别方式是：去掉句中的 It

is/was 和 that/who，如果句子的意义和结构仍完整就是强调句，否则不是。现将几种强调句型归纳如下：

强调句的陈述句结构	It is/was+ 主语 / 宾语 / 状语 +that/who+ 其他成分	It was Andrew that/who fixed the air conditioner yesterday afternoon.
强调句的一般疑问句结构	Is/Was+ 被强调部分 +that/who+ 其他成分	Was it Andrew that/who fixed the air conditioner yesterday afternoon？ Was it yesterday that Andrew fixed the air conditioner afternoon?
强调句的特殊疑问句结构	疑问词 +is/was it+that+ 其他成分	How was it that Andrew fixed the air conditioner yesterday afternoon?
not until 句型中的强调	It is/was+not until … +that+ 其他成分	It was not until yesterday afternoon that Andrew fixed the air conditioner.

8.2 倒装句

英语句子的自然顺序是主语在前，谓语在后。当谓语动词在主语前时，就叫倒装结构。如果所有的谓语都被放在主语之前，我们将它称作完全倒装，而如果只有助动词或者情态动词被置于主语前面，我们将其称为部分倒装。

部分倒装	"only+ 状语（介词短语、副词、状语从句）"置于句首时	Only after being asked three times did he come to my house.
	not、nowhere、never、hardly、little、seldom、rarely、by no means、in no way、under no circumstance 等否定意义的副词或短语置于句首时	Hardly does she have time to go to a movie with her friends.
	在 "no sooner … than …" "hardly … when …" 结构中，no sooner 或 hardly 置于句首时，主句用部分倒装，且多用过去完成时（先发生），than 或 when 后的从句多用一般过去时（后发生）	No sooner had I reached the airport than the plane took off.
	在 "not … until …" 结构中，not until 置于句首时，主句部分倒装	Not until the child fell asleep did the mother leave the bedroom.

续表

部分倒装	so、neither、nor 置于句首，表前面的情况也适用于另一人或物时	I have never been to Hong Kong, neither/nor has she.
	"not only ... but(also) ..." 连接两个分句置于句首时，not only 分句用部分倒装	Not only does the sun give us light but also it gives us heat.
	as 或 though 引导让步状语从句时，可把名词、形容词、副词、动词原形移到 as 或 though 之前，若作表语的是单数可数名词，则省略冠词	Child as he is, he can help his mother do a lot of housework.
完全倒装	out、in、up、down、off、away、below、back 等地点方位副词或 here、there、now、then 等置于句首时，若主语是名词需完全倒装，若主语是代词则不用	There goes the bell! Here he comes.（主语是代词，不倒装）
	表地点的介词短语位于句首，且谓语动词是 be、lie、live、sit、hang、remain, exist 等表"存在"的不及物动词时	Around the lake are some beautiful tall trees.
	主系表结构中的表语置于句首时	Gone are the days when we didn't have any trouble in life.

一千个人眼中就有一千个哈姆雷特，语法知识也是如此，分类的标准不同，结果也不一样。以上只是本人对于英语语法基础知识点的归类，没有展开细说，接下来具体谈一谈语法教学。

新《课标》强调，语法知识是"形式—意义—使用"的统一体，语法教学应从学生的认知特点出发，在丰富的语境中通过各种学习实践活动巩固和运用语法知识，从而使学生在亲身体验中掌握目标语法，培养英语语法意识（教育部，2020；李满廪，2012）。

然而，目前在我国高中英语语法常态课上，教师往往先照本宣科地解释语法规则，然后学生做相关语法练习题，最后教师逐题讲评（翟成敏，2017），这样的语法课味同嚼蜡，学生很难真正掌握和运用语法知识，一个突出的现象是学生做过教师讲评过的习题仍一错再错，最终，师生双方身心疲惫，教师失去了教的激情与动力，学生失去了学的乐趣与信心，甚至影响他们对整体英语学习的热情。这种过于关注语言规则，脱离语境和语言使用的教学模式已经逐渐被更加注重语言意义与语言形式相结合的围绕主题意义的语法教学所取代（程晓堂，2013；毕少琴，2020）。

以主题意义为依托的语法教学理论简介

根据新《课标》，主体语境被列为英语课程内容的六要素之首，并指出学生对主题意义的探究应是学生学习语言的重要内容（教育部，2020）。主题式教学的核心原理是，以语篇为基本学习素材，以主题意义和内容为中轴，以教学活动为枢纽，并辅以聚焦语言知识学习的教学方案来开展教学，从而帮助学生实现认知和非认知方面的学习目标（程晓堂，2018）。同理，基于主题意义的英语语法教学应该建立在语篇基础上，把聚焦语言知识学习的教学思路贯穿始终，使学生在主题语境中习得语法知识，发展思维品质，培养语言能力，最终提升语法教学实效。下面以《英语（选择性必修第四册）》（人民教育出版社，2019）Unit 4 Iconic Attraction 的语法教学设计为例，具体阐明基于主题意义的语法教学模式。

以主题意义为依托的语法教学实践例析

1. 教学内容和教学思路

本单元的主题语境属于人与社会——介绍澳大利亚的标志性景观，学生对这个主题不陌生并很感兴趣，单元的听、说、读、看、写等各项活动设计都围绕这个主题语境展开。该单元的语法项目是复习过去分词的用法，要求学生能理解、辨认、运用过去分词作定语、表语、宾补、状语等结构。

本节课的语篇材料为介绍 Tower Bridge，Tower Bridge 是一座上开悬索桥，横跨泰晤士河，为伦敦的地标建筑之一。该文紧扣本单元主题意义，且文中多个句子使用了过去分词作非谓语这一语法结构，适合用来作为本节课的目标语篇使用。本节课有显性和隐性两条主题线，显性主题线是扩展单元主题阅读——学习阅读语篇 Tower Bridge，学生在与目标语法不断接触的过程中进一步理解和掌握过去分词的用法并学会运用该语法项目解决实际问题；隐性主题线为通过各教学环节的设计，培养学生主动挖掘主题意义的能力，同时，学生通过自主总结语法规律，提升思维能力。

2. 教学目标

基于主题意义的英语教学目标应涵盖基于主题和语境的教学目标以及语言知识与技能的教学目标（程晓堂，2018）。鉴于高二学生的英语水平和理解能力，本书将本节语法课的教学目标设置如下。

（1）学生在语境中了解和掌握过去分词充当定语、表语、宾补、状语的用法；

（2）运用本节课的语法知识，描述身边具有标志性的风物；

（3）借助与单元主题相关的语篇，加深对 Iconic Attraction 的理解；

（4）辩证地看待外国的文化，并用英语积极宣传国内文化，增强文化自信。

3. 教学过程

Step I 导入主题，激发学生兴趣

教师播放一段关于介绍伦敦塔桥的英语视频，引入本节课的话题，并让学生回答以下问题：

（1）Where is Tower Bridge?

（2）What are the function of bascules?

（3）What do you want to know more about the bridge?

[设计意图]

刚打铃上课时，学生的注意力很难立刻从别的事物中抽脱出来，教师播放人文性、趣味性强的教学视频可以迅速吸引学生的目光，让教室安静，使学生关注课堂。同时，可视化资源锻炼了语言五大技能中"看"的能力，学生的各项语言技能得到均衡发展。此外，教师选择的视频充分考虑了学生的已学知识和已有知识，与单元主题意义相符，与接下来的阅读内容高度一致，提前把学生带入到真实情景中，有利于阅读任务的顺利进行。

Step II 呈现语言材料

学生快速阅读语篇，回顾本单元的主题意义，并回答如下问题：

（1）Is Tower Bridge the same bridge as London Bridge?

（2）Why did people construct the bridge?

（3）What does Paragraph 3 mainly talk about?

（4）What is the meaning of "install" in last paragraph?

[设计意图]

阅读之后通过思考问题、回答问题可以帮助学生梳理全文，更好地把握文章主旨，加深对文章的理解。回答问题是深度思考的结果，学生在此过程中锻炼了分析、推理、总结等思维能力。教师根据学生的回答能了解学生对文章整体和局部的掌握情况，从而针对性地进行指导。

Step III 关注目标语法形式

本节课是语法复习课，学生在必修二中已经学习了过去分词作非谓语，在平时的学习中也在不断接触这一语法结构。基于此，本环节的教学活动为：Work in groups and read the text again to find as many examples of past participles as possible. Please underline them.（具体语篇内容见附录 II）

[设计意图]

学生在教师的引导下找出过去分词，并用下划线画出。在文中做标记使过去分词形式清晰扼要方便查找，让该语法项目在视觉上更突出，引起学生对这一语言形式的注意，为接下来的语法学习和基于主题的教学活动做铺垫。

Step IV 对语法项目进行分类、分析、总结

（1）句子分类

教师提出以下问题：Which past participle functions as an attribute, adverbial, predicative, or object complement? Can you classify them?

原文中过去分词作非谓语成分的例句汇总

例句	充当成分
① Sometimes incorrectly <u>referred</u> to as London Bridge, it is the next bridge upstream. ② <u>Completed</u> in 1894, the bridge took about 8 years' hard work of 432 construction workers. ③ However, this has proved less reliable than <u>expected</u>.	状语
① It is one of five London bridges now <u>owned and maintained</u> by the Bridge House Estates. ② A Special Bridge or Subway Committee <u>formed</u> in 1876 found a solution to the river crossing problem. ③ It wasn't until 1884 that a design <u>sent</u> by Horace Jones was passed. ④ The framework for the towers and walkways <u>provided</u> by over 11,000 tons of steel is firm.	后置定语
① In the second half of the nineteenth century, <u>increased</u> commercial development in the East End of London led to... ② ..., resulting in the bridge being stuck in the open or <u>closed</u> position on a number of occasions.	前置定语
① ..., and all Londoners were all <u>delighted</u>.	表语
① ..., which makes people <u>interested</u> in talking about it.	宾补

（2）总结语法规则

以主题意义为依托的语法教学不能是教师一人唱独角戏来讲授语法规则，而应该是学生主动探究语法规则的过程。教师在主题语篇 Tower Bridge 的基础上，设计下表，学生以小组竞赛形式按要求填写，总结过去分词作非谓语成分的使用规则。

功能	例句	使用过去分词的原因	改写
Past participle used as adverbial	Completed in 1894, the bridge took about 8 years' hard work of 432 construction workers.	Completed in 1894 在句中为时间状语，过去分词 completed 与全句主语 ① 之间是 ② 关系	状语从句：When the bridge ③ , it took about 8 years' hard work of 432 construction workers.

续表

功能	例句	使用过去分词的原因	改写
Past participle used as post attribute	It is one of five London bridges now owned and maintained by the Bridge House Estates.	owned and maintained 在句中修饰名词 ④ ，它们之间是被动关系，因为过去分词在被修饰的名词 ⑤ ，故为后置定语	定语从句：It is one of five London bridges that ⑥ now owned and maintained by the Bridge House Estates.
Past participle used as prepositive attribute	In the second half of the nineteenth century, increased commercial development in the East End of London led to ...	increased 在句中修饰名词 ⑦ ，表示完成，因为它在被修饰的名词 ⑧ ，故为前置定语	—
Past participle used as predicative	..., and all Londoners were all delighted.	过去分词 delighted 在系动词后，充当 ⑨ 成分，修饰人，即主语 all Londoners，表示主语的特点或状态	—
Past participle used as object complement	..., which makes people interested in talking about it.	过去分词 interested 的作用是补充说明宾语 people，整体结构为：make+宾语+ ⑩	—

Keys：① the bridge ② 被动 ③ was completed ④ one of five London bridges ⑤之后 ⑥ is ⑦ development ⑧之前 ⑨表语 ⑩宾语补足语

[设计意图]

过去分词不会单独充当谓语，它与逻辑主语之间存在被动关系，也可以表达完成。本小节的教学步骤环环相扣、层层递进，学生需要观察词汇形式、分析句子结构、回顾语法知识，最终在符合主题语境的语篇中总结出过去分词作非谓语的语言规律，学生的逻辑思维能力、自主学习能力得到极大提升，对主题意义的理解又更进了一步。

Step Ⅴ 巩固、内化、运用语法知识

在活动开始前，为帮助学生清除知识盲点，熟悉过去分词使用规则，教师给学生一定的时间，巩固所学内容，之后完成以下两个练习。

（1）运用过去分词翻译句子，每句仅用一次。

① 2008 年，土楼被列为世界文化遗产，它地处福建省山区，是独一无二的农村住宅。

_____, earthen buildings or *tulou* are unique rural dwellings(住宅) in the mountainous area in Fujian Province.（过去分词作状语）

②与一些发达城市的建筑物不同，传统的土楼由当地的山区营地演变而来，大多数呈圆形结构。

_____, the traditional earthen buildings evolved from local mountain camps, most of which took a circular structure.（过去分词作前置定语）

③林建文目前是振成楼的第六代主人，该楼建于 1912 年。

Lin Jianwen is currently the sixth generation owner of Zhencheng Building, _____.（过去分词作后置定语）

④林与他的家人经营着这个民宿，照顾着来自全世界的游客，他对现状感到很满意。

Lin runs the homestay hotel with his family, taking good care of the visitors from all over the world, _____.（过去分词作表语）

⑤迎接来自国内外的游客让林的生活充满动力。

Welcoming tourists from home and abroad _____.（过去分词作宾补）

Keys:

① Listed as a World Cultural Heritage in 2008;

② Unlike the buildings in developed cities;

③ built in 1912;

④ and he is satisfied with the way things are;

⑤ makes Lin's life motivated.

（2）组织对话和角色扮演

根据以上翻译练习中的内容和信息，利用本节课所学语法知识，两位学生为一组编对话并进行角色扮演，一位是记者，另一位是受访者——振成楼的第六代主人林建文，然后自愿在全班演示对话，最后评选出优胜表演组。对话举例：

Interviewer: Hello, Mr Lin, we know you're the sixth generation owner of Zhencheng Building. Would you please tell us where *tulou* can mainly be found?

Interviewee: Of course, *tulou*, listed as a World Cultural Heritage in 2008, are unique rural dwellings, which are mainly found in the mountainous area in the south of Fujian Province.

Interviewer: What are they shaped like?

Interviewee: So different from the buildings in developed cities, the traditional earthen buildings evolved from local mountain camps, most of which took a circular structure.

Interviewer: When did Zhencheng Building start construction?

Interviewee: Well, it was built in 1912 by Lin Hongchao, one of my ancestors.

Interviewer: Is there anyone still living in it?

Interviewee: Yes, I went back home and inherited the building, turning it into a homestay hotel. In peak time, there are 200 people from 27 families living in it.

Interviewer: Are you satisfied with your life now?

Interviewee: Yeah, I love it absolutely, which can make me motivated and away from the noise of the city.

Interviewer: I got it. Thank you very much for taking the time to answer my questions.

Interviewee: My pleasure.

[设计意图]

本环节的语料素材是关于福建土楼的介绍，与单元主题 Iconic Attractions 高度一致。翻译训练可以操练并巩固本节课的语法点；通过使用翻译出的句子编对话并进行角色扮演，让学生置身于真实语境中，从而理解角色的语言表达、情感变化和态度呈现，扩展了生活体验和感知；在一问一答的互动过程中，把语法知识内化成了隐性语法能力；此外，灵活使用所学知识来解决实际问题，真正实现了学以致用的目的。

Step VI 课后作业

利用句子翻译中的内容，并在网上查找更多关于福建土楼的信息，写一篇标题为 Traditional Earthen Buildings 的作文，字数为 80—120，其中必须用到本节课所学的过去分词作状语、定语、表语、宾补这四种结构，且至少其中两个句子与课堂练习不一致。

[设计意图]

与课堂内容紧密相关的课后作业让不同层次的学生都有话可写，巩固了上课的知识点，提高了学生综合语言运用能力；充分发挥作业育人功能，在作业中培养学生英语核心素养；写一篇关于土楼的作文是围绕教学主题的内在逻辑开展的教学活动，帮助学生深化对本单元主题意义的探究。

非谓语动词的教学是重点，也是难点，很多学生到高三才真正能准确识别非谓语动词。同理，其他语法知识的习得也一样不易，都要经过输入到内化再到输出，这三个过程缺一不可。教师可以根据自己学生的英语语言综合能力来决定何时开展何种教学，同时还应该明白，语法教学的重点是语法的表意功能，而不是语法的表面形式（程晓堂，2013）。学生对一个语法知识点的掌握往往不是一节课就能实现的，需要成百甚至上千个范例的浸润以及阅读积累做坚实后盾，不可操之过急，只需耐心等待，相信终会有守得云开见月明的那一天。

　　"纸上得来终觉浅，绝知此事要躬行。"任何事物但凡需要"学习"，都离不开亲自实践，如此才能使语法习得从一无所知到模棱两可再到熟练掌握最后触类旁通。这就好比大人学游泳，首先要克服怕水的心理，多下水，多和水接触，找到自己在水中的感觉，再慢慢学着憋气漂浮，接着练习肢体动作，然后试着不换气在水中潜泳，熟练之后再练习抬头换气直至学会。刚学会时容易呛水，游得很费力，换几口气就体力不支，但没关系，成功已经在向我们招手，只要不懈地练下去，就可以熟能生巧，在水中游刃有余。

第五章

读写结合的写作课

在英语的"听、说、读、看、写"这五项语言技能中,毫无疑问,写作的难度最大。写作在英语学习中的地位无法替代,它不仅是衡量一个人语言水平高低的重要标尺,还可以体现其思维能力和逻辑推理能力,提高写作能力的同时能使人"说"得更好,也使"听""读""看"更轻松也更有效。新《课标》中明确提出对"写"的要求:"以书面形式描述、概括经历和事实;以书面形式传递信息、论证观点、表达情感;运用语篇衔接手段,提高表达的连贯性;在书面表达中使用多种手段有效地传递信息、表达意义。"对于高考而言,"新高考"比"旧高考"在题型方面发生了一些变化,减少了完形填空的题量、没有了改错题、增加了读后续写——使用综合性语言技能的题型。总体来说,最大的变化是对写作提出了更高的要求:增加了写作新题型——读后续写,题量由以前的一篇变成两篇,分值由以前的 25 分变为 40 分。

学生写作能力情况分析

2023 年 3 月 14 日,笔者所在学校的 2022 级高一学生进行了一次月考,以下是 13、17、19 三个班英语试卷中每道题的平均得分率情况:

		13班	17班	19班	平均得分率
听力		75.87%	93.18%	84.17%	84.41%
阅读		65.87%	69.69%	80.2%	71.92%
语言知识应用	完形填空	52.32%	57.14%	64.2%	57.89%
	语法填空	56.01%	57.41%	75.07%	62.83%
书面表达	应用文写作	47.68%	44.01%	55.73%	49.14%
	读后续写	33.61%	31.35%	42.68%	35.88%

不难发现，学生书面表达的总体得分率在所有题型中最低，尤其读后续写，得分率不及听力、阅读得分率的一半，情况不容乐观。学生写作中的问题主要表现在七个方面：（1）基本语法错误，如拼写错误、词性乱用、主谓一致错误、分不清谓语非谓语、标点符号错误等；（2）受母语思维影响，中式表达频出；（3）语言不够丰富，如句式单一、用词不够具体生动；（4）想表达的意思与实际输出之间存在差别甚至完全相反；（5）句子与句子、段落与段落之间的衔接不够紧密，阅读起来不顺畅；（6）审题不清导致偏题、跑题；（7）写作内容不完整，篇幅短小，达不到字数要求。

学生写作能力滞后的深度剖析

鉴于学生在写作方面存在的上述七个问题，作为高中英语老师，为探寻有效的解决办法，实现高中英语写作教学效能全面提升，有必要深入分析学生写作能力滞后的原因，笔者认为主要有以下几点：

（1）学生内驱力不够。大部分学生提起写作都头痛不已，他们一直处于被动状态，英语写作成为了英语学习中的"老大难"问题。学生没有被激起对写作的兴趣，也缺乏内心的动力和持久的毅力去通过各种方式如收集素材和提升语言质量等使作文水平上一个台阶。

（2）学生缺乏阅读积累。高质量的输出依赖于大量的输入，只有长期的阅读积累，才能使学生在写作时如鱼得水。而现在的学生每天被安排得满满当当，忙于应付老师布置的各种作业，英语阅读就是刷题，几乎无法抽空看自己感兴趣的杂志、书籍，阅读量和阅读效果都难以支撑完成高水准作品的需求。

（3）学生写作时命词遣意方式错误。一直以来，学生的外语学习基本都是从学习个别单词和词组入手，然后再学习基本的词法、句法规则。因此，具备一定句法基础的学生在英语写作时先通过学到的语法规则来搭建句子框架，然后再选择他们能想到的单词和词组去加以补充使表达完整。对于基础差的学生来说，他们往往根据中文语法规则把英文单词强行拼凑在一起。不管是哪种方式，这两种写作表达过程必然会产生大量中式句子等问题，这也不难理解为什么本族语者看到外语学习者的语言表达时会感到生涩。

（4）教师写作教学模式老旧。社会在发展，时代在进步，思维也跟着创新，而很多教师忽视了教育教学的学习和创新，导致写作课堂无法满足当前学生的多元化需求，也无法达到当前高中英语写作教学不断发展的要求。

所以，目前亟待解决的问题是：第一，激发学生对写作的内驱力，让他们从主观意愿上想写作，想要提高写作；第二，增加阅读量，大量阅读是培养良好语言感知能力的前提条件，同时还能拓宽知识面，丰富思考和写作的内容；第三，以词块为基础来构建句子，让语言更地道和通顺；第四，改革写作教学课堂，注重课堂的趣味性和成效性，让学生产生获得感和成就感。

本文就"改革写作教学课堂"展开具体论述，介绍一种行之有效的写作课模式——读写结合的写作课。

开展读写结合写作课的原因

读写结合理论在我国有着很深的历史渊源，最早可追溯到西汉辞赋家杨雄，他在《答桓谭论赋书》中写道："能读千赋，则善为之矣。"意思是：能读懂一千篇赋，则能自己作赋。他阐明了读对写的重要性。之后在唐、元、明、清各朝代都有关于读与写之间的论述，其中最著名的当属杜甫在《奉赠韦左丞丈二十二韵》中的诗句：读书破万卷，下笔如有神（汪潮，2002）。到了近现代，开启了读写结合教学法的研究，教育家姚铭恩早于1915年在文章《小学校国文教授之研究》中从内容和形式上阐明读与写之间的关系。20世纪著名语言文字学家、语文教育家黎锦熙提出了"作文与教学联络"，主张在小学阶段应该把故事阅读与写作相结合，可以先读后写，以阅读课本为主，再让学生仿写、扩写、改写或编成剧本。现代著名作家、教育家叶圣陶曾多次阐明阅读与写作之间的关系以及阅读对写作所起的积极作用，同时，他也认同读写结合的教学实践（汪潮，2002）。

在国外，也不乏关于读写关系的论述，认知发展理论表明，阅读与写作关系紧密，主要有三种读写之间的关联路径：(1)修辞关联路径，指的是作者与读者之间可以在他们信息传递和接受的过程中建立读写联结；(2)程序关联路径，指的是通过阅读后完成相关写作任务来建立读写联结；(3)共享知识关联路径，指的是读与写在认知过程中共享多个维度，具有相似性，他们之间可以从共享知识的角度来建立关联（王蔷，2020）。

新《课标》指出："语言技能包括听、说、读、看、写等方面的技能。听、读、看是理解性技能，说和写是表达性技能。理解性技能和表达性技能在语言学习过程中相辅相成、相互促进。学生应通过大量的专项和综合性语言实践活动，发展语言技能，为真实语言交际打基础。"综合性语言实践活动指的是不同语言技能之间的整合，这在新教材中具体表现为听说结合板块（Listening and Speaking、Listening and Talking）、视听说结合板块（Video Time）、读写结合板块（Reading for Writing）等（张献臣，2021）。为此，新《课标》还具体说明："在语言运用过程中，各种语言技能往往不是单独使用的，理解性技能和表达性技能可能同时使用。因此，在设计各种教学活动时，教师既要关注具体技能的训练，也要关注技能的综合运用。"由此可见，读写结合的写作课符合新课标的要求，顺应时代的发展、教育进步的需求。

在使用新教材之前，大多数英语教师在写作课中的教学模式一般为

"教师在黑板上写下题目——学生抓耳挠腮地写——教师辛苦批改",这种模式缺少对学生写作方法和策略的指导,忽视写作过程,只关注最后的写作结果,阅读与写作分家,关联性不强,属于基本割裂的状态,这是缺乏阅读内化后对写作的铺垫和不注重积累话题词块的缘故。对此笔者深有感触,比如,上《英语(选必修第一册)》Unit 3 Fascinating Parks—Reading for Writing 的时候,写作活动是 Write an introduction of a park,作文中不少学生写了这样一句话,"You can play various roller coasters in the park,"看完我便笑了,这句话的意思是:你们能在公园里把过山车摆弄来,摆弄去。学生写出的英语句子与想表达的含义完全不一致,这句话中,学生想表达的是"玩过山车",于是先翻译"玩",再翻译"过山车",接着拼凑在一起,最后有了 play roller coasters 这样的蹩脚英语,而实际上英语中根本没有这样的搭配,正确表达方式为 ride roller coasters。

读写结合的写作课可以有效减少学生写作中出现的种种问题,提高作文品质。阅读是读者不断接受作者信息并以此为基础重建信息的过程,是输入性语言活动;写作是作者把自己的思维活动编码,并以文字的形式进行表达的过程,是输出性语言活动。输出语言的前提是进行大量的语言输入,只有感知语言才能灵活运用语言。因此,把这两者结合在一起开展教学活动是一种促进学生写作水平提高的有效方式,也有研究表明能同时带来两项技能的增长(王蔷,2020)。

读写结合教学需要注意的几个问题

读写结合的教学中,教师的理念和指导都起到十分重要的作用,决定着课堂效率的高低,现列出以下几点需要特别注意的地方:

(1)读写结合教学的重点是写不是读,为避免头重脚轻,不应像上阅读课一样来设计教学过程,因为阅读的目的是为写作服务,所以课堂活动应围绕写作任务来进行。

(2)找到读写之间的连接点是读写发生互动和产生协同效应的前提条

件，可以从语篇结构、语言特征和词块等几个方面来寻找。

（3）为不同风格体裁的语篇设计不同的写作任务，根据英语学习活动观，读写结合的写作属于迁移创新层次，具体分成三类：①内容迁移，如改写、改编；②形式迁移，如仿写；③完全创新，如续写、创造性写作，形式上可以是演讲稿、概要、信件等（钱小芳、王蔷，2020）。

（4）不应囿于课本的 Reading for Writing 板块，可以根据学生的兴趣和写作水平，在单元话题的基础上设计写作任务。

（5）在写作前的"准备词块"环节，教师应及时纠正学生的一些中式表达，学生和教师可以同时做好记录工作，避免以后再次发生同样错误。

在上完《英语（选择性必修第一册）》Unit 4 Body Language 这一单元后，笔者布置的单元话题作文是"The magic of smile"，有一个小组在 brainstorm 的过程中，想出了一些词块：relieve atmosphere、show kindness、reduce contradictory、make us more beautiful and confident 等，其中 relieve atmosphere 与 reduce contradictory 明显是套用汉语的搭配习惯，很不地道，被指出后学生进行了改进，换成了更好的表达方式，lighten the mood 和 reduce conflict。在日常教学中像这样的例子还很多，教师不仅要指出学生表达欠缺的地方，还应及时做好笔记，以便今后更有效地开展写作教学并给予学生更佳的写作指导。

读写结合的教学案例

下面以《英语（必修第三册）》Unit 1 Festivals and Celebrations 中的 Reading for Writing 板块为例，探讨读写结合的教学策略。

本课例的阅读内容是一篇日记，具体描述了作者在内蒙古自治区与朋友共度蒙古族盛大的传统节日"那达慕"大会的经历。Reading for Writing 给出的写作任务是让学生写一篇关于最近经历的节日或庆祝活动的文章。由此可见，写作任务在体裁和主题上都与阅读语篇非常一致。本课例的教学步骤主要分为三部分，写前——研读文本，写中——习作撰写，写后——评价、修改与巩固。

1. 写前——研读文本

研读文本时，应抓住几个关键点，what、why、how，即作者写了什么，主旨和内容是什么；为什么要谈论这个主题，价值和意义在哪里，想表达的态度和观点是什么；如何写出来的，结构内容、语篇特点是什么。

1.1 学生有目的地阅读语篇，即阅读输入，以获取文本的各种信息

阅读语篇，直奔文本的基本内容，在意思上做到理解准确，不需要对不同层次的意义做过多分析，相对来说，读写结合的阅读部分在信息处理上要比常规的阅读课更简单。My Amazing Naadam Experience 叙述了"我"在一年一度那达慕大会上的经历。文章以时间的顺序重点描述了节日上的三项活动：盛大的开幕式、与众不同的摔跤比赛和儿童参加的赛马比赛，展现出一幅蒙古族人民欢度节日热闹和谐的画面，表达了作者在体验民族节日时激动兴奋的心情，传达了蒙古族人民的性格特点、娱乐精神及其浓厚的传统文化氛围。阅读本篇文章有助于培养学生的文化意识，让学生学会欣赏和珍惜多姿多彩的民族文化。

学生活动与步骤	设计意图
1. 导入 让学生观看一段关于"那达慕"大会的视频，回答问题： （1）Have you ever been to Inner Mongolia? （2）Do you know which is the most important festival there? （3）Watch a video about the Naadam Festival and talk about it.	通过视频点燃学生兴趣，激活学生已有知识和内在情感，快速引入主题
2. 快速阅读 （1）What is the type of the text? （2）In what order did the author write the diary? （3）What are the person and tense?	通过这些简单的问题带领学生学习日记这种题材的特征：日记应该以第一人称，按时间顺序并以过去时的形式来叙述
3. 细读 （1）理解文章内容，画出思维导图，包括关于节日的 when、where、who、what 等信息； （2）与组员分享思维导图； （3）在组内讲述思维导图的制作过程	细节阅读，完成对"那达慕节"的梳理，对课文内容有更详尽的了解

1.2 找准输入输出之间的连接点，针对性地分析语篇的结构、内容或语言

分析语篇是找准读写连接点的基础，为写作任务的设计提供灵感，为学生写作提供支架。分析文本结构包括分析作者如何围绕主题谋篇布局，总结每段的段落大意，剖析段与段之间的关系和衔接；分析文本内容是指在理解文本内容的基础上，从作者的所看、所闻、所说、所感等几个方面来多角度地谈论这个主题，如果是议论文，应剖析作者观点和态度是什么，从哪几个角度作为切入点来说明立场以及谈论这个主题的意义和价值在哪里；分析语言则是学习作者在阐述主题内容时的语言特点，不是常规阅读教学中的学习生词及其派生词、短语、语法知识、长难句等，而是学习修辞手法、与主题相关的词块、与作者情感匹配的相关表达等。

该文是一篇日记，典型的记叙文，以第一人称按时间顺序叙述节日活动，第一段为开头（Introduction），明确了写作主题并对那达慕大会作出简单的介绍；第二段到第四段为主体（Body），描述了人们对节日的准备和庆祝活动的经过；第五段为结尾（Ending），总结这次经历和感受，并表达了自己的愿望。段与段之间衔接紧密，运用承上启下的句子来连接不同表达意图的段落，读起来很顺畅。作者在描述节日活动时，主要从视觉、听觉两方面来生动再现当时的情景，比如在叙述赛马比赛时，"作者惊讶地发现选手们都为年龄不大的孩子，于是感到些许担忧，他的好朋友说了一些安慰他的话，"这些都属于视觉、听觉的描述。文章从第二段到第四段的主体部分每一段都多角度来表达段落主旨。此外，作者在叙述的同时，还有一条情感暗线始终穿插其中，从开始介绍三个活动时的兴奋，到看摔跤比赛时的感动，再到观赏赛马比赛时的惊讶和担心，最后到返回家中时感到既累又值得，并表达对冬日再次入蒙体验蒙古包里吃火锅的期待。文章语言风格清丽明快，运用了重复（repetition）和明喻（simile）的修辞手法。修辞就是修饰语言，是使语句变得更生动、形象、具体的方法，可以提高表达效果和说服力，比如作者在描写摔跤比赛的时候写道："..., waving their arms in the air as if they were eagles.（他们挥动着双臂，宛如雄鹰。）"

作者娓娓道来，使读者仿佛身临其境，看作者所观，听作者所闻，思作者所想，从字里行间感受作者在过民族节日时轻松快乐的心情，在思想和情感上与作者产生强烈的共鸣，这也是作者写本文的原因，既记录了当时的情景和心境，让欢乐的时光延长，也与读者分享那达慕大会的盛况与乐趣。

学生活动与步骤	设计意图
4. 分析性阅读 （1）According to the left information, how many parts can the passage be divided into? （2）In the the opening ceremony, Mongolian wrestling and the horse races, what did the author see and hear respectively? （3）Underline the description of feelings and emotions. （4）What methods of writing are used in describing the activities?	再次梳理文本，通过深度剖析文章的结构、作者在节日的所看所听、作者的情感、语言特色，从而感受作者生动形象的表达，加深对文本的深层次理解

1.3 找出、整理语篇词块并做内化练习，为写作做铺垫

词块是多词组合，有自己特定的结构，集语法、语义、语用三个功能于一身，以整体形式储存在大脑中，可整体或稍作变化后供学习者提取、使用，是构建语篇的有效材料，通向记忆的高层次组织，学生掌握的词块越多，语言使用越丰富越准确（陈伟平，2008）。

读写结合的阅读语篇中含有大量与写作话题相关联的词块，先找出这些词块并整理，为能将它们灵活运用于续写中，还应做一些内化练习，具体形式有复述课文、角色扮演或词块填空、仿写句子等，目的是在对词块操练、反复呈现的过程中，加深学生对词块的理解、加快对词块的吸收、提高使用词块的意识。也就是给学生提供一个消化的"胃"，帮助他们把词块咀嚼透，为后续的灵活运用做好充分的准备，为写作的输出奠定基础。本篇文章中包含了大量描述动作和情感的词块，学生可灵活运用于自己的写作中。

学生活动与步骤	设计意图
5. 找出语篇词块并画出思维导图 　　Find out chunks that can be used in writing and make a mind-map. 　　A possible version: 　　Introduction: fall on、lunar calendar、last for 3 days、be represented by 　　Opening ceremony: set off、fancy robes、feed horses、practise archery、take photographs、from hear and far、attend the festival 　　Wrestling competition: amazing performances、be different from、sing songs、wave arms、as if they werd eagles、be quite moved、the show of strength and grace 　　Horse races: my favorite part、be surprised to see、be a little worried about、all their lives、start to understand 　　Ending: be back home、feel tired、be worth it、stay in a tent、eat hot pot	整理语篇词块，让词块更加直观地呈现，增加学生的词块使用意识
6. 内化词块 　　Use the chunks in the text and fill in blanks. 　　The Naadam Festival (1)____ the fourth day of the sixth month of the lunar calendar, usually (2)____ three days. It (3)____ three events: horse racing, wrestling and archery. 　　I (4)_____ to the games early and saw many people wearing (5)_____. Burin told me that Mongolians travel from near and far to (6)_____. Mongolian wrestling (7)_____ that in the Olympics. The competitors (8)_____ as if they were eagles. I was moved by their show of (9)_____. Of course I enjoyed the archery. However, I was into the horse races most. I was astonished to see that the riders were boys and girls. After watching the race, I (10)_____ understand why people say "Horses are (11)____ Mongolian culture". 　　Though tired, I thought celebrating Naadam with my friend (12)____. 　　Keys:（1）falls on　（2）lasting for　（3）is represented by　（4）set off　（5）fancy robes　（6）attend the festival　（7）is different from　（8）waved their arms　（9）strength and grace　（10）started to　（11）at the heart of　（12）was worth it	利用词块复述课文，可以把记忆、思考、表达三者相结合，是课文语言内化的过程，为后续的写作做铺垫

2. 写中——习作撰写

　　以读促写的关键在于"写"，"写前"阶段的练习主要培养学生理解、接受、利用文本信息的能力，"写中"是把之前的成果自然转移到写作实践中，只有在撰写过程中拥有清晰的思路，表达的灵感，才能轻松实现写作输出。

2.1 写作准备

学生在写作前应做一些必要的准备，这样可以让文章的结构性和逻辑性更强，写起来更顺畅，更容易产出高质量作品，不会因迟迟下不了笔产生无力感，也不会把作文写成流水账，显得毫无生机。

当我们准备下笔之前，首先应该审题，这是写作的第一步，也是高水平创作的基础和前提，只有做好这一步才能找准写作方向，不偏题跑题。接下来列好写作纲要，以明晰写作思路、探明方向、为写作搭好"脚手架"，确保文章的结构感和层次感。最后在提纲的框架下，激活头脑中存储的词块，既有来自刚阅读的语篇，也有来自于之前的积累，然后逐一列出。

人教版新教材在部分单元的写作活动的设计中只给出大的写作方向，没有把写作情境具体化，其益处是学生自由发挥的空间大，可以结合自己的实际情况和触动内心的事件来选定主题，充分挖掘写作素材，为情感建立疏通渠道；其弊端是学生需要花费更多时间确定话题内容，在课堂上压缩了写作时间，不利于后续创作，对于摇摆不定不知如何做选择的学生，不利于激发他们的参与感和想象力。因此，教师可以在课本的基础上，根据授课学生的不同学情来确定是否把写作任务再具体化。

本单元的写作任务为：用所学到的知识写最近经历过的一个节日或庆祝活动。由于笔者学生英语基础较薄弱，具体真实的写作任务有利于迁移创新活动的顺利开展，也使"写后"环节更便于操作，因此笔者结合阅读语篇对写作部分做了重新设计：

假定你是李华，你的美国朋友 Andrew 发来邮件想了解中国中秋节的习俗，并询问你最近一次中秋节是如何度过的。请你写封回信，内容包括：

（1）介绍中秋节，包括庆祝时间和意义；

（2）你的中秋节经历；

（3）你的节日感受。

注意：字数根据内容需要与自身水平，尽量控制在 100—150 之间；可适当增加细节，以使行文连贯。

学生活动与步骤	设计意图
7. 审题 （1）确定文章类型：本文是一篇回信，体裁集说明文与记叙文为一体，以记叙为主； （2）确定主题：本文是围绕中国的传统佳节——中秋节而展开的一篇写作练习； （3）确定时态：中秋节介绍部分用一般现在时，记叙活动部分以一般过去时为主； （4）确定人称：由于是描述自己的经历，所以应用第一人称。	贴近生活的具体化写作情境能激发学生的写作欲望，让学生对于"写什么、怎么写、对谁写"等问题做到心中有数
8. 列出提纲 （1）确定写作的先后顺序和整体布局，罗列要点，拟好提纲，第一段：介绍中秋节以及作者的感想；第二段：为迎接中秋节的到来所做的准备；第三段：活动的具体过程和细节；第四段：总结并表示期待； （2）在提纲基础上列出要使用的词块 根据本话题的特点，在提纲的基础上再分 details 和 feelings 两方面，以小组合作的形式开展 brainstorm，写下作文中将要使用到的词块。 **Outline** The name of the festival/celebration: Mid-Autumn Festival 		Main idea of each paragraph	Details	Feelings
---	---	---	---
1	A brief introduction and my feeling	fall on、lunar calendar、last for、be known as、represented by、admire the full moon、release Kongming lanterns	can't wait to celebrate、so exciting to experience
2	How I prepared for it	clean the house、purchase delicious food	busy、tired
3	The specific activities	be buried in、admire the full moon、eat moon cakes、a reunion dinner	interesting、meaningful
4	The summary of my experience	a symbol of reunion	be worth it		列提纲是写作的一个重要步骤，学生在提纲的基础上创作有助于提高写作效率，减少焦虑感和盲目性。列词块的目的是因为利用词块写作不需要专门注意语法结构，学生直接从自己的脑海中以整体形式迅速提取并进行重组，可以提高写作的准确性、流畅性、复杂性，可在一定程度上解决学生在读后续写中存在的各种问题，如：语法错误、缺乏高级词汇和复杂句式表达、缺少细致的描述性语言、大量中式英语句子等，使写作质量全面得到大幅度提升

2.2 独立完成迁移创新任务——写作

按照主题要求以及所列提纲将准备好的词块按英语语言习惯连成句子，并恰当使用连接成分和逻辑顺序组成一篇文章，即运用提纲、完善提纲、完成初稿。初稿完成后，接下来对文章优化润色，即检查语法、句子衔接、升级词和句式，做到内容切题、语句通顺、前后连贯。

俗话说"言为心声"，优秀的文章是作者热爱生活、体验人生、参与社会的产物。在下笔作文的时候，学生脑海中要有画面感，回忆自己过中秋节时的情和景，从最难忘最具代表性的事情中去选择，然后根据提纲构出的框架再利用词块有条理地遣词造句，把想表达的内容付诸笔端。只要学生把前期工作做好，积累了足够多的素材，他们会把写作看成是一件有趣的事情，会越写越顺，越写越多。

学生活动与步骤	设计意图
9. 独立完成初稿并润色 （1）Use the outline and chunks to draft your diary. （2）Check and polish your composition. 学生习作（画线部分来自上一步骤中所列词块）： 　　The Mid-Autumn Day is an important traditional festival in China, symbolizing family reunion. It <u>falls on</u> the fifteenth day of the eighth month of the lunar calendar, usually <u>lasting for three days</u>. It <u>is represented by</u> a couple of activities: eating moon cakes, admiring the full moon, etc., which are all <u>so exciting to experience</u>! 　　You know what, we just spent the festival last month. In order to prepare for the arrival of the festival, my mother together with other family members <u>were busy cleaning the house</u> and went to the supermarket to <u>purchase some snacks and food</u> for the big meal. We also bought many moon cakes of different flavors. How delicious they tasted!	此环节是读写结合课堂的核心环节，学生模仿所学语篇的结构、内容、词块，写一篇日记，帮助他们发展写作策略，在运用语言的过程中提升写作质量。另外，日记的话题是有关中国的传统佳节——中秋节，培养了学生欣赏身边中国文化元素的意识，增强了文化自信

续表

学生活动与步骤	设计意图
When the day came, we got up early and <u>were buried in</u> cooking. In the early evening, my family sat together at a round table <u>for a reunion dinner</u>, which was the most important part. After dinner, we went outdoors to <u>admire the full moon</u> while <u>eating moon cakes</u>. My younger sisters and brothers <u>released Kongming lanterns</u> and they wrote their best wishes on them. The activities were so <u>interesting and meaningful</u> and I started to understand why we love it. 　　In summary, the Mid-Autumn Festival is <u>a symbol of reunion and happiness</u> and celebrating it with my family <u>was totally worth it</u>.	

3. 写后——评价、修改与巩固

初稿完成并不表示写作任务的结束，"写后"环节往往是很多教师最容易忽视的，在这个环节中，教师应该设计具体的评价方案，开展同伴之间的评价，再由教师进行评价。及时有效的反馈能促使学生深度学习的发生，学生根据同伴和教师的建议进行修改和完善，然后采用多种方式分享和交流佳作，最后背诵佳作，起到巩固和进一步内化所学知识的作用。

3.1 强调评价机制，通过生生互评、教师评价给出修改意见

在传统写作教学中，多由教师对学生的写作结果进行评价，这样会导致学生丧失互相评价和学习的机会。新教材特别强调写后同伴评价的环节，可以以小组为单位在组内两两之间进行，最好是水平相当的学生，学生会更有参与感，也达到借他人所长补己之短的目的。评价是根据教师制定的合理化、科学化的评价方案为依据，这能减少学生主观性的情绪化评判。生生评价之后，再把作品和评价一起上交给教师，教师主要从两方面审阅，一是针对评价内容，尤其是看学生对语法方面的判定是否正确，避免学生错的改成错的或对的改成错的而造成的误判和伤害；二是针对学生的作品，从大的方向提出修改建议，比如文章的写作方向、内容设置、文章结构、连贯性和流畅性、句式升级等。

学生活动与步骤	设计意图
10. 启动评价机制 （1）Exchange your draft with a partner. Use the checklist below to revise your partner's draft. | Assessment Content	Excellent	Good	Average	Below Level | |---|---|---|---|---| | Does the writer describe a specific festival or celebration? | | | | | | When it comes to the activities, is there detailed information? | | | | | | Does the writer talk about what are his/her feelings? | | | | | | Does the writer use some of the rhetorical devices? | | | | | | Are there any tense, person, spelling, punctuation or other grammar errors? | | | | | （2）Teacher gives advice on some more important aspects, such as structure, coherence, and so on.	生生互评会促使学生更认真地完成学习任务，有助于培养学生的批判性思维能力。同伴间的相互欣赏、竞争、反驳能产生意想不到的效果，是有效的共同学习和提高的方式。教师在生生评价的基础上再进行评价既可以了解学生的真实情况，也能把握整体方向，还可以以此为参考来及时调整教学策略，更好地指导写作教学

3.2 自我审阅，打造佳作

俗话说"玉不琢不成器"，写作也一样，唐代诗人卢延让在诗歌《苦吟》中写道："吟安一个字，捻断数茎须。"无独有偶，贾岛在《题诗后》中写道："两句三年得，一吟双泪流。"这两首诗都同时表达了创作优秀文艺作品过程中付出的艰辛。同样，一篇出彩的文章很难一蹴而就，需要一遍又一遍地打磨。因此，在收到了同伴和教师的反馈后，不能置之不理，应立刻进行反思和修改，作品在经过反复修改之后会明显看到较之前的进步之处。值得注意的是，学生可以保留作文的一稿、二稿、三稿甚至更多稿，这样能呈现整个思考过程和学习成果，更深刻地领悟如何写作，尤其是如何打造佳作。待所有流程完成后，教师采用不同方式展示较为突出的作品，并借此进行分享和交流，比如打印张贴、发班级微信群、作品诵读等，同时收录到班级作品集，对于特别优秀的文章，还可以推荐给报刊杂志。

本节课关于中秋节的习作，以信件方式呈现，与考试写作题型十分相似，可以挑选优秀文章集中打印，给学生提供讨论、分析、学习的机会。

学生活动与步骤	设计意图
11. 在评价基础上进行修改 学生在生生互评、教师评价的基础上对自己的文章进行一次或多次修改和审阅，直到成为令人满意的作品	修改的过程同时也是复盘的过程，可以清楚地看到并弥补自己的不足，让作品在亲身操作实践中慢慢完善
12. 范文展示 教师选出较为突出的作品，收集后整理、排版、打印，按班级人数发放，并利用课后延时的时间让学生先阅读再找出他们眼中的优点，最后教师应充分发挥自己的专业优势，讲评范文的可学习、可借鉴之处，如结构安排、修辞手法、细节描述、突出句式等，让学生开阔思路，真切体会可取之处，这样，范文才真正起到模范的作用	对于读者来说，读熟悉的同龄人作品既亲切同时也能激起强烈的模仿和学习欲望；对于作者来说，被老师和同学认可是最好的奖励，起到了鼓舞作用，进而激发他们的写作热情，形成良性循环。总体来说，对所有学生写作能力的提高大有裨益

3.3 进一步巩固与内化，使短期记忆变为长期记忆

背诵是效率最高的巩固知识、内化知识的手段之一，俄罗斯著名作家托尔斯泰之所以博闻强记是他每天清晨起床后坚持背诵的结果，他写出《战争与和平》《安娜·卡列尼娜》这样不朽的著作也与此息息相关。因此，学习范文最好背诵范文，把理解转化成记忆，只有变成自己的东西、积累丰富的语料之后，才能做到旁征博引，下笔如有神。

学生活动与步骤	设计意图
13. 背诵佳句、佳段、佳作 筛选出特别出彩的佳句、佳段、佳作，学生进行熟读然后背诵，进一步内化实用性强的词块以及与本话题有关的语料	背诵可以加深熟练度，起到巩固内化语言的作用，而且学生在情感上也易于接受自己的创作，这种背诵"自己的作文"活动对提高写作质量有明显效果（王学儒，2008）

中国有句老话说得好，十年磨一剑，写作又何尝不是，进步是靠平常的一点一滴，日积月累而来。阅读与写作关系密切，既相互独立又相互影响，教师应抓住这个特点来进行写作教学，把阅读与写作二者融合在一起，找准输入输出之间的连接点，实现以读促写，以写促读。另外，教师在写作任务设计时要注意主题贴近生活，让学生有话可说；在写作指导时，应多一些耐心；在写后的环节中，要引导学生及时背诵强化，以达到读写课堂成果最大化的目的。

单元话题写作任务的设计

除了利用课本的读写板块来进行写作教学，教师还可以利用单元话题，在单元学习活动的基础上，设计符合单元话题的写作练习。学生在新课中挖掘写作素材，利用所学词块命词遣意，体会学有所用的快乐。下面是根据《英语（选择性必修第三册）》Unit 2 Healthy Lifestyle 设计的单元话题写作作业。

一、单元写作任务

假定你是李华，你的外国朋友 Christina 发来一封电子邮件诉说她的烦恼：她有一些不好的习惯（举例具体化），想要改变又不知该怎么办，感到很焦虑。请你给她回一封邮件，内容包括：

1. 表示理解并给予安慰；

2. 给出建议；

3. 表达祝愿。

注意：1. 词数 100 左右；

2. 可适当增加细节，以使行文连贯。

二、话题词块梳理

The process of forming bad habits	
1. make one's own decisions 做自己的决定（P14） 2. It can be easy for sb. to form bad habits. 对某人来说形成坏习惯很容易（P14） 3. if left unchecked 如果不加遏制（P14） 4. lead to physical and mental health problem 引起身心健康问题（P14） 5. prevent ... from ... 阻止……以免遭受……（P14）	6. recognise bad habits early 早日识别坏习惯（P14） 7. make appropriate changes 做合适的改变（P14） 8. with many attempts 有了很多尝试（P14） 9. make a choice 做选择（P14） 10. repeat it over and over again 不断重复（P14） 11. be much harder to change 更难改变（P14）
The cycle of how habits are formed	
1. act as a signal 充当信号（P14） 2. in response to 作为回应（P14）	3. make sb. much more likely to 使某人更可能（P15） 4. rely on unhealthy snacks 依赖不健康的零食（P15）
Negative consequences of bad habits	
1. hardly feel well 很少感觉身体舒适（P20） 2. either physically or mentally 身体上或心理上（P20） 3. feel sleepy and dizzy 感到困乏和头晕（P20） 4. lack passion 缺乏激情（P20） 5. get the flu easily 容易得流感（P20）	6. experience many toothaches 经常牙痛（P20） 7. damage my teeth and health 损害我的牙齿和健康（P20） 8. feel stressed out 感到心力交瘁（P20） 9. feel even more worn out 感到更加疲惫不堪（P20）
Ways to get rid of bad habits	
1. examine bad habits cycles 审视不良的习惯循环（P15） 2. try to adapt bad habits cycles 尝试改变不良的习惯循环（P15） 3. combine ... with ... 把……与……相结合（P15） 4. replace a negative routine with something more positive 把一个消极的惯常行为替换成一个更积极的（P15） 5. change this routine into something more positive by ... instead 通过……把这个惯常行为变成一个更积极的事情（P15）	6. break bad habits 改掉坏习惯（P15） 7. eat nothing with sugar 不吃含糖的东西（P20） 8. exercise regularly 定期锻炼身体（P20） 9. added sugar 添加的糖（P20） 10. adjust lifestyle 调整生活方式（P20） 11. take control of my life 掌控自己的生活（P20） 12. to succeed in quitting 为了成功戒瘾（P20）

续表

Ways to create good habits	
1. A journey of a thousand miles begins with a single step. 千里之行，始于足下。（P15）	5. stimulate motivation 激发动力（P20）
2. show some discipline 展现一定程度的自制力（P15）	6. play table tennis or badminton 打乒乓球或者羽毛球（P20）
3. repeatedly take many small steps 不断地采取一些小措施（P15）	7. ride around the neighbourhood 在社区周边骑行（P20）
4. decide on some changes 选定一些需要改变的事（P15）	8. take a long walk 长时间散步（P20）
	9. go rock climbing 去攀岩（P20）
	10. watch comedies 看喜剧片（P20）

Positive consequences of good habits	
1. feel more dynamic 感到更有活力（P20）	9. get to meet new friends 结识新朋友（P20）
2. in both body and mind 在身心上（P20）	10. try out new ways of relaxing 尝试新的放松方式（P20）
3. sleep soundly 睡得香（P20）	11. feel much more energetic 感到更精力充沛（P20）
4. no longer suffer from a flu virus or toothaches either 不再受流感病毒或牙痛的折磨（P20）	12. change myself for the better 让我自己变得更好（P20）
5. enhance the quality of my life 提高了生活品质（P20）	13. It is possible to ... 做……是可能的（P20）
6. improve my health 改善了我的健康（P20）	14. change the world for the better 让世界变得更好（P20）
7. increase my happiness 增加了我的幸福感（P20）	15. free yourself from stress 释放你的压力（P22）
8. get refreshed 变得精神焕发（P20）	

三、课外好句精编：内容框架＋句式表达（以沉溺网络游戏为例）

P1：引入话题

1. 在青少年成长的过程中会出现一些不好的习惯，这很常见。
It's common for teenagers that there are some bad habits in the process of their growing up.
2. 我知道你现在迷恋网络游戏，并因此感到焦虑。
I know you are now being addicted to online games and feel anxious because of it.
3. 如果沉迷某些事物，一些与学习和日常生活相关的问题会随之而来。
If addicted to certain things, some problems related to study and daily life arise.

4. 你迫切地想改掉坏习惯。
You felt an urgent need to get rid of bad habits.
5. 作为你的密友，我想谈谈游戏成瘾对你的危害。
As your close friend, I'd like to talk about the harm of addiction to online games.

P2：建议方法

1. 尽量从其他方面寻找乐趣。
Try to look for fun in other ways.
2. 大部分人认为有规律地锻炼身体对身心健康有益。
Most people assume that regular exercise is beneficial for both of physical and mental health.
3. 锻炼能帮助你减少压力以及提高一定的大脑功能，意味着你可以改善学业。
Working out can help you reduce stress and improve certain brain functions, meaning you could perform better at school.
4. 阅读好书可以使你体验他人的人生并发现生活的美和意义，这让你远离游戏。
Reading good books enables you to experience others' life as well as find the beauty and meaning of life, which keeps you away from computer games.
5. 你不妨参加一些社交活动，这会让你交到一些朋友。
You may as well join in some social activities, allowing you to make some friends.

P3：总结祝愿

1. 我希望你会发现以上的办法很实用。
I hope you will find the tips above practical.
2. 我相信，如果你听从我的建议，你会摆脱网络游戏的。
I believe if you follow my advice, you'll get rid of the addiction to Internet games.
3. 该是你戒除电脑游戏的时候了，它已经浪费了你的时间。
It's high time that you should stop playing computer games, which has wasted your time.
4. 很显然，如果你想达成目标，就一定能克服种种困难。
Obviously, if you want to achieve the goal, surely you can overcome all kinds of difficulties.
5. 你必须意识到，只有这样才能成功戒除网络游戏，回归正常的学习和生活。
It must be realized that only in this way can you quit online games and go back to normal life and study.

四、学生习作(画线词块来自"话题词块梳理")

Dear Christina,

　　Actually, it's quite common that each teenager may have some bad habits. Knowing you are struggling to get rid of them, such as sleeping and getting up late, playing online games, etc. I'm willing to give you some suggestions.

　　If I were you, I would replace sleeping late with sleeping early, and at the same time, set several alarms to help me wake up. If you get enough sleep, you'll feel more dynamic. Besides, to succeed in quitting online games, you'd better take control of the time spent on it. What's more, taking exercise is of great importance to make you get refreshed. As long as you make up your mind and show some discipline, any bad habit can be kicked. As the saying goes, a journey of a thousand miles begins with a single step.

　　I sincerely hope you will find my advice effective and enhance the quality of your life.

Yours,
Li Hua

教师点评：这篇习作中，作者紧扣题目要求，把 Christina 的烦恼具体化，提出的建议合情合理，让人印象深刻。同时，作者充分利用本单元的话题词块并做到恰到好处地输出，证明有较强的迁移学习能力。文章结构清晰，层次分明，行文流畅，句式丰富，内容衔接紧密。但由于文章细节描述较多，导致篇幅过长。总体来说，是一篇佳作。

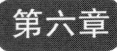

克州江西实验中学高中英语教学现状及教学建议

2023年2月，带着组织的信任与家人的嘱托，我背负行囊，挥别亲友，在新疆这片陌生而辽阔的土地，开启了全新的援疆支教旅程。克孜勒苏柯尔克孜自治州阿克陶县是我工作的地方，它地处新疆维吾尔自治区西南部，帕米尔高原东部，塔里木盆地的西部边缘，是中国最西端的县级行政区之一，是送走祖国最后一缕阳光的地方。我的受援校是克州江西实验中学（阿克陶县雪松中学），任教高中英语，通过日常上课听课、州级教研活动、送教下乡和担任教师遴选面试评委等工作，学到了很多同行切实有效的教学方法，同时也看到了部分英语教师在教学方面的一些不足和亟待提高的地方。为更好地提高受援校学生的英语水平，我结合江西的教学经验，创新地采取了一些因地制宜的措施，经过一段时间的实践取得了较好效果，现以文字形式呈现出来，抛砖引玉，以期找出更多培养边疆地区学生英语能力的方法和途径，为高质量提升英语教学提供新思路。

克州江西实验中学高中生的外语学习现状

从传统的英语听、说、读、写这四种能力来分析。听说方面，教师带读课文时有一些学生能跟上节奏，但很难跟着录音音频朗读课文；阅读方面，对于高中英语教材中的阅读语篇，学生生词率达 90% 以上，但通过教师讲解后能读懂意思；英语写作情况不太理想，学生会使用的词汇比较基础，句式以简单句为主，能写出完整且没有语病句子的学生不多。综合以上不难看出，克州江西实验中学的学生英语基础比较薄弱。

导致学生英语基础薄弱的相关因素

1. 社会环境

由于阿克陶县的小学师资力量薄弱，很多学生在小学阶段几乎没有好好学过英语，错过了十岁前的最佳外语学习期。学生普遍在初中开始系统地学习英语，总体起步较晚。阿克陶县的孩子从小说维吾尔语或柯尔克孜语，幼儿园后开始学习国家通用语言，英语是他们要学习的第三种语言，学习负担与压力较大。在商店、车站、菜市场等公共场所很少听见英语广播，大街上随处可见的路标、广告牌、单位牌匾上的文字大多数用中文和维吾尔语双语标注，很少看见英语语言文字，这意味着，不论是英语的音还是英语的形，在学生的日常生活中几乎无法接触到。

2. 家庭环境

目前就读高中学生的家长以"八零后"居多，平均年龄 40 岁左右。他们中大多数能听懂普通话，会简单的口语表达，大部分家长没学过英语，即使学过也仅仅停留在不能准确发音的 26 个字母和个别单词，家长与孩子交流以民族语为主。也就是说，目前阿克陶地区的孩子很难通过家庭教育学习英语，这与很多内地学生从学龄前就开始接受英语教育的情况有着较大差别。

3. 学校管理

学校重视培养学生的英语能力，每周一、三、五有专门的英语早读时间，时长 40 分钟，为外语学习创设了良好的机会和环境。每学期开学前，学校要求教师提前做好学期工作计划并备课。每周一下午所有英语教师不排课，是固定的英语教研活动时间。在日常教学中，学校经常不定期检查教案、教师批改作业等情况，还经常突击听课。总体来说，在学校管理方面与内地没有太大差别，但是在很多细节上还有待提高，具体表现在以下几方面：

3.1 教研活动每周开展，但收效甚微。教研活动主要以检查教师教案和作业批改情况为主，没有中心发言人，缺乏用以讨论的教学重难点等方面的中心问题和备课组内对于即将开展的教学工作的集中探讨，备课处于教师"单打独斗"的状态，未充分发挥备课组的作用和集体智慧。

3.2 缺少与学生水平匹配的学习资料。学生的课后练习难度较大，与他们的实际水平不匹配，学生难驾驭，完成过程较辛苦。由于英语学科的习题大多以选择题为主，不认真做的学生可以快速完成任务。认真做的学生所花时间较长，但准确率有限。因此，难度大的习题易打击学生学习的积极性与主动性，削弱学生学习英语的兴趣。

3.3 读书何需朗朗。一日之计在于晨，人们在清晨的神经活动活跃，前摄抑制与倒摄抑制相对更少，是大脑记忆最佳状态的时间段之一（车丽萍，2004）。对于语言类学习而言，充分利用早读时间进行朗读和背诵可以起到内化知识和巩固知识的作用，晨读的重要性不言而喻，老师会对声音整齐洪亮的情形表示赞赏。

诚然，朗读时的声音大小固然能体现班级学生的整体精神风貌和学习状态，在一个鸦雀无声或者声音懒散的班级中，必定没有很多学生在认真做早读时该做的事，而从声音大小判断学生认真与否难免出错。由于学生读英语句子比较困难，只有跟着录音读单词时声音大而齐，听起来很认真，所以有的班级早读只跟读单词，这样不利于英语学习的长远进步，原因如下：第一，学生跟着录音时没有积极开动大脑，不会主动思考单词发音，只是被动跟着，有的学生甚至不看书，对着空气喊，看起来卖力，却做了无用功；第二，单词要在语境中才记得更牢，学语言要通过句子和语篇才能真正感受它、体会它、最终掌握它，仅读单词显然不够；第三，浪费了提高外语能力的黄金时间，给学生传递错误信息，学生误认为学英语只要读背单词。

那么，如果不读单词，大声朗读课文效果怎么样呢？有专家表明，朗读的学习效果很差，这时大脑的注意力集中在把文字转化成声音这项"任务"上，没有信息的输入，只是一种噪音（Pulvermuller，2002）。的确如此，有心观察的教师会发现，当学生沉浸于有挑战性的背诵任务时，他们往往全神贯注，发出很小的声音，有的学生甚至不发声。因此，要判断学生早读是否认真，从他们的表情、眼神、身体姿势、精神状态便可一望而知，不可简单从声音大小判断。

4. 教师教学

"百年大计，教育为本；教育大计，教师为本。"有好教师才有好教育，优秀的教师就像一道曙光，在黑暗中为学生指明方向；就像一座标杆，给学生树立好榜样；就像一把金钥匙，引领学生走进知识的殿堂。教师教什么与怎么教会对学生的一生产生深远影响。我在工作中，发现了一些本地教师在英语教学中步入的误区，具体如下。

4.1 过于注重语法教学

语法教学在传统英语教学中占有重要的一席之地，我国英语教师普遍花很多时间来给学生讲解这方面的知识，尤其是以前高考有单选题的时候，很多学生虽然英语说得不流利，语法知识却比老外丰富，在阿克陶，教师把大量时间花在语法规则上的现象则更为突出。2023年9月，我有幸参与阿克陶县县直学校公开选调教师工作并担任英语学科面试评委，在听完小学、初中、高中20多位面试者的无生课堂后发现，不论是小学还是中学，每位教师十分钟内平均有一半以上时间花在语法知识讲解上。老师们说得津津有味、口若悬河，可评委们却越来越没兴趣，强打精神地坐着，面对这样的课堂，难怪孩子们对英语爱不起来，一上课就打瞌睡。

4.2 对语音教学不够重视

新疆高考英语科目不考核学生的口语能力，听力部分为必考内容，但其成绩不计入外语科目总分，可能是这个原因，有的教师草率地认为学好英语只要能看懂文章就可以，于是在常规教学中轻视英语的听说教学，忽视音标教学，导致学生即使看到带有音标的单词也不知道如何发音，也很难流畅地读出完整句子。但是，对任何一门语言的学习都是先从语音再到文字，早有科学研究表明，当阅读时，负责语言产生的运动语言中枢布罗卡氏区仍被激活（刘恺，2023），看到的文字会以声音的形式在大脑中反应出来，这是一种正常的生理现象，也是内部言语的一种——内部言语是心理学界的"莫扎特"维果茨基在阐述语言对认知发展所起的作用时提出（王光荣，2004）。所以，可以这么说，不熟悉某种语言的音就可能看不懂这种语言的文字。英语是拼音文字的一种，是表音的文字（林汝昌，1996；刘庚，2022），对于大部分单词来说，只要会读就基本不会写错，但是若不知道单词的音，只记单词的形，会把一件简单的事变为沉重的负担，记忆效果欠佳，这也是很多学生把 student 与 study、here 与 there、this 与 that 等基础形近字弄混淆的原因。如果注重单词发音，以语音记忆词汇，在词汇记忆方面会轻松很多。

4.3 少数教师未根据学生实际水平因材施教

高中教材对于雪松中学的学生来说难度较大，而有的教师没顾及现实情况，按照高中学生水平的进度来教学，没有花足够时间给学生补充英语基础知识，学生上课听不懂，课后练习看不懂，久而久之便逐渐失去对这门功课的学习兴趣。实际上，相对语文和数学来说，英语是能大幅度提高应试能力的一门学科，它既不如数学的逻辑性那么强，又比不上语文考核的深度和广度。由于它是一门有关语言学习的科目，因此单元与单元之间的界限不明显，高一至高三学习内容的跨度也不大，考试题型比较固定，如果脚踏实地学三年，会有突飞猛进质的飞跃。

4.4 教师讲得多，学生主体地位不明显

当走在教学楼长廊路过每一间教室的时候，总能听见老师们慷慨激昂地在授课，但仔细观察后发现老师留时间给学生自主讨论或思考的时间不多。老师们沉浸在"我讲了很多遍，你们一定懂了"的自我陶醉状态中，

而事实上,一节课下来,学生学到的很少,更多的是一大堆疑惑和模棱两可。世界公认的全才之一本杰明·富兰克林曾说:"Tell me, and I forget. Teach me, and I remember. Involve me, and I learn.(告诉我,我马上就忘;教导我,我只是记得;让我参与,我便学会了。)"这句话说明了教师应以学生为中心来提供教学指导,让学生主动参与课堂,养成勤于动脑、善于发言、积极讨论、参与质疑的良好课堂习惯,学生通过这些积极的思维活动,掌握知识便是水到渠成之事。

英语与其他学科最大的区别是不需要懂得很多道理就能学得很好,即使知道很多"道理"(语法规则等)也未必能学好。语言技能的掌握情况主要取决于对词、句的反应速度,而一种语言经过长时间的不断演变,它的音,它的义,它的词与词之间的组合本身就有许多偶发性。教师花大量时间讲解语言构成的来龙去脉,累得精疲力竭,不如把时间留给学生自己去接触、感受、欣赏甚至展示英语语言的韵律,让学生在充满无限魅力与活力的课堂中体会学习的乐趣,享受收获的幸福。

5. 学生自己

在学习这件事上,最不该也最不能推卸责任的,是学生自己。家长、学校、教师固然重要,但学生是学习的主角,该吃的苦、该花的时间、该思考的问题一项也不能少。阿克陶县牧区占地80%以上,很多孩子从小在冰山下、草原上无拘无束的环境中长大,不像内地的孩子从学龄前就开始在各种兴趣班、辅导班中忙碌奔波,正是成长环境的不同导致他们在学习习惯上还有一些要纠正的地方。

5.1 缺乏自觉性

部分学生学习目标不明确,对获取知识不感兴趣,缺乏清晰主动要求进步的诉求,主动完成学业任务的动力不足,缺乏自主学习的习惯。这样的学生上课时具体表现为,不做笔记、难集中注意力、听课或不听课具有随意性、没有按时按量完成力所能及的家庭作业等,总之,学习的各个方面都被老师牵着鼻子走。

5.2 进取心不足

进取心不足的孩子往往对学习有畏难情绪，缺乏克服学习中遇到困难的勇气，既对学校制定的各种奖励措施没有兴趣，也不在乎各种惩罚措施，缺乏压力和紧迫感，对学习抱有无所谓的态度。

5.3 不勤于思考

学生拥有独立思考和判断的能力比获得知识本身更重要，思考是行动的先导，是行之始，思维上的惰性不仅不利于当下学业进步、自我成长，对今后的生活也会产生消极影响。有的学生在学习上不太爱动脑，遇到难一些的问题，被动地等着老师提示，不敢积极主动解决。上课回答问题时，齐答的声音很大，但往往是同一种答案，很难出现第二种声音，学生习惯性地跟着第一个回答问题的学生说，缺乏自主思考。

解决存在问题的对策

对学生英语差的原因进行深入剖析后有助于针对性地找出解决问题的策略，为提高学生英语核心素养少走弯路。

1. 学校加强对英语教学的统筹安排

学校应从整体上把握英语教学的进度和方向，为提升教育教学质量和学生外语能力保驾护航，具体做法如下：第一，由于学生初中毕业时英语水平不高，所以高一新生入校时，应在开学后1—2个月补充初中英语基础知识，做好初高中衔接工作，如音标拼读、单词拼写、简单的语篇阅读等；第二，要求备课组列出英语朗读背诵周计划，年级组在每周固定时间抽查各班级学生的完成情况；第三，教研活动主要以备课组为单位进行，教师们集体备课，围绕未来一周的英语教学内容、教学手段、教学重难点等方面进行讨论；第四，全国大部分学校在出英语月考检测卷时以高考题型一致，考查内容与当月学习内容不太相符，这种出卷方式在克州江西实验中学不太适用，容易出现学生学与没学考试结果可能一样的情况，带给学生学习的挫败感。因此，应该扎根课本，根据平时的教学内容来出考题，题型不拘泥于高考卷上的固定模式，其目的是通过考试让学生感受到学有所获、学有所成、努力就有回报的喜悦，学生才有源源不断的动力在外语学习这条道路上继续前进。

2. 教师高效地开展教学

教师的文化底蕴、个人素养、业务水平等的高低会自然而然地影响学生。有严谨治学方法和求实教学态度的教师一定能提高学生的学习成效，增强学生的自信心；反之，则会使学生产生懈怠情绪，甚至对该教师所教科目产生厌恶感。英语教师可以具体从以下几方面提升课堂教学实效。

2.1 选择性地使用教材

学生目前使用的这套新教材必修一至必修三中有 Listening and Speaking、Reading and Thinking、Reading for Writing 等七大板块，如果面面俱到把每一个板块都学透彻，一个单元可能要花一个多月的时间，从词汇积累和语篇阅读的数量上看，都远远超出了学生的现有水平，阻碍学生英语学习的效果。因此，教师可以根据学生特点，在教学内容上抓大放小，把单元知识目标调整为对阅读和写作板块的两个语篇做到能朗读、能翻译、能默写和背出部分段落等更具体更现实的目标。

2.2 循序渐进开展教学

教学活动应该连贯、持续、系统地进行，同理，教师教学要按照学生的认知水平，由浅入深、从易到难开展。不同学科有各自的理论体系，青少年学英语首先从识音标学拼读开始，并达到会听音写音标的程度。教师在平时的教学中应不断穿插音标教学，使学生一看到音标便能准确发音，摆脱"英语老师不在身边就不会读"的尴尬局面。在高一学段，不应该对知识点做过多拓展，可以把课本上的单元语法知识换成基础的语法知识学习，且始终贯穿于日常教学中，如名词的单复数、动词的时态、形容词比较级等。待学生的听说能力、词汇量、阅读水平等到达一定的水平后，再逐渐加强语法学习，想象外国人如何学语文就不难领悟我们该如何教英语。

2.3 偶尔针对班级发问、常常对具体学生提问

有的教师为了赶进度完成教学任务，往往以自己说学生听为主，提问时要么让全班学生回答要么自问自答，忘了课堂应该以学生为本。针对学生"人云亦云"的情况，教师可以先抛出问题，留给学生一定的思考时间，然后点名叫个别学生回答或者接龙式挨个回答，同时，教师还应鼓励不同答案的出现来培养学生积极思考的能力，提升思维品质。针对一些学生喜欢上课开小差的情况，教师可以适时在课堂要求他们阐述刚刚学过的内容把他们的注意力重新拉回到课堂，其他认真上课的学生也可以温故知新。

2.4 布置作业有妙招

每位教师有各自的授课特点和方式，课堂内容不尽相同，不同学校甚至不同班级的学情也千差万别，因此，在每个单元或几节课结束后，教师应根据自己上课的内容和学生的水平出个性化习题来内化和巩固知识，不宜在网上直接下载未经修改的资源使用。

另外，教师可以布置层次不同的作业，对成绩好的学生坚持"量多且难度稍大"原则，对成绩中等学生坚持"量与难度适中"原则，对成绩在平均分以下的学生坚持"量少且难度降低"原则。比如，笔者在上完人教版《普通高中教科书·英语（必修第一册）》（人民教育出版社，2019）Unit 4 Natural Disasters 读思课时，给学生分层布置了三种不同的背诵任务，出乎意料的是，大部分学生都没有刻意挑内容少的去完成，而是勇于挑战自己，做到积极背诵、乐在其中。除了布置分层练习，建立分层评价体系也同样重要，这样不仅能照顾到各个层次的学生，也能对学生表现的评价更合理化，有利于促进他们的个性化发展，提升教育公平性并有效激发学生的学习动力。

2.5 早读课是英语提升的黄金时间

世界著名二语习得专家 Rod Ellis 认为，语言学习的过程就是逐步积累范例的过程，语言的流利运用是以过去经历和储存在记忆中的大量语言范例为基础（转引自文秋芳，2003）。我国众多语言学家都表明背诵有助于

提高外语水平（许国璋，1995；邓骊鸣，2001；赵世开，2002；丁言仁，2008），学生在这个过程中把记忆的表达方式逐渐转化为自己的语言，并在口语和写作中顺利输出，使自己的英语流利和地道（丁言仁、戚焱，2001）。

英语早读课给背诵提供了时间和机会，它是英语课堂不可或缺的补充和延续，是英语学习的重要阵地，那么教师应该如何引导学生高效地利用这段时间背诵呢？具体有以下步骤：第一，教师在前一天布置来自教材中阅读语篇的背诵任务，有助于基础差的学生"笨鸟先飞"，确保每位学生早读期间按时按量达成背诵目标；第二，早读课开始时先跟着录音齐读一遍单词，使一些还在昏昏欲睡的学生清醒过来，也有利于班级创设良好学习氛围；第三，不跟录音齐读单词，让学生主动思考单词发音，有助于思维慢慢活跃，同时标记不会读的单词，之后再询问老师，做到逐个击破，不放过任何一个发音盲点；第四，齐读背诵任务，教师能及时发现大部分学生读错的地方并当场纠正，基础差的学生可以跟着一起读为接下来的背诵打基础；第五，分层自主背诵既定的句子或段落，使别人的语言活化为自己的语言，同时也是提高记忆力、理解力、表达力的有效途径；第六，教师通过多种形式抽查背诵情况，如个人背诵、小组齐背、全班默写等。

2.6 引导学生科学地记忆词汇

词汇量即词汇的广度，在英语学习中的重要性毋庸赘述，接下来从以下四方面来阐述如何科学地记忆词汇。

2.6.1 记忆顺序

记住一个单词指的是记住它的音、形、义三个部分，教师应引导学生在音与义之间建立直接联系，再根据字音来记忆字形，因此，正确的词汇记忆顺序为"词音—词义—词形"。阿克陶县的大部分孩子直接把音略过，在形与义之间建立联系，违背了英语语言学习规律，学习效率极低。老师们应及时予以纠正并引导学生按正确的方式记忆，背诵时，关注点应从平时习惯的"词形—词义"转移到"词音—词义"上，即听到词音知道意思即可，反应越快越好。

2.6.2 记忆手段

通过默读或者小声读语段和语篇来记忆其中生词，也可以直接默读或者小声读课本后的词汇表来记忆。在此特别强调，背诵时具体应该一边看读英文一边尝试回想中文意思的模式进行，而不是一边写一边记忆中文意思。很多英语教师爱让学生通过写来背单词，这主要受到了我们学习中文的影响。我们的母语早期是表形表意的文字，在几千年的演变之后，很多成为既不能表意也不能表音的符号（费锦昌，1998），确实应该通过多动笔书写来增强记忆，所以我们从小记中文字时要做到"眼到、手到、心到"，而英语，前文已提到是表音的文字，"多写"只会浪费时间，降低记忆效率。

2.6.3 记忆量

学生每天需要记忆多少单词呢？有的老师根据《普通高中英语课程标准（2017年版2020年修订）》（教育部，2020）词汇表中收录的3000个单词来算，只要每天坚持背10个单词，那么不到一年时间就能记住这3000个词。但是，根据著名的艾宾浩斯遗忘曲线我们知道，背单词是边背边忘的一个过程，如果不复习，知识会被慢慢遗忘，最后只剩下20%左右。再加上很多派生词、一词多义、词组等高中生应该掌握的词汇并没有收录在词汇表中，也就是说学生实际需要掌握的单词远超出3000。在这样的情况下，对于英语基础几乎为零的边疆地区孩子来说，每天背10个单词显然不够，至少需要记忆50个单词才有可能看懂英语试卷中的文章。

要顺利完成一张高考试卷，不仅要看懂语篇，还应该对单词、词块、句子等有较快的反应速度。一张高考英语试卷除去听力大约3000字，新疆考生要在一个半小时内完成除听力与写作外的其他题，若解题思考按40分钟计算，那么仅剩下50分钟的卷面阅读时间，则阅读速度应为60字/分才能看完试卷上的3000字，这表明学生要在7.5分钟内看完一篇包括题目在内的阅读理解。这对学生对单词的熟悉程度提出了较高要求，对克州的考生来说是个极大的挑战。因此，每天背50个单词是基础，想在高考英语科目中取得好成绩的学生还应该增加单词记忆量，建议每天记忆50—100个为佳。

2.6.4 记忆时间及记忆时长

背单词对很多学生来说是一件非常痛苦的事，最主要原因就是背了容易忘，有的学生甚至觉得"背了白背"，那么如何对抗遗忘呢？可以采取"一天多次，每次5—10分钟"的方式进行。高中生学习科目多，作业量大，他们的时间宝贵，抽出大块时间只做背单词这一件事不利于长期坚持，因此，最好的方式是化整为零，利用碎片时间记忆，比如晨读时、课间休息时、午饭后、晚自习前、晚上就寝前等，按照这个方式执行，英语词汇量的突破指日可待。

2.7 灵活多变的听写

听写既是教学方法，也是检测手段。对于学生来说，他们在听写的过程中激活相关知识背景，不仅可以培养学生听力理解能力，也有助于加深单词记忆；对于教师来说，可以了解学生的学习动态和掌握知识情况。英语教师要适当掌握听写技巧，使其最大限度为教学服务。

2.7.1 听写内容

教师应跳出教材上的词汇表，以多种材料作为听写参考依据，比如课本上的阅读文章或讲评过的试卷中出现的任何单词、词块、句子等，教师挑选其中重要的高频表达来听写，具体范围应为上节课或最近几节课的授课内容。

2.7.2 听写形式

听写形式可以多样化，促学的同时还能丰富课堂，现简单介绍以下三种：第一，教师说英语或中文，学生口述翻译，目的是培养学生的英语思维能力，在词音与词义之间建立直接联系；第二，教师念英语或中文（英文为主，中文为辅），学生在习题本上写下教师所读内容并翻译，结束后交给老师批阅，这是英语老师教学中使用频率最高的一种听写模式，可以直观快速反映每位学生的背诵情况；第三，小组间开展比赛，各小组成员轮流演板写下听写内容，每人写一个，最后计算得分，这种听写形式生动有趣，提高了学生的学习兴趣，培养了学生的竞争意识和集体荣誉感。

2.7.3 听写难度

教师应根据所教班级的整体英语水平来决定听写难度，考虑不同层次的学生需求，不能让基础差但认真学的学生一个都写不出，打击他们的学习积极性，也不能让成绩好的学生没有任何挑战性，产生懈怠心理，听写要充分体现"以生为本"的原则，让学生每次听写都感到听有所获。

2.8 充分利用现代信息技术手段

随着国家对欠发达地区教育的不断投入，阿克陶县的教育在江西省的对口援助下朝着信息化高速发展。以克州江西实验中学为例，高中楼每间教室都配备了一体机，实现了多媒体教学、互动教学等多种教学模式，极大增加了课堂趣味性，提高了英语教学效率，弥补了传统教学方式的缺陷。我国著名语言学家顾曰国（2007）表示，把数字化文本放到计算机上让学习者学外语是对计算机硬件资源的最低级使用。因此，英语教师应利用好现代信息技术手段，发挥它在英语教学上的巨大潜力和推动作用，接下来简单介绍几种方式。

2.8.1 使用教学云平台授课

教育云平台的出现打破了传统的地域限制，实现了发达地区的优势教育资源通过网络辐射到教育薄弱的地区，是一种现代化的教学管理工具。在江西，被全省师生广泛使用的"赣教云教学通 2.0"立足云技术，有丰富的教学资源。在课件方面，每一课时有多种不同层次的课件，教师可以根据自己学生的实际英语水平来选择使用或下载；平台有与课本配套的音频、视频，节省了教师在网上到处找这些资源的时间和精力；它有强大的语音测评功能，学生或老师读一段英文，系统自动标出没读准的地方，最后根据整体发音情况评定星级；它的触屏功能可以帮助教师讲解知识重难点，提升学生听课效率。"教学通 2.0"丰富了学生的情感体验，为师生、生生互动搭建了一个有效的平台，实现了英语课堂模式的创新，大幅提升了教学效果。

2.8.2 播放精彩的动画片段

有的老师不愿意上课给学生放视频，认为看视频对教学起不到任何作用，其实是方法没用对。我们都知道绘本以图文结合的方式在培养幼儿阅读能力中所起的重要作用，而动画实际是会动的有声绘本，无论什么年龄阶段的学生都容易对多重感官刺激带来美好体验的事物所吸引，那么如何利用它的优势来进行英语教学呢？教师应注意以下几点：第一，依据"最近发展区"理论，选择比学生水平略高的素材，使学习效果最大化；第二，提前把关键词汇给学生呈现并记忆，使观看视频成为有效输入；第三，视频播放第一遍时无字幕完整观看，第二遍无字幕逐句观看，看完一句复述一句，第三遍有字幕完整观看，做到泛听与精听相结合；第四，控制视频时长，5—10分钟之间为宜，短小精悍的内容更容易做到"看有所得"，也不会影响日常教学进度；第五，不定期重复观看，对知识复盘和内化，最终熟悉到能对部分内容脱口而出。

除了动画之外，还可以选择影视作品、访谈节目、演讲等作为上课素材，使英语课堂的趣味性与知识性有机融合在一起，拓宽学生视野，丰富学习体验，让学生多角度了解中西方两种文化间的差异并增强他们的跨文化交流理解能力。

2.8.3 学唱英文歌

音乐能给课堂营造出轻松活跃的气氛，令师生都身心愉悦。很多英文歌词内容丰富，句式精妙，修辞灵活，学生在学唱英文歌的过程中轻松掌握了正确的语音语调和复杂的表达句式，潜移默化培养了好语感，提升了英语的各项能力。在歌曲选择方面，应选用歌词积极向上，旋律欢快优美，唱起来朗朗上口的歌曲，如 *You Raise Me UP*、*Dream It Possible*、*Be What You Wanna Be* 等。教授歌曲前，先进行缺词填空的听力训练和词汇学习，为整首歌的学习作铺垫，提高学习成效。

3. 提高教师自身素养

在这个知识和信息爆炸的时代，教师要抱着开放的心态不断更新自己的知识储备并学习对育人有利的教育技巧,要"学而不厌,诲人不倦",这样才能更好地传授科学文化知识,成为教育领域的常青树。

3.1 不断丰富知识储备

苹果公司联合创始人史蒂夫·乔布斯曾说:"Stay hungry. Stay foolish. (求知若饥,虚心若愚。)"这句话同样适合用于激励教师。具备渊博的知识是教师职业素养的必备条件,教师拥有的不仅是一桶水,而是要成为源源不断的泉水。教师要有高昂的学习热情,保持一颗好奇心,不断学习,培养出来的学生才能"青出于蓝而胜于蓝"。

3.2 善于发现

在教育教学过程中,一些或大或小、或多或少、或明或暗的问题是客观存在的,针对这些问题,教师需要具有一双慧眼,注重对问题的梳理并从小问题中发现大问题。在教学方面要找到问题根源并通过查找资料、总结思考、分类归纳等方式使教学工作更细致、更精准地开展。笔者在上《英语(必修第三册)》Unit 1 Festival And Celebrations 的时候,练习册上有一道语法填空,是关于"羿射九日"的中国古代神话传说,主人翁为 Hou-i,而统编版小学二年级语文下册有一篇课文也讲述的是这个故事,文中的主人翁是"羿",不是"后羿",虽然只有一字之差,但为了使教学更严谨,笔者带着这个疑惑查阅了各种资料,最终发现,"羿"与"后羿"是完全不同的两个人。"后羿"是历史上真实存在的人物,生活在夏朝初年,为有穷氏首领;"羿"是我们从小耳熟能详的神话故事中射下九个太阳的人。高中英语教师在日常教学中应在自己的专业领域多发现、思考和探究,比如总结熟词生义、学生写作中常用的中式表达、学生易拼错的字等,有助于更高效地开展教学,提高学生的学习效率。

3.3 建立良好的师生关系

所谓"亲其师,信其道",教师与学生朝夕相处,和谐的师生关系能激发学生学习的巨大热情,调动学习的主动性。教师的关怀温暖着学生的心灵,教师的爱甚至可以成就一个人。对于边疆的孩子,教师应该尊重他们的差异，倾听他们的声音，用最大的耐心来理解他们，不仅使学生，也让自己如释重负，感受教育过程带给人的快乐，就像短诗《牵着一只蜗牛去散步》中所描述的那样，"我闻到花香，我感到微风吹来，我看到满天的星斗多亮丽。咦？以前怎么没有这些体会？"教师应学会换一种眼光看待学生，在教学过程中多停下脚步，根据学生自己的学习规律，让他们牵着我们的手，不急躁不慌张，且慢且行。

4. 多层面激励鼓舞学生

我国清代思想家、教育家颜元曾说："数子十过，不如奖子一长。"人都渴望得到夸奖和赞美，比起指责辱骂，加油鼓励或许更能激励一个人，它是使人进步的助推器。学生的可塑性强，各方面尚未成熟，周围的评价会对他们的身心产生深远的影响。因此，家庭、学校、教师应多层面以赞赏和信任的眼光看待他们，让他们沐浴在爱中快乐成长，自信加倍，这是学业进步的前提条件。

以上为笔者在援疆支教工作期间通过分析影响受援校学生英语学习内外部因素而提出的一些浅见，希望对克州的高中英语教学起到积极作用，同时这些经验做法也适用于江西等存在类似问题的其他地区的英语教学。南疆少数民族学生虽然英语基础薄弱，但他们善良淳朴、热情开朗，适应力强，能吃苦，只要学校、教师结合他们的特点灵活开展教学，相信他们的英语水平一定会上一个新的台阶！

> 附录 I

必修第一册 Unit 3 Sports and Fitness Reading and Thinking 教学设计

阅读课教学：Living Legends of Sports
主题语境：人与社会——体育与健康
语篇类型：人物传记
授课时长：45 分钟

教学内容分析

本课时是这一单元的第二课时，涉及的语篇是本单元 Reading and Thinking 的阅读部分。本文是一篇杂志文章，它包含了插图、标题、导语、正文和附加信息等元素，其主要内容是某杂志社向公众征集他们心目中的"体育界的活传奇"。文章用词简练且富有活力，易于被读者理解。

从话题内容来看，文章聚焦于两位著名运动员——郎平和迈克尔·乔丹，他们不仅在各自的领域都展现出卓越的成绩，还具备了很多闪光的个人特质与吸引力。其中，郎平作为运动员时取得过世界冠军，作为教练时带领中国女排夺得了冠军。这篇文章着重描述了她在团队协作方面的能力和面对困难时的坚韧毅力。另一位优秀的运动员飞人乔丹是美国篮球联赛的常青树，文本着重描述的是他不畏失败，持之以恒的精神与投身社会慈善活动的热忱。通过学习这两个榜样，学生领悟和懂得了做人做事的道理及智慧，这正是本文的主题意义和核心思想。从思维层面来看，作者在引领段中明确提出了评定体育传奇人物的标准："They must be masters in their sports and set good examples for others."正文中对两位人物的描述都是围绕这一标准展开，展示出严密的逻辑关系。学生在理解语篇信息的基础上，结合评选标准，推荐自己心目中的体育明星，并给出具体的理由，培养了理性思考和客观评判的思维能力。从主题升华来看，郎平的成功不是靠她一个人努力得来的，而是团队协作的结果；文章选取一中一外，一男一女两位运动员作为典型，因为体育精神不分国界，不分性别，体育人坚持不懈的毅力、顽强拼搏的精神、超越极限的品德鼓舞着每一个人。

学情分析

学生刚初中毕业升入高中，学科知识储备不足，还不适应大容量的高中教材，阅读速度和水平都有待提高。因此，引导他们在正确的方式下开展自学、主动探索问题并且提高逻辑分析的思维方式显得尤为重要。此外，青春期的学生自我意识增强，在乎别人对自己的评价，也期待获得更多的认可及表扬。

多数学生英语基础较薄弱，缺乏一定的探究能力，然而具备一定程度的英语语言知识和英语应用能力，对各类丰富多彩的英文材料表现出极大的热情。基于此，设计这节课时，笔者充分利用了他们喜欢体育明星的特点，挑选出他们感兴趣的话题，以好友的身份走进他们，用基础的语言启发他们。在教学过程中设计的问题适应学生的英语水平，尽量让问题简单化，让学生在学习过程中拥有成就感，养成自主学习英语的习惯。

教学目标和核心素养

1. 语言能力：熟悉、掌握并能运用课文中出现的词块，如：bring honor and glory to、women's volleyball team、world championship、be loved by、prepare for、fall apart、face difficulties、stand still、fail at sth. 等；通过问题引导，在语境中理解一些语言的意义，如：time seemed to stand still、graceful 等。

2. 学习能力：透过对图片、标题及文章架构的分析来预测文章话题、题材和内容；绘制思维导图梳理文本信息，分析推断信息的逻辑和结构，归纳总结郎平和乔丹被评选为"体育界的活传奇"的原因；深入阅读并理清文章的写作脉络和修辞手段，学习如何写体育传奇人物。

3. 思维品质：阐释从郎平和乔丹身上学习到的优秀品质，体会他们作为模范和榜样的力量；评价自己最喜欢的体育明星是否可以被称之为"体育界的活传奇"。

4. 文化意识：通过比较和分析，确立对传奇人物的评判标准，学会选择自己喜欢的传奇体育明星；认识到体育精神不分国界和性别，它激励着每一个人朝着自己的梦想奋勇拼搏。

教学重点和难点

1. 看标题预测文章内容并能熟练运用课文中出现的重点单词和词块。

2. 对郎平和乔丹的相关信息进行总结和整合，理解他们被评选为"体育界的活传奇"的原因，并从他们身上学习优秀品质。

3. 学会介绍心目中"体育界的活传奇"。

教学方法

1. Cooperative learning　　　　（合作学习法）

2. Discussion　　　　　　　　（讨论法）

3. Inquiry-based learning　　　　（探究性学习法）

4. Presentation　　　　　　　　（展示法）

5. Activity-based teaching approach　（活动型教学法）

教学过程

Step I Warming-up (3')

Q1: What do you usually do after school?

A possible answer: listen to the music, play basketball, read novels, etc.

附录Ⅰ 必修第一册Unit 3 Sports and Fitness Reading and Thinking教学设计

设计意图：通过贴近生活的每位学生都能驾驭的问题，使学生产生共鸣，激发学生对本节课的兴趣。

Step Ⅱ Lead-in (3')

Show two pictures of Lang Ping and Michael Jordan and raise a question.

Q1:Who is your favourite athlete?

A possible answer: My favourite athlete is Liu Guoliang.

Q2: Do you know them? Who are they?

A possible answer: Yes, they are Lang Ping and Michael Jordan.

设计意图：由学生谈论自己喜爱的体育明星入手，借助图片来激活学生已知信息，以此产生阅读期待。

Step Ⅲ Pre-reading (3')

Q1: Where does the text probably come from?

A.Encyclopedia.　B. Magazine.　C. Travel brochure.　D. Science fiction.

A possible answer: We choose B.

Activity: Structure Analysis: Match the boxes with the words.

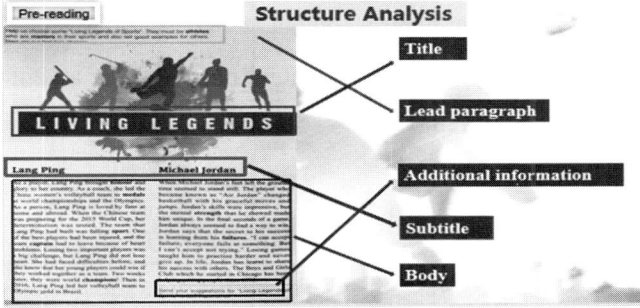

Q2: What do you think the text is about?

Q3: What are the criteria of the living legends of sports?

A possible answer:

2. The text is about sports and sports people.

3. They are not only masters in their sports but also set good examples for others.

设计意图：通过观察图片和标题，分析文章结构，猜测文章取材，引出 living legends 的话题；阅读导语，得出"体育界的活传奇"的评判标准。

Step IV While-reading 1 (Analyse qualities of Lang Ping) (12')

Activity: Listen to the tape about Lang Ping and fill in blanks.

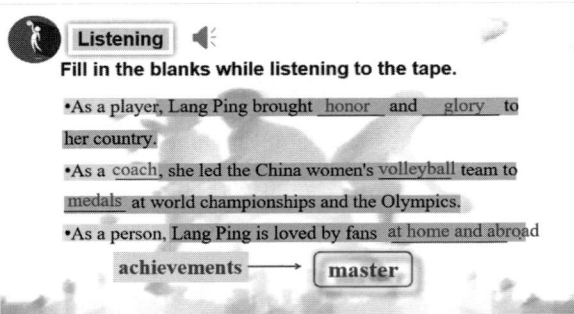

Read the text about Lang Ping and answer the questions.

Q1: How was Lang Ping's determination tested in the 2015 World Cup?

Q2: How did Lang Ping deal with the challenge in her career?

A possible answer:

1. She lost two important players and her team was falling apart.

2. She never lost heart and had the young players work together as a team. Finally, they were world champions.

Discuss in pairs: What qualities does Lang Ping have?

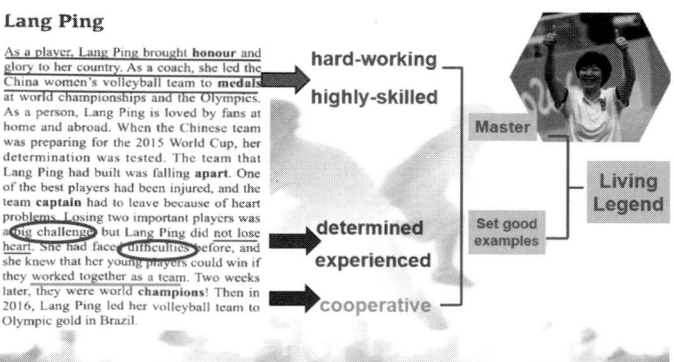

A possible answer: Lang Ping is hard-working and highly-skilled; she is an excellent player and coach. When she met challenges and difficulties, she didn't lose heart; she is determined and experienced. She asked her young players to work together as a team; she is cooperative. So, from the above analysis, we can see Lang Ping is not only a master, but also sets a good example for us. We can call her a living legend.

Activity: Watch a video about China women's volleyball team winning the world championship and figure out how hard it is and qualities in the players.

设计意图：本环节共有四个活动，前一个活动为后一个任务做铺垫，层层递进。在了解"体育界的活传奇"评判标准之后，学生阅读关于郎平的这一段落，然后通过问题链帮助学生厘清文本信息、提取概括文章内容、掌握文本结构，使学生深入理解郎平被选为"体育界的活传奇"的原因。最后多模态教学升华主题——播放关于中国女排克服种种困难夺冠的视频，让学生对"中国女排精神"有更进一步的认识。

Step V While-reading 2 (Analyse qualities of Michael Jordan) (12')

Read the text about Michael Jordan in 3 minutes, and finish the following tasks.

Q1:How do you understand "time seemed to stand still"?

A. People were worried he would fall down.

B. People were amazed at his graceful moves, forgetting time.

C. People were holding their breath and time seemed to stop.

D. People worried that Jordan would hurt other players.

A possible answer: We choose both B and C.

Q2: Why does the author talk about "the final seconds of a game"?

A possible answer: Because he always find a way to win. /Because the writer wants to show Jordan never gave up and kept fighting to the last second of a game.

Q3: How does Jordan share his success with others in life?

A possible answer: He set up the Boys and Girls Club to help young people.

Activity: Cooperate with group-mates and work out a mind-map about Jordan.

设计意图：本环节共有三个问题，一个活动。第一个问题提供了选项，难度低，学生容易驾驭。后两个问答题可以看出乔丹不仅在自己的领域有着精湛的技艺，而且乐于助人、善于分享，极具人格魅力，符合文章开篇提到的"体育界的活传奇"的标准。学生用思维导图梳理信息并整合结构化知识，这也是一个个体内化的过程，再通过小组交流优化所建构的结构化知识，最后运用文章中学到的语言知识在班级内进行分享。

Step Ⅵ Post-reading (4')

Thinking and discussing: What qualities do Lang Ping and Michael Jordan have in common?

A possible answer: Lang Ping won gold medals as both a player and a coach. Jordan has impressive skills. They are both highly-skilled. Lang Ping knows very well how to deal with challenges and difficulties, while Jordan can always find a way to win. They are both determined and devoted. When Lang Ping met difficulties and challenges, she didn't lose heart. Jordan can't accept not trying; he never gives up. From the above analysis, we can see both of them are not only masters but also set a good example for us, so they can be called living legends.

设计意图：学生学习描述优秀品质的词汇并总结郎平和乔丹的优秀品质，深刻理解体育精神不分国家与性别。

Step VII Group work (7')

Six students in a group, discuss and introduce a living legend in sports you admire.

The beginning is given. You can use the chunks from the text.

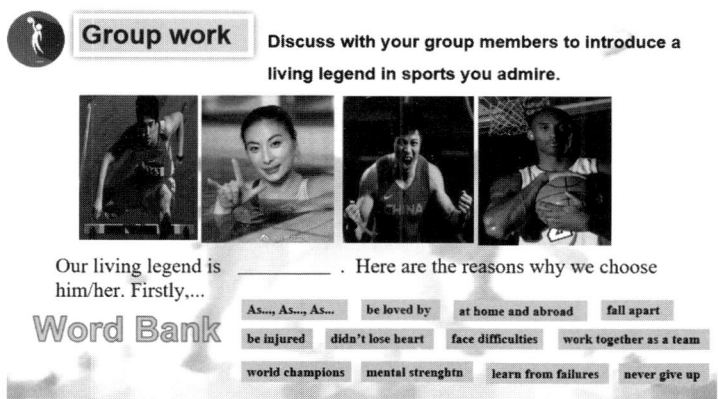

设计意图：在新情境中运用已学语言解决实际问题，巩固所学知识，实现知识的迁移创新。增强学生的口头表达和语言组织技巧，使语言从输入转变为输出，最终知识得到内化吸收。

Step VIII Homework (1')

Write an article introducing a legend of other fields in your heart.

Useful expressions:

1. The athlete/living legend I admire most is ... , who is believed to be ...

2. He/She is the living legend in my mind because ...

3. It is ... that makes him/her unique.

4. With such impressive skills/ determination/ mental strength, he/ she ...

5. As a player/charity worker/public figure ... , he/ she ..

6. From his/her experience, I learned that we should...

设计意图：对所学知识进行拓展和延伸，培养学生知识迁移能力和提高其书面表达能力。提供可参考的表达，降低作业难度，增强学生兴趣。

板书设计

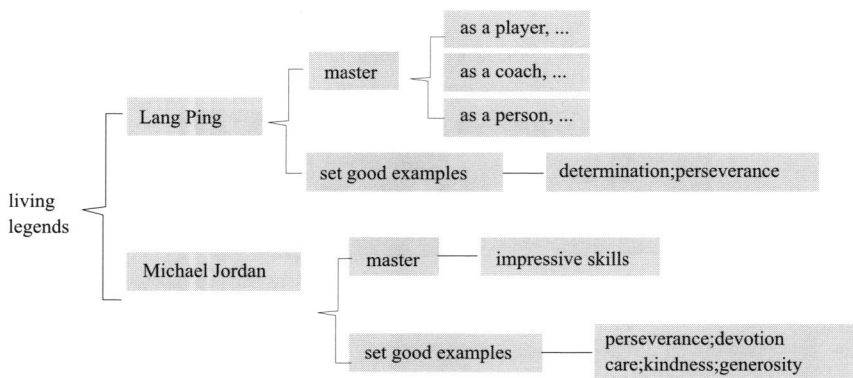

教学反思

本节课的教学旨在引导学生对郎平和乔丹的相关信息进行总结和整合，理解他们被评选为"体育界的活传奇"的原因，并从他们身上学习优秀品质，形成本课时小观念。通过不同形式的问题与多层面的活动让学生把对主题意义的探究、理解、建构与个人生活联系起来，调动了学生参与课堂活动的兴致。教学步骤紧密联系且环环相扣，之前的教学环节都在为下一个做语言和内容上的准备与铺垫。学生本人、同学和老师可以通过文字表达的意义、语言的丰富性和思想的逻辑性来评估主题探究活动的效果，即学生对主题意义的理解程度如何。最后 Group work 的写作活动汇集了若干学生思维碰撞和智慧交融的成果，这在很大程度上得益于层层递进问题的预设和课堂发生的适时追问。Worksheet 的使用显著提高了课堂活动组织的效率，不仅方便学生完成课堂任务，也方便他们记录小组讨论的要点。

但本节课也有不足之处，例如部分学生对体育明星相关信息了解甚少，不能充分参与课堂小组讨论，教师在课前应布置预习作业，如搜集体育明星的相关信息，确保每个学生能真正参与课堂活动。

附件：

Students Work Sheet

Unit 3 Sports and Fitness—Period 2

Listening

① As a player, she brought _____ and _____ to her country.

② As a coach, she led the China women's _____ team to _____ at world championships and the Olympics.

③ As a person, she is loved by fans _____.

Reading

Part I

Q1：How was Lang Ping's determination tested in the 2015 World Cup?

Q2：How did Lang Ping deal with the challenge in her career?

Part II

Q1：How do you understand "time seemed to stand still"?

A. When Jordan jumped up high in the sky, people were worried he would fall down.

B. When enjoying Jordan's performance, people were amazed at his graceful moves, forgetting time.

C. When Jordan played basketball, people were holding their breath and time seemed to stop.

D. When Jordan played basketball, people felt anxious he would hurt other players.

Q2: Why does the author talk about "the final seconds of a game"?

Q3: How does Jordan share his success with others in life?

Group work (Introduce a living legend in sports you admire)

Our living legend is _____. Here are the reasons why we choose him/her. Firstly, ...

Tower Bridge

Tower Bridge is a bascule bridge(竖旋桥) in London, over the Thames. It is close to the Tower of London, which gives it its name. Sometimes incorrectly referred to as London Bridge, it is the next bridge upstream. It is one of five London bridges now owned and maintained by the Bridge House Estates.

In the second half of the nineteenth century, increased commercial development in the East End of London led to a requirement for a new river crossing downstream of London Bridge. A Special Bridge or Subway Committee formed in 1876 found a solution to the river crossing problem. It opened the design of the crossing to public competition. Over 50 designs were received. The judgment of the designs was surrounded by argument. It wasn't until 1884 that a design sent by Horace Jones was passed, and all Londoners were all delighted.

Completed in 1894, The bridge took about 8 years' hard work of 432 construction workers. Over 70,000 tons of concrete was sunk into the river bed to support the construction. The framework for the towers and walkways provided by over 11,000 tons of steel is firm. Horace Jones died in 1887, and another engineer took over the project. The bridge was opened in 1894.

The bridge sits almost directly above the Tower Subway, the world's first underground tube railway (1870), which, until the bridge was opened, was the shortest way to cross the Thames. A computer system was installed in 2000 to control the raising and lowering of the bascule. However, this has proved less reliable than expected, resulting in the bridge being stuck in the open or closed position on a number of occasions, which makes people interested in talking about it.

本文摘自学科网并作改编

参考文献

[1] Aitchison, J. Words in the Mind: An Introduction to the Mental Lexicon [M]. Oxford: Blackwell Publishing, 1987.

[2] Alderson, J. Assessing Reading [M]. Cambridge: CUP, 2000.

[3] Asher, James J. The Total Physical Response Approach to Second Language Learning [J]. The Modern Language Journal, 1969, 53(1): 3-17.

[4] Becker, J. The Phrasal Lexicon [M]. Cambridge Mass: Bolt and Newman, 1975.

[5] Blakeslee, Sandra. Old Brains Can Learn New Language Tricks [N]. The New York Times, 1999, April 21(F3).

[6] Brown, H D. Principles of Language Learning and Teaching Strategies [J]. Applied Linguistics, 1994, (6): 155-262.

[7] Brown, H D. Teaching by Principles: An Interactive Approach to Language Pedagogy [M]. USA: Prentice Hall Regents, 1990.

[8] Corder, S P. Error Analysis and Interlanguage [M]. Oxford: Oxford University Press, 1981.

[9] Eugene, A Nida. Learning a Foreign Language [M]. New York: Friendship Press, Council of Churches of Christ, 1957.

[10] Goodman, K S. Psycholinguistic universals of the reading process [M]. In F Smith(Ed), Psycholinguistics and reading. New York: Holt, Rinehart and Winston, 1973.

[11] Gouin, F. The art of teaching and studying languages [M]. New York: George Philip & Son, 1892.

[12] Johnson, P. Effects on reading comprehension of building background knowledge [J]. TESOL Quarterly, 1982, 16 (4): 503-516.

[13] Krashen S D, Terrell T D. The Natural Approach [M]. Oxford: Pergamon Press, 1983.

[14] Krashen, S D. Principles and Practice in Second Language Acquisition [M]. Oxford: Pergamon Press, 1982.

[15] Krashen, S D. The input hypothesis: Issues and implications [M]. London: Longman, 1985.

[16] Kuhl, P K. Human adults and human infants show a "perceptual magnet effect" for the prototypes of speech categories, monkeys do not [J]. Perception & Psychophysics-Springer, 1991, 50 (2): 93-107.

[17] Lewis, M. Pedagogical Implications of the Lexical Approach [M]. Cambridge: Cambridge University Press, 1997.

[18] Lewis, M. The Lexical Approach [M]. Hove and London: Language Teaching Publications, 1993.

[19] Miller, George A. The Magical Number Seven, Plus or Minus Two: Some Limits on our Capacity for Processing Information [J]. Psychological Review, 1956, 101(2): 343-352.

[20] Nation, I S P. 1990. Teaching and Learning Vocabulary [M]. New York: Newbury House.

[21] Nation, I S P. Learning vocabulary in another language [M]. Cambridge: Cambridge University Press, 2001.

[22] Nation, I S P. Teaching and Learning Vocabulary [M]. MA: Newbury House, 1990.

[23] Nattinger J R, J S Decarrico. Lexical Phrases and Language Teaching [M].

Oxford: Oxford University Press, 1992.

[24] O'Malley J M, A U Chamot. Learning Strategies in Second Language Acquisition [M]. Cambridge: Cambridge University Press, 1990.

[25] Pawley A, Syder F H. Two Puzzles for Linguistic Theory: Nativelike Selection and Nativelike Fluency [A]. Language and Communication [C]. Eds, Richards J, Schmidt, R. London: Longman, 1983.

[26] Pulvermuller F, The neuroscience of language: On brain circuits of words and serial oder. Cambridge: Cambridge University Press, 2002.

[27] Pyles T, J Algeo. The Origins and Development of the English Language [M]. New York: Harcourt Brace Jovanovich, 1982.

[28] Qian, D. Assessing the Roles of Depth and Breadth of Vocabulary Knowledge in Reading Comprehension [J]. The Canadian Modern Language Review, 1999, (2): 283-307.

[29] Schwartz, B. On the basis of the Basic Variety [J]. Second Language Research, 1997, (13) : 386-402.

[30] Sharwood Smith M. Second language learning: Theoretical foundations [M]. London: Longman, 1994.

[31] Sinclair J M, A Renouf. A Lexical Syllabus for Language Learning [A]. Vocabulary and Language Teaching [C]. Eds R Carter, M MacCarthy. London: Longman, 1988.

[32] Skehan, P A. Cognitive Approach to Language Learning [M]. Oxford: Oxford University Press, 1999.

[33] Swain, M. Communication competence: Some roles of comprehensible input and comprehensible output in its development [A]. In S Gass, C Madden (eds). Input in Second Language Acquisition [C]. Boston: Heinle & Heinle Publishers, 1985, 235-256.

[34] Wallace, M J. Teaching Vocabulary [M]. London: Heinemann Educational

Books Ltd, 1982.

[35] Wilkins, David A. Linguistics in Language Teaching [M]. Cambridge: MIT Press, 1972.

[36] Wray, A. Formulaic Language and the Lexicon [M]. Cambridge: Cambridge University Press, 2002.

[37] （英）霍恩比. 牛津高阶英汉双解词典 [M]. 北京：商务印书馆，2019.

[38] 英国剑桥大学出版社. 剑桥高阶英汉双解词典 [M]. 北京：外语教学与研究出版社，2008.

[39] 艾宾浩斯. 记忆的奥秘 [M]. 王迪菲，译. 北京：北京理工大学出版社，2013.

[40] 东尼·博赞. 思维导图使用手册（全彩修订版）[M]. 丁大刚，张斌，译. 北京：化学工业出版社，2011.

[41] 让·皮亚杰. 教育科学与儿童心理学 [M]. 傅统先，译. 北京：文化教育出版社，1981.

[42] 毕少琴. 基于主题意义探究的高中英语语法教学实践例析 [J]. 基础外语教育，2020，22（1）：37-41.

[43] 车丽萍. 记忆术——科学的方法研究 [R]. 上海：华东师范大学，2004.

[44] 陈建花，张丽娟，沈有建. 思维导图在教育领域的应用及对数学教育的启示 [J]. 海南师范大学学报（自然科学版），2014，(3)：352-354.

[45] 陈申. 外语教育中的文化教学 [M]. 北京：北京语言文化大学出版社，1999.

[46] 陈伟平. 增强学生词块意识 提高学生写作能力 [J]. 外语界，2008，(3)：48-53.

[47] 陈运香. 语法与阅读 [J]. 国外外语教学，1988，(3)：30-34.

[48] 成都超有爱科技有限公司. 象形 5000[M]. 北京：现代出版社，2013.

[49] 程晓堂. 关于英语语法教学问题的思考 [J]. 课程·教材·教法，

2013，33（4）：62-70.

[50] 程晓堂．基于主题意义探究的英语教学理念与实践[J]．中小学外语教学（中学篇），2018，41（10）：1-7.

[51] 戴雪莹．高中英语词汇教学现状调查与分析[D]．长春：东北师范大学，2009．

[52] 邓骊鸣．注重背诵输入 克服英语写作中的负迁移[J]．外语教学，2001，（4）：42-44.

[53] 丁言仁，戚焱．背诵课文在英语学习中的作用[J]．外语界，2001,（5）：58-65.

[54] 丁言仁．课文背诵与模仿——成功英语学习者的学习经验[J]．中国外语教育（季刊），2008，1（2）19-26.

[55] 段士平．从词块能力看词汇深度习得中的"高原现象"[J]．国外外语教学，2007，（4）：27-32.

[56] 段士平．国内二语语块教学研究述评[J]．中国外语，2008，5（4）：63-67.

[57] 范琳，王震．语篇阅读推理及语言学习者语篇推理能力的培养[J]．当代外语研究，2017，（6）：11-16.

[58] 费锦昌．对外汉字教学的特点、难点及其对策[J]．北京大学学报（哲学社会科学版），1998，35（3）：119-127.

[59] 顾曰国．多媒体、多模态学习剖析[J]．外语电化教学，2007，（4）：3-12.

[60] 顾曰国．多模态感官系统与语言研究[J]．当代语言学，2015，17（4）：448-469.

[61] 何少庆．取得最佳阅读教学效果的途径——精、泛读教学的有机结合[J]．浙江师大学报（社会科学版），1995，（3）：85-87.

[62] 何政安．薄冰英语语法大全 外研增修版[M]．北京：外语教学与研究出版社，2022．

[63] 何中清. 功能语法视角下的英语同位语分析 [J]. 山东外语教学，2019，40（2）：36-45.

[64] 黄雪英，胡竹菊. 思维导图融入英语学习策略培养的实验研究 [J]. 外语电化教学，2009，(127)：38-42.

[65] 贾冠杰. 英语教育心理学 [M]. 南宁：广西教育出版社，2007.

[66] 江雪. 认知视角下的大学英语词汇 - 语义网络构建 [J]. 开封教育学院学报，2016，36（7）：92-93.

[67] 蒋波. 高中生英语语法学习策略、语法能力与阅读成绩的相关性研究 [D]. 硕士论文. 福州：福建师范大学，2015.

[68] 蒋争. 2018. 英语词汇的奥秘（经典版）[M]. 北京：中国国际广播出版社.

[69] 焦名海. 谈阅读策略指导 [J]. 深圳教育学院学报（综合版），1997，2（2）：36-39.

[70] 教育部. 2020. 普通高中英语课程标准（2017年版2020年修订）[S]. 北京：人民教育出版社.

[71] 赖世雄. 赖世雄的英语学习法 [M]. 杭州：浙江人民出版社，2018.

[72] 李满廪. 显性法和隐性法相结合的情景语法教学——由一节语法公开课引发的思考 [J]. 中小学外语教学（中学篇），2012，35（6）：44-48.

[73] 李雪萍. 高中英语泛读教学的新尝试——英语报刊在高中英语泛读教学中的应用 [D]. 硕士论文. 上海：华东师范大学，2006.

[74] 林汝昌. 外语教学的三个层次与文化导入的三个层次 [J]. 外语界，1996，(4)：1-5.

[75] 刘庚. 英汉文字和语言结构的时空性差异 [D]. 北京：北京外国语大学，2022.

[76] 刘恺. 听见"心"声 [J]. 知识就是力量，2023，(3)：76-77.

[77] 刘凌，秦晓晴. 词汇呈现方式对英语词汇学习影响的实证研究 [J]. 外语界，2014，(2)：67-75.

[78] 刘润清. 西方语言学流派（修订版）[M]. 北京：外语教学与研究出版社，2013.

[79] 刘绍龙. 论二语词汇深度习得及发展特征——关于词义与词缀习得的实证调查[J]. 外语教学与研究，2001，33（6）：426-441.

[80] 刘晓玲，阳至清. 词汇组块教学——二语教学的一种新趋势[J]. 外语教学，2003，（6）：51-55.

[81] 漏屋. 找对英语学习方法的第一本书[M]. 北京：光明日报出版社，2012.

[82] 鲁健骥. 说"精读"和"泛读"[J]. 海外华文教育，2001，（3）：1-8.

[83] 濮建忠. 英语词汇教学中的类联接、搭配及词块[J]. 外语教学与研究，2003，（6）：438-445.

[84] 钱小芳，王蔷. 连接视角下的高中英语读写结合的途径与方法[J]. 中小学外语教学（中学篇），2020，43（12）：12-17.

[85] 人民教育出版社. 普通高中教科书·英语（必修）第五册[T]. 北京：人民教育出版社，2007.

[86] 人民教育出版社. 普通高中教科书·英语（必修）第一册[T]. 北京：人民教育出版社，2019.

[87] 人民教育出版社. 普通高中教科书·英语（必修）第二册[T]. 北京：人民教育出版社，2019.

[88] 人民教育出版社. 普通高中教科书·英语（必修）第三册[T]. 北京：人民教育出版社，2019.

[89] 人民教育出版社. 普通高中教科书·英语（选择性必修）第一册[T]. 北京：人民教育出版社，2019.

[90] 人民教育出版社. 普通高中教科书·英语（选择性必修）第二册[T]. 北京：人民教育出版社，2019.

[91] 人民教育出版社. 普通高中教科书·英语（选择性必修）第三册[T]. 北京：人民教育出版社，2019.

[92] 人民教育出版社. 普通高中教科书·英语（选择性必修）第四册[T].

北京：人民教育出版社，2019.

[93] 邵菁，金立鑫. 认知功能教学法 [M]. 北京：北京语言大学出版社，2007.

[94] 沈敏喻. 词汇法———种新的教学路子 [J]. 外语界，1999，（3）：27-31.

[95] 汪潮. 读写结合的历史追溯 [J]. 小学语文教学，2002，（3）：12-14.

[96] 王斌华. 双语教育与双语教学 [M]. 上海：上海教育出版社，2003.

[97] 王初明. 论外语学习的语境 [J]. 外语教学与研究，2007，39（3）：191-197.

[98] 王笃勤. 英语阅读教学 [M]. 北京：外语教学与研究出版社，2012.

[99] 王光荣. 维果茨基的认知发展理论及其对教育的影响 [J]. 西北师大学报（社会科学版），2004，（6）：122-125.

[100] 王来喜. "预测"是初中英语阅读教学中不可或缺的一种手段 [J]. 南京晓庄学院学报，2011，27（5）：51-54.

[101] 王丽媛. 认知功能教学法的"有效语料"原则与英语课堂教学 [J]. 江苏技术师范学院学报，2011，17（1）：88-91.

[102] 王蔷. 在英语教学中开展读写结合教学的意义及实施途径 [J]. 英语学习，2020，（5）：26-32.

[103] 王文斌. 英语词汇中的屈折词与派生词 [J]. 外语教学，2002，（1）：55-58.

[104] 王文宇. 观念、策略与英语词汇记忆 [J]. 外语教学与研究，1998，（1）：47-52，80.

[105] 王学儒. 运用词块理论提高学生的英语写作能力 [J]. 中小学外语教学（中学篇），2008，31（7）：18-22.

[106] 文秋芳. 传统和非传统学习方法与英语成绩的关系 [J]. 现代外语，1996，19（1）：37-43.

[107] 文秋芳. 频率作用与二语习得——《第二语言习得研究》2002年6月特刊评述 [J]. 外语教学与研究，2003，35（2）：151-154.

[108] 吴瑞芳. 英语同根派生词和同义词的教学 [J]. 无锡教育学报，199，

（4）：22-24.

[109] 吴旭东，陈晓庆. 中国英语学生课堂环境下词汇能力的发展 [J]. 现代外语，2000，23（4）：349-360.

[110] 肖湘武. 明晰命题规律 掌握基本技巧 攻克阅读理解 [J]. 高考英语，2009，（5）：25-28.

[111] 徐浩，孙桐，蒋炎富. 英语词汇教学 [M]. 北京：外语教学与研究出版社，2018.

[112] 徐剑，黄秋月."二八定律"在图书馆管理中的应用 [J]. 中国图书馆学报（双月刊），2007，3（5）：106-108.

[113] 许国璋. 回忆学生时代 [J]. 外语教学与研究，1995，（2）：74-78.

[114] 严维华. 语块对基本词汇习得的作用 [J]. 解放军外国语学院学报，2003，26（6）：58-62.

[115] 杨善江. 大学英语语法教学的重要性及其课堂教学模式探讨 [J]. 江苏外语教学研究，2007，（2）：23-27.

[116] 杨玉晨. 英语词汇的"板块"性及其对英语教学的启示 [J]. 外语界，1999，（3）：24-26.

[117] 袁玲丽. 英语词汇直接学习联想策略的实验研究 [J]. 合肥工业大学学报（社会科学版），2008，22（3）：142-146.

[118] 翟成敏. PACE 教学模式在高中英语语法教学中的应用 [J]. 中小学外语教学（中学篇），2017，40（1）：29-34.

[119] 翟绍民. 谈谈记忆英语单词 [J]. 北京第二外国语学院学报，1997，（2）：19-27.

[120] 翟绍民. 英语根缀法 [J]. 北京第二外国语学院学报，1999，（3）：10-20.

[121] 张道真，刘敏. 张道真英语语法大全（上）英语词法 [M]. 北京：世界图书出版有限公司北京分公司，2019.

[122] 张道真，刘敏. 张道真英语语法大全（下）英语句法 [M]. 北京：世

界图书出版有限公司北京分公司，2019.

[123] 张富生. 英语国家概况 [M]. 上海：华东师范大学出版社，2012.

[124] 张维友. 英语词汇学教程 [M]. 武汉：华中师范大学出版社，2004.

[125] 张文红，王莹. 英语派生词法习得研究述评 [J]. 外语教学研究，2010，（2）：24-31.

[126] 张文忠，吴旭东. 课堂环境下二语词汇能力发展的认知心理模式 [J]. 现代外语，2003，（4）：373-384.

[127] 张献臣. 基于教材读写板块开展高中英语读写结合教学的策略 [J]. 中小学外语教学（中学篇），2021，44（11）：35-40.

[128] 章柏成，韦汉. 英语词汇教学的呈现方式研究 [J]. 外语与外语教学，2004，（4）：24-27.

[129] 章玉芳. 基于词汇框架的高中英语词汇教学策略 [J]. 英语学习，2021（4）：17-21.

[130] 赵世开. 学习外语的漫长道路 [J]. 外国语，2002，（5）：10-15.

[131] 郑群，徐莹. 多模态呈现方式对英语词汇学习焦虑的影响研究 [J]. 西安外国语大学学报，2020，28（2）：49-53.

[132] 周龙兴. 小学生阅读策略发展及应用情况的调查研究 [J]. 上海教育科研，1995，（4）：39-42.

[133] 朱慧敏，王俊菊. 二语写作中虚化动词"HAVE"组构型式发展特征研究 [J]. 外语语文，2019，（6）：132-141.

[134] 竺小恩. 建构主义教学理论实践——阅读策略教学 [J]. 宁波大学学报（教育科学版），2005，27（1）：69-71.

[135] 庄智象. 文化与阅读理解 [J]. 外语界，1988，（3）：72-75.

[136] 中国日报网. Festive China: Dragon Boat Festival [EB/OL].(2023-06-22)[2023-11-12].

https://www.chinadaily.com.cn/a/202306/22/WS5ef3f711a31083481725543a.html